▲ 1995 年 4 月，郑斌当选为全国劳动模范时与铁十一局部分领导的合影，左起洪存伦、朱贵宗、史展志、朱长洪、郑斌、段昌炎、任仕高、朱本林、包芳云、赛湖北、王国平

▲ 2005 年 6 月，郑斌（前排右四）陪同中国铁建副总经理周志亮（前排中）走访中铁十七局电务公司时的合影

▲ 2005 年 7 月 19 日，欢迎中国铁建领导参加铁建电气化局成立大会时的照片，右二为何能金

▲ 2006 年 6 月，郑斌任铁建电气化局总经理时的工作照

▲ 2006 年 10 月，郑斌（前排左一）在武襄铁路检查工作时的照片，前排中为李爱忠，前排右为左三良，二排左为李汝军，后排左一为万传军、中为张红旗、右为潘功书

▲ 2007 年 2 月，铁建电气化局“三会”时的合影，前排左起张国俊、田恒开、李如东、张志才、薛之桂、郑斌、冯学彬、李章锁、万传军，后排左五为寇宗乾、中间为郭志光、右五为李汝军

▲ 2007 年 5 月 28 日，郑斌在铁建电气化局设计院揭牌仪式上致辞

▲ 2008 年 3 月，郑斌（左一）与霍金贵（左二）、扈振衣（右二）、孟乔然（右一）在中国铁建上市祝捷大会上的合影

▲ 2008 年 7 月，郑斌陪同济南铁路局领导视察胶济客专施工现场，前排右为耿志修，左为于永祥

▲ 2008 年 7 月，郑斌陪同上级领导视察胶济客专项目现场，前排右二为卢春房、右三为安国栋

▲ 2010 年 1 月，郑斌（右）和万传军（左）在会场的合影

▲ 2010 年 5 月，郑斌（左）在石武客专开工典礼上与张军邦（中）和马春山（右）交流

▲ 2010 年 6 月，郑斌在项目现场汇报施工情况，前排左一为卢春房

▲ 2010 年 5 月 12 日，郑斌在成灌铁路开通仪式上的照片，左起高斌文、刘永进、罗世昌、郑斌、冯学彬、徐金平、余柏华、郑光荣

▲ 2010 年 5 月 20 日，郑斌（左四）在石武客专河南段“四电”集成工程开工典礼上的照片

▲ 2010 年 9 月，郑斌陪同原中国铁建董事长孟凤朝（前排左二）检查工作时的照片，前排右为刘汝臣，左一为郝趁义，二排右一为刘为民

▲ 2010 年 10 月，郑斌与铁建电气化局麦加轻轨项目部分参建人员的合影，左起左三良、李长波、刘占雄、邵汉军、寇宗乾、郑斌、卢涛、何明海、张绍全、王继军、陈宪祖

▲ 2011 年 1 月 22 日，郑斌在太中银铁路建设总结表彰大会上的照片

▲ 2011 年 4 月 26 日，郑斌在广西沿海铁路扩能改造工程开工典礼上接受记者采访

▲ 2011 年 5 月，郑斌（前排中）在石武客专检查工作时的合影

▲ 2012 年 9 月 26 日，北京西站夜间施工现场照片

▲ 2013 年 8 月，郑斌在土耳其安伊高铁项目检查工作时的照片，前排中为袁立

▲ 2013 年 10 月 13 日，郑斌在中南部铁路通道站后工程合同签约时的照片，前排中为汤晓光

▲ 2013 年 11 月 16 日，郑斌和张建波（前排中）在贵广铁路站后工程开工动员大会上的照片

▲ 2014 年，郑斌与熊春庚（右）在兰渝铁路“四电”系统集成工程年度建设会议上的合影

▲ 2016 年 3 月 18 日，郑斌随中国铁建代表团赴华为进行合作交流时的合影，左八起卓磊、郑斌、庹守义、孟凤朝、任正非、赵晋华，右二为寇宗乾、右三为廖军、右五为秦为刚

▲ 2016 年 9 月，郑斌（左二）在柏林轨道交通技术展上与赛福（左一）交谈时的照片，右一为冯晓河

▲ 2016 年 10 月，铁建电气化局领导班子成员的合影，前排左起孟宪浩、宋旭东、冯学彬、郑斌、万传军、寇宗乾、王志国，后排左起燕正安、杨现庆、姜晋南、程庆海、宋景奇、罗世昌

▲ 2017 年 2 月，郑斌（中）与下属的合影，左起李利军、卫明博、陈建中，右起王小坤、钟勇、郑光荣

▲ 2017 年 6 月，郑斌（右一）在 2017 年“一带一路”沿线国家中小企业合作论坛上的照片

▲ 2017 年 7 月，郑斌（前排中）在广大铁路项目检查工作时的合影，前排左起马功民、罗世昌，右起王中平、陈建中

▲ 2018 年 1 月，郑斌（中）与下属的合影，左起张志贤、吕彦伟、卫明博，右起陈曦、吴克坚、陈宝军

▲ 2018 年 6 月，铁建电气化局部分领导在港珠澳大桥交通工程现场的合影，左起寇宗乾、郭志光、孟宪浩、冯学彬、郑斌、万传军、姜晋南、蔡俊福

▲ 2018 年 6 月，郑斌带领局机关工作人员赴施工现场送清凉时的合影

▲ 2018 年 8 月，郑斌陪同上级领导到新通客专项目检查工作时的照片，中间着蓝色上衣者为王同军

▲ 2018 年 9 月，郑斌（前排中）在蒙华铁路项目检查工作时的合影，前排左起陈曦、徐元成、钟勇、万靖、毕江海，前排右起王继军、陈宪祖、谢文艺、李长波、廖小平

▲ 2018 年 12 月，郑斌在铁建电气化局京雄高铁项目调研时的合影，前排左起张望、左三良、阚绍忠、西穷、郑斌、王中平、钟勇、陈宪祖

▲ 2018 年 12 月，郑斌在中国通信学会物联网委员会智能交通专题论坛上与朱洪波（右二）一起揭牌

▲2021年7月，超高速管道交通技术交流会上的合影，左起杜润杰、朱志华、黄兵、王平、郑斌、王培雄、刘子忠、雷庆锋、周小毛、杜伟

▲中国铁建电气化局集团有限公司办公楼群实景照片

谨以此书献给

可敬可爱的铁路建设者们!

让高铁飞起来的人

——记铁路“四电”的建设者郑斌和中国铁建电气化局集团有限公司

朱芙蓉 著

企业管理出版社
EMPH ENTERPRISE MANAGEMENT PUBLISHING HOUSE

图书在版编目（CIP）数据

让高铁飞起来的人：记铁路“四电”的建设者郑斌和中国铁建电气化局集团有限公司 / 朱芙蓉著 . —北京：企业管理出版社，2022.11

ISBN 978-7-5164-2702-6

Ⅰ. ①让…　Ⅱ. ①朱…　Ⅲ. ①报告文学－作品集－中国－当代　Ⅳ. ① I25

中国版本图书馆 CIP 数据核字（2022）第 163306 号

书　　名：让高铁飞起来的人——记铁路“四电”的建设者郑斌和中国铁建电气化局集团有限公司

书　　号：ISBN 978-7-5164-2702-6

作　　者：朱芙蓉

策划编辑：侯春霞

责任编辑：侯春霞

出版发行：企业管理出版社

经　　销：新华书店

地　　址：北京市海淀区紫竹院南路 17 号　　**邮编**：100048

网　　址：http://www.emph.cn　　**电子信箱**：pingyaohouchunxia@163.com

电　　话：编辑部18501123296　　发行部（010）68701816

印　　刷：三河市荣展印务有限公司

版　　次：2022 年 11 月第 1 版

印　　次：2022 年 11 月第 1 次印刷

开　　本：710mm × 1000mm　　1/16

印　　张：17.5 印张　　**彩　　插**：1.25 印张

字　　数：230千字

定　　价：78.00元

序

我看了《让高铁飞起来的人》书稿后，感慨良多，思绪万千。我和书中的主人翁郑斌同是来自铁道兵一师，兵改工后都曾在铁十一局工作，都为铁路建设事业奉献了大半辈子。因为同一颗铁路心，我们成了老相识，一定程度上，我也算见证了他的个人职业成长和铁建电气化局初期十几年的发展历程。这本书激起了我很多的回忆，令我忍不住为之提笔作序，聊表读后的感想，同时表达我对郑斌的友谊。在我看来，郑斌在三个方面的特质最为突出，他的事业和人生多半得益于此。

一是奋斗精神。郑斌自入伍铁道兵起就开始每天和铁路打交道。在部队时，他不惧条件艰苦，任劳任怨、脚踏实地、刻苦自励，抓住一切机会勤学苦练，掌握了过硬的通信技术，被部队封为“土专家”。1984 年元旦兵改工，他转入企业工作，从技术工人做起，努力上进，从技术员、副科长、副处长、处长（董事长）一直升任局副总经理。他参与创建了铁建电气化局，并担任总经理，后又担任董事长。在领导企业发展的过程中，他克服万千困难，不仅成就了自己，收获了众多荣誉，还使企业成长为了行业的佼佼者。退休后，郑斌仍然心系铁路建设事业，开启了又一个新旅程——参与推进超高速管道交通的研发和建设。

习近平总书记说：“只有奋斗的人生才称得上幸福的人生。”郑斌从普通战士成长为企业主要领导的过程就是一部生动的个人奋斗史，也是一段奉献在先、拼搏向上的幸福人生。

二是创新精神。郑斌是一个思维敏锐、爱动脑筋的人。在中铁十一局工作期间，他采用倒排工期法和计件工资制，圆满完成了荆门市邮电工程；用自己琢磨出的一套管理方法，使中南公司的发展蒸蒸日上；采取一系列改革手段，激发企业活力，将电务公司打造成了中铁十一局效益最好的单位和中国铁建系统内实力最强的三级子企业之一。在执掌铁建电气化局期间，他带头钻研难啃的技术“硬骨头”，助力企业圆满解决了胶济客专“四线”并行施工难题；在郑西高铁建设中参与研究当时世界上最为先进的 CTCS-3 级列车运行控制系统；改进改型了 13 种高铁接触网零部件技术引进产品；首次将高铁系统集成创新运用到普速铁路……郑斌个人入选国家科技部入库专家和享受国务院政府特殊津贴专家，获得了一项发明专利和多项政府、企业以及行业协会级科学技术奖项。同时，他争做管理创新引领者，使企业通过二次重组提升了战斗力，通过拓宽产业链将主营业务越做越强，在地铁行业首次实现“EPC+ 联调联试 + 动车实验”全产业链建设模式……

创新是引领发展的第一动力，抓创新就是抓发展，谋创新就是谋未来，铁建电气化局能经受住创业初期的诸多考验，赢得发展机遇，还在短短十几年内快速成长为了行业的佼佼者，可以说秘诀就在于创新。

三是道德精神。郑斌知恩图报，懂得谦虚和退让。不管个人境遇如何，他始终对上级尊敬有加，将上级的提携和帮助之恩铭刻于心；不管身处何地，他始终怀念战友之情和朋友之谊，费尽心力也要帮战友圆梦，为朋友排忧解难；无论职务多高，他始终关怀下属，不仅为他们解决生活困难，还为他们提供成长和发挥才干的平台，使他们能够和企业共同成长，相得益彰。

在几十年的职业生涯中，郑斌不断提升道德修养，力求修己安人。他能得到上级的赏识、朋友的不离不弃、下属的真心拥戴与他的个人品德形成的个人魅力是分不开的。遇到这样的人，是上级之幸、战友和朋友之幸、下属之福。

郑斌是铁道兵“逢山凿路、遇水架桥”的特别能战斗精神的传承者和践行者，也是铁路行业的佼佼者之一，可以说，在中国，有无数个郑斌式的铁路人，是他们使如今的中国成为拥有世界上最现代化的铁路网和世界上高铁系统技术最全、集成能力最强、运营里程最长、运行速度最高的国家。

现在，“坐着高铁看中国”已成了一道独特的风景线。愿中国的高铁技术还能有新的突破和进展，在轮轨高铁、磁悬浮高铁和超高速列车上都能有实质性研发收获。我坚信，将来的高铁会更方便、更快捷、更舒适、更安全，人享其行，这个目标应该说离我们已经不远了。

卢春房

2022 年 8 月于北京

目录

引子

2019 年 1 月 2 日对郑斌来说意义非凡。

这一天中国铁路总公司在北京召开了 2019 年工作会议，宣布了一系列有关铁路建设的振奋人心的数据。

这一天中国铁建印发了免除郑斌中国铁建电气化局集团有限公司（铁建电气化局）董事长职务，准许其正式退休的文件。

自 1978 年 3 月入伍成为铁道兵，郑斌就与中国的铁路建设事业结下了不解之缘，从铁道兵到兵改工脱下军装进入企业直至退休，他的工作都是与铁路打交道，一干就是 40 年。

人生短暂，一个人的一生能经历几个 40 年？郑斌很幸运，他参与中国铁路建设的 40 年，正是他人生的黄金时期。从 20 岁到 60 岁，他将自己最成熟、最鼎盛年月的智慧和经验都奉献给了中国的铁路建设事业。铁路上发生的大大小小的事，都会牵动他的神经。铁路建设的成就会让他升起胸怀日月的豪情，铁路建设的波折哪怕再小也会令他心忧意悬。

中国铁路总公司在 2019 年工作会议上指出，到 2018 年底，中国铁路营业里程超过 13.1 万千米，其中高铁超过 2.9 万千米；并强调，改革开放 40 年以来，中国铁路营业里程由 5.2 万千米增长到 13.1 万千米以上，增长 154.4%，形成了世界上最现代化的铁路网和最发达的高铁网。

闲坐家中，得到如此振奋人心的特大好消息，郑斌既高兴和自豪，又备感失落和遗憾。高兴的是，短短几十年中，中国铁路无论在管理、技术还是规模、里程等方面都赶上甚至超过了发达国家，不仅成功构建了具有完全自主知识产权的高速、普速、重载三大领域铁路技术标准体系，总体技术水平已迈入世界先进行列，部分甚至达到了世界领先水平，还创造了众多“世界之最”，比如，世界上海拔最高的高原铁路——青藏铁路，年运量世界第一的重载货运铁路——大秦铁路，运营里程最长的戈壁沙漠铁路——乌鲁木齐至喀什、包兰铁路，跨越崇山峻岭的山区铁路——南昆铁路、渝怀铁路，世界上运营列车试验速度最高、时速达 486.1 千米的高铁——京沪高铁，世界上第一条穿越高寒季节性冻土地区的高铁——哈大高铁，世界上运营里程最长且跨越温带亚热带、多种地形地质和众多水系的高铁——京广高铁，世界上一次建设里程最长、穿越沙漠地带和大风区的高铁——兰新高铁，世界上第一条热带环岛高铁——海南高铁。

令郑斌自豪的是，这“超过 13.1 万千米”和“超过 2.9 万千米”中也有他本人和他曾经所在的铁道兵部队、中铁十一局、铁建电气化局的“军功章”。

1978 年 3 月，郑斌应征入伍，成为一名光荣的人民铁道兵战士。在 45 天的新兵集训期，他和战友们在零下 20 多摄氏度的彻骨冰冷中反复立正、稍息、向前转、向后转、向左转、向右转、踢正步、站军姿、拼刺刀、喊口号、唱军歌。每天摸爬滚打到骨头都快散架，浑身酸疼到麻木。艰苦卓绝的训练强壮了郑斌的筋骨，更磨炼了他的意志。

新兵集训结束后，郑斌被分配到了铁道兵通信信号工程三营二连一排一班，开始以通信兵的身份每天和铁路打交道。怀揣着将军梦，在京通铁路、青藏铁路的建设过程中，他一切命令听指挥，任劳任怨，勤学苦练通信技术，很快成长为了独当一面的技术骨干。既有文化基础，技术操作又熟练，郑斌得到部队首长的肯定，多次被外派学习最新的通信技术。因技术过硬，他被封为部队的铁路通信技术“土专家”。

1984 年 1 月 1 日，铁道兵集体脱下军装，转业并入铁道部。郑斌结束了六年的军旅生涯，成了铁道部第十一工程局（铁十一局）电务工程段一队的技术工人。竞选副队长失败后，郑斌被铁十一局提拔为技术员，向将军梦迈出了第一小步。单位规模扩大后，郑斌抓住机会，努力上进。因为出色的学习和工作表现，郑斌年仅29岁就被铁十一局评为了“自学成才标兵”，又在30岁和37岁时分别被授予“湖北省劳动模范”和“全国劳动模范”称号。

20世纪90年代，凭着敏锐的市场感知力、强烈的责任感和使命感、坚不可摧的钢铁意志，郑斌为铁十一局电务工程处打开了地方邮电市场，创建了中南公司，并将其打造成了铁十一局效益最好的单位。在升任铁十一局电务工程处处长后，他紧跟时代步伐，带领企业稳步向前，使改制更名后的中铁十一局集团有限公司（中铁十一局）电务公司逐步向现代化企业迈进，成长为了中国铁道建筑总公司（中国铁建）系统内实力最强、效益最好的铁路电务施工单位之一。

在中铁十一局任职副总经理期间，郑斌虽因工作开展不顺，萌生了去意，但他始终坚守岗位，为中铁十一局开拓国内外市场，并为其拿到了第一个高速客运专线项目——石家庄—太原客运专线项目。

“仰天大笑出门去，我辈岂是蓬蒿人。”中国铁路的飞速发展，孕育出了郑斌的高铁梦，他需要比中铁十一局更高的平台来实现自己的梦想。在郑斌不遗余力的奔走、呼吁下，专业从事铁路通信、信号、电力、电气化工程施工的中国铁建电气化局集团有限公司（铁建电气化局）横空出世，47岁的他出任了总经理。

作为创始人，郑斌看着弱小如襁褓中的婴儿的铁建电气化局，再次撸起袖子加油干，一方面要求下属投好每一个标，干好每一项工程，另一方面积极找上级要扶持政策。随着中国高速铁路全面开建，铁建电气化局进入了发展的黄金时期。

自2005年至2019年初，在任职铁建电气化局总经理和董事长的近十四个年头中，郑斌克服万千困难，始终不渝地坚守着自己的高铁梦。为了实现这个梦想，他采取了一系列措施：广交朋友、广播友谊；进行二次重组，提升企业战斗力；拓宽产业链，为主营业务保驾护航；奋战麦加轻轨项目，扬名海外……铁建电气化局最终超越同行，占据了中国铁路“四电”工程施工市场的半壁江山，成为中国目前唯一一家能够独立承担高速铁路“四电”系统集成施工的总承包商。同时，他自己也功成名就，获得了众多殊荣。

在为铁路事业奔忙，为企业发展殚精竭虑之际，郑斌没有忘记自己为人子、为人夫、为人父的多重身份。只是家国不能兼顾，他不得不将孝心、爱妻和爱子之心分给铁路建设事业。因为任务重、时间紧，他的婚礼既匆忙又寒酸，总费用不超过 160 元，婚假只休了三天；母亲到部队探望他，他也没有更多的时间相陪；女儿出生，他远在万里之遥的青藏高原，未能在产房外听到女儿的第一声啼哭；妻子不幸流产，他在外培训，未能亲自照顾、抚慰和陪伴妻子……

可以说，郑斌的军旅和企业生涯刚好与中国改革开放的 40 年相重合。这 40 年中，他亲身经历并看到了中国社会和人民生活发生的翻天覆地的变化，见证并参与了中国铁路大发展的全过程。在此过程中，铁路列车多次提速，从时速几十千米先后提高到时速 120 千米、160 千米、200 千米、250 千米，直至时速 350 千米，甚至 400 千米；使列车能够在铁轨上飞驰的铁路“四电”（通信、信号、电力、电气化）技术实现了质的跨越：通信技术实现了数字化，信号技术实现了列车自动控制（CTCS-3）甚至无人驾驶（ATO），接触网的接触悬挂发展到了弹性链形悬挂，牵引变电所保护控制系统迈入了全数字智能化时代，电力综合保护发展到了集屏远动控制保护。

同时，他还参与了中国高铁从起步到腾飞进而挺进海外的全过程，每一条高铁线路都是像他一样的铁路建设者的汗水和智慧的结晶；中国铁道部的几度改革以及最终归入历史档案曾给像他一样的铁路企业管理者和铁路企业带来过惶恐，但他们最终选择了顺应时代，适时转型；国家在全面从严治党的同时，出重拳治理各行各业的腐败行为，给企业带来了越来越风清气正的干事创业环境。

在内因外因的驱动下，郑斌倾注了全部心血的企业——铁建电气化局迎来了发展的黄金期，实现了从无到有、从小到大、由弱转强、由贫转富、由行业追随者到行业佼佼者的蜕变。回想铁建电气化局走过的每一步艰辛之路、取得的每一个喜人成绩，还有那些支持和帮助过他的政界、军界、企业界领导以及与他并肩奋战过的领导和同事，一切仿佛就在昨天。

郑斌情不自禁地“唉”了一声，正在做家务的许桂兰听到丈夫猛然发出这么高的叹气声，吓了一跳，问道：“你怎么了，叹这么大的气？”

郑斌看了看许桂兰，欲言又止。许桂兰看出丈夫不是太开心，关切地问道：“是不是总公司让你退休了，难以接受？没什么大不了的，退休就退休吧，正好休息休息，调养调养身体，帮我带孙子。”唉，女人哪里晓得男人的真心事。

郑斌生于1958年12月，2018年12月刚好60岁。他原以为上级领导会推迟一段时间让他离岗退休的，没想到中国铁建严格按国家规定，按时下发了他的免职退休通知。他自觉身体还很健康，还能继续打几年“江山”，现在刚满60岁，就让回家休息了，他备感失落。能够继续在工作岗位上发挥才干，为企业、为国家再多做贡献是一件无比幸福的事，可是对他来说，这已经是不可能实现的奢望了。

两全其美的事可遇不可求。“长江后浪推前浪”“江山代有才人出”。郑斌只能无奈地接受现实，一边为中国铁路建设取得的辉煌成就喝彩和点赞，一边又为自己在中国铁路建设正昂首阔步地走向世界之首时退出工作舞台而感到遗憾。

第一部
铁道兵前无险阻
（1978—1984 年）

第一章　梦想从军营开始

金榜落第，投笔从戎

1

1977 年 12 月 15 日和 16 日，19 岁的郑斌参加了河北省的高考，可惜落榜了。这意味着他要继续当村里的民办小学教师，而他认为这份职业并不适合自己，更不是自己心向往之的职业。

大哥郑礼好像看出了他的心思。

一天晚饭后，郑礼对仍然因高考落榜而少言懒语的郑斌说："老四，别整天耷拉着脑袋，跟个小老头儿似的，走，到外边去，哥跟你说个事！"

"啥事？大哥，你说吧！"郑斌无精打采地跟着大哥出了家门。

"我问你，征兵工作又快开始了，你想不想去当兵？"

"当兵？"郑斌怔了怔，紧接着就来了精神："你说的是真的？我还能去当兵？"

"本来吧，按正常安排，1978 年的兵应该是去年底前征的，这不，赶上恢复高考了。国家为了不影响高考录取工作，就把征兵工作拖到了现在。村里已经得到了消息，上面的通知马上就到。你要是想当兵，等接到通知，我想办法给你弄个名额。"

"真能这样，那就太好了！当兵总比当民办老师好。二哥当了几年兵，回来后给分到了县轴承厂。我要是当几年兵，说不定以后回来国家也给分配个工作。那就一言为定，只要你能弄到名额，我就去当兵。可是，爹和娘能答应吗？”

“只要你愿意，爹、娘那里我去做工作。”

“啥？你想让老四去当兵？”55岁的郑玘佩听了大儿子的建议，惊讶了一会儿，又沉默了一会儿，慢吞吞地说：“你们兄弟俩先别急着定主意。老四，你也先别急着表态。我觉着民办老师挺好，安安稳稳的，风不吹日不晒，还有工分和现金补贴。真要当了兵，再想要这份好差事，恐怕就没门儿喽！”

“就是，你们爹说得对。老大、老四，你俩再合计合计，是吃现成的安稳饭，还是要去当兵，到底哪个更划算。”赵美书在一旁替丈夫帮腔。

“爹、娘，不用合计，我想好了，我就去当兵。反正我不想一辈子当老师，再说，我这性格也不适合当老师。何况我现在还只是个民办老师，哪天能转正连个影儿都没有。我本来想大不了明年再参加一次高考，可是万一明年又考砸了呢？不管是上大学还是当兵，都能让我到外面去见见世面。比较起来，当兵比上大学要容易多了，而且我觉得当兵更适合我。再说，我要当兵当出名堂了，民办老师的那点待遇还算个啥！大哥，什么时候正式通知报名了，你告诉我一声。”郑斌显然已经打定了主意。

“爹，娘，老四说得对，当兵这个事，我也是再三考虑过的。现在民办教师转成公办的越来越难，老四要是转不了正，说不定哪天还得回家啃泥巴。能考上大学最好不过，但咱不能打保票老四一准儿就能考上不是？像老三那样走招工的路子，现在已经行不通了，名额卡得太死，根本轮不到老四头上。我琢磨着，走当兵这条路最靠谱，他要是在部队上好好干，进步快，比当民办老师可强多了。最不济，复员后也能像老二那样吃上公家饭。”郑礼耐心地跟父母做着解释和分析。

“你们说好，就好吧，我们也不懂个啥。就是觉得可惜了当老师的那碗轻省饭。老四啊，听说部队上管得严，你要是真当了兵，能不能受得了管束？”郑玘佩夫妇还是有点不放心。

“那有啥受不了的。爹、娘，你们放心，我要是当了兵，肯定好好表现，说不定还能立个功啥的，给你们争光呢！”郑斌心里一下子变成了晴天，又说起了逗爹和娘开心的话。

领参军报名表、填表、逐级向上申报、推荐、审查、体检等一系列征兵程序结束后，郑斌如愿拿到了入伍通知书。

他兴冲冲地跑回家，举着通知书喊道：“爹、娘，快来看呀，我的入伍通知书拿回来了！”

“给我看看，给我看看！”16岁的妹妹郑兰连声叫着，一边拉着郑斌的胳膊要抓通知书。

“别抢，别抢，小心撕坏了！给你，快给爹、娘念念上面写的啥。”

“遵命，四哥！”郑兰咯咯地笑着，举起了通知书，又故意大声咳了两下，清了清嗓子，“爹，娘，你们听好了啊！”她一本正经地念道：

入伍通知书

郑斌同志：

你坚决响应毛主席“提高警惕，保卫祖国”的伟大号召，积极报名参加中国人民解放军，这是很光荣的。现经审查批准你入伍。

望于1978年3月6日……

还没念完，赵美书就哭了：“老五，别念了，娘知道了，就是说，再有半个月，你四哥就要离开家了。”

“哎呀，娘，你哭什么呀？我是去当兵，又不是去了就不回来了！”

“就是，娘，老四当兵是件高兴的事，拿到通知书了，咱得庆祝庆祝。”郑礼劝道。

2

1978 年 3 月 6 日，郑斌换上了一身崭新的草绿色军装。初春的料峭寒意被绿军装挡在了外面，他的一颗心被对未来的憧憬烘得暖融融的。没想到自己竟然成了一名光荣的中国人民解放军战士，再也不用担心会像老父亲一样一辈子刨黄土了。他眼里和脸上满是喜悦之情，藏也藏不住。

和郑斌同一公社又同批参军的还有范沙小、荣军、王富生、樊连吉、冀毛小、张四兵、张三国、魏海林、赵毛林、栗泰军。部队派来接他们的人名叫紫玉森，据说是个副排长。

郑斌不知道副排长算多大的官，能管多少兵。这些还不是他操心和关注的事，他想知道的是他会被分配当什么兵。

十八九岁的农村小伙子，平时散漫惯了，刚穿上军装，油嘴滑舌的习性还在，七嘴八舌地问紫排长：

"排长大人，请问我们要去的是什么部队？当的什么兵？"

"是啊，排长大人，您就透露透露呗！"

"对呀对呀，这样神神秘秘的，搞得我们心里跟猫爪子抓似的。这还没到部队上呢，心就给挠坏了，咋个整？"

……

问话之间不时爆发出阵阵哄笑。

"立正，稍息，谁再吵吵，就脱下军装回家去！"30 岁左右的紫排长被惹恼了，大声训斥道。

新兵们憋住笑，推推搡搡地站成了歪歪扭扭的一排。

"想知道当什么兵，是吧？我告诉你们，部队有部队的纪律。穿上了军装，就是军人。不该问的不要瞎打听，该你们知道的事，部队自然会通知你们。现在我只能告诉你们，你们当的是技术兵，其他的暂时保密，等你们到部队了，自然就都知道了。从现在起，都给我老老实实地服从命令听指挥，明白了吗？”

嬉皮笑脸的新兵们被紫排长的一番话唬住了，都闭了嘴巴，相互做个鬼脸，嘻嘻一笑。去什么部队、当什么兵的问题也就跟着翻篇了。既然紫排长说了，部队有部队的纪律，不让说的坚决不能说，不能打听的坚决不能打听，那就按紫排长说的做呗。反正军装都穿在身上了，难道还能脱下来不成？首长说去哪里就去哪里，当什么兵就是什么兵，就算提前知道了又能怎么样，难道自己不愿意了还能改不成？

郑斌本来和其他新兵一样，对前途挺好奇，挺想知道自己会被派去哪里，当什么兵。听了紫排长的话，自己又想了想，决定听天由命，不操这份闲心了。

离家的时间到了，一家人拥着他走到了村口。二哥郑智和三哥郑信又骑着自行车继续一路将他送到了北冶汽运站，新兵们要在这儿统一乘车去平山县武装部。在武装部集合编班时，同一公社的新兵基本上被编到了同一个班。郑斌和其他来自唐家会公社的10名新兵成了同一个班的战友，他被推举为临时班长。编班结束，新兵们换上了开往省城石家庄的大卡车。

石家庄火车站真大呀！车站上除了稚气未脱的新兵外，还有扛着大包小包，扶老携幼的旅客，周围嘈杂混乱不堪，令人眼花缭乱。

在这儿，20岁的郑斌第一次见到了火车，既兴奋又好奇。

一列列深绿色的火车，像是一条条巨大的铁龙。它们整齐地立在车站内，有的顶上冒着白色的蒸汽，不知从何处发出一阵高亢的“呜呜”声后，就震耳欲聋地由慢到快出了车站，渐行渐远。

目送着开出车站的火车，直到最后一点车身从视线里消失，郑斌才收回目光。他想不明白，这么大的铁疙瘩是怎么在两根细细窄窄的铁条上行走的，那几根木头和铁棍怎么没被火车压扁呢？实在太神奇了，他搞不懂，只当开了眼界，长了见识。这个时候的郑斌绝对料想不到自己即将开始每天和铁路打交道的生活。

集合开饭时，带队首长让新兵们以班为单位，围坐成一圈吃饭。郑斌扫了一眼，看到每圈的饭桌中间都有一个脸盆，里面装着白花花的大米饭，紧挨着饭盆的好像是一盆猪肉炖粉条，装得满满的，很实在。他使劲吸了一下鼻子，果然是久违的猪肉香。记忆中好像没有吃过这么香的饭菜，三下五除二干光了盛到碗里的美味，他感觉肚子还是瘪的。一看饭盆、菜盆，都已见了底，看来并不是他一个人把这一顿当成了人间美味。新兵们一个个咂着嘴，意犹未尽，恨不得再上演一遍狼吞虎咽的啖饭剧。

出发的时刻终于来临了，各班新兵听从指令，整齐有序地登上了指定的车厢。他们上的不是在火车站看到的绿皮车，而是里外都黑乎乎的货车，俗称“闷罐车”。

郑斌在心里嘀咕：“怎么不让我们坐绿皮客车，倒把我们当成了货物，塞进这么个黑箱子里？”仔细扫了一眼车厢，他发现叫这种车为“闷罐车”真是太贴切了。这种货车的车厢本身就是一个长方形的大铁罐，厢壁有 10 多米长，上面却只钻了 4 个小孔用来透气。车厢内连灯都没有，暗沉沉的。车门是推拉式的，用铁链拴在车厢上，中间留了一条缝隙，大概一尺宽的样子，估计是用来采光的。郑斌此刻没想到的是，这条缝隙居然还被派上了别的用场。因为行进途中很少停车，新兵们不能下车休息，有的因为内急，就不管不顾地对着车门缝朝车外小便，郑斌自己也不得已成为其中的一员。车厢内一个座位也没有，只用红砖贴着车厢壁垒了一条铺沿，上面铺着一层稻草，郑斌知道了它的名字——“大通铺”。

郑斌所在的车厢一共装了 23 名新兵，分别来自两个班。新兵们把背包打开，一字排开地躺卧在大通铺上，跟睡在大炕上一样。仍然没有人告诉他们会被派到哪里，当什么样的兵。新兵们一是不敢问，二是没处问，也就不怎么关心了。从一开始就抱着“既来之则安之”心态的郑斌，躺在通铺上，伸了伸胳膊和双腿，浑身说不出的舒服和通泰。

“哐当”一声闷响，闷罐车启程了。

郑斌心里一阵激动，慢慢地，思绪也随着轰隆轰隆的火车声飘飞开去。

“哎，半天不吭声，想啥呢？”一声问话把郑斌从深思中拉回到了现实。

原来，躺在他旁边，和他同村的范沙小见他睁着双眼，一动不动地瞪着车厢顶，就想和他说说话，打发时间。

“想我爷爷。”

“你爷爷？你当兵想你爷爷干啥？再说你爷爷都去世十几年了吧。”

“我爷爷一个老农民，当年一个人打败了 100 多个鬼子，真想象不出他是怎么做到的。你说，要是他当时是八路军战士或游击队队员，会不会更厉害？我在想啊，我现在当兵了，是真正的人民解放军战士了，比我爷爷强多了，所以将来要比他更厉害才行。”

“现在都和平年代了，又不打仗，怎么跟他比厉害？再说，咱们现在连当的什么兵，这车要把咱们拉到哪儿去都不知道呢！”

“不打仗可以干别的，要不干嘛让咱们当兵，上面肯定已经安排好了，只是咱们不知道而已。既来之则安之，不用担心，总会知道的。”

“好吧，你也别胡思乱想了，时间应该很晚了，好多人都已经打起呼噜了，咱们也早点儿睡吧！”

在此起彼伏的呼噜声中，郑斌逐渐进入了梦乡。

光荣加入铁道兵

一车的新兵闷在闷罐车里，一觉醒来已然不知道今夕是何夕。大家既看不见外面的情形，也不知道到了哪里。昏昏沉沉中，有的坐起身靠在车厢壁上有一搭没一搭地聊天，有的后脑勺枕在双手上躺着想心事。车厢内冰冷冰冷的，新兵们是不允许中途下车的，吃喝拉撒都在车厢内解决。因为空气几乎不流通，时间一长，气味越来越不堪忍受，加上蒸汽车头排出的煤烟和煤灰不时窜入车厢，搅得大家不停地咳嗽。

闷罐车速度本来就慢，还要时不时地停下来给客车让道。第一次停车时，大家以为到站了，都兴奋地站起来挤到车门处，扒着一尺宽的缝隙往外看。没人开车门，也没人通知他们下车。不一会儿，车又咣当咣当地往前爬了，大家才知道原来是空欢喜一场。反复了几次，大家也就习惯了，一门心思守在自己的铺位上等通知。一路走走停停，新兵们也不知道到过什么地方，哪里才是他们的目的地，只能在列车前行产生的强烈颠簸中听天由命。

摇晃了不知道几天，终于有人喊着："全体注意，到站了，准备下车。"郑斌心说，这一路怕是已经闷了50多个小时了，真远呐！长这么大，没出过这么远的门。

终于可以呼吸到新鲜空气了！尽管眼前是白茫茫一片大地，寒风刺骨，裹着鹅毛大雪，吹得人透不过气来，但仍可见喜悦之情荡漾在每个人疲惫不堪、又好奇、又茫然的脸上。透过纷纷扬扬的雪花，新兵们依稀看见站牌上印着"通辽站"三个字。下了火车换汽车，不一会儿到了一个酿酒厂。新兵们这才恍然大悟，原来这个到处弥漫着刺鼻酒糟味的酿酒厂才是他们的最终目的地。

郑斌后来了解到，酿酒厂是部队临时租的，作为89143部队新兵连驻地，位于余粮堡——一个以产玉米为主的产粮小镇，属吉林省通辽市（1979年7月通辽市划归内蒙古自治区），白酒制作是余粮堡的主要产业之一。

新兵欢迎仪式上，部队首长亲切问候了站得东倒西歪、仍然一头雾水的新兵们，热烈地欢迎他们加入中国人民解放军，成为一名光荣的人民铁道兵战士。

郑斌心里翻滚起了一连串的问题：铁道兵？铁道兵是干什么的？是专门修铁路的兵吗？省城火车站是不是铁道兵修的呢？嘿嘿，想不到还有这种兵。不知道铁道兵有没有二哥的炮兵神气？

1978 年 4 月 15 日，郑斌（前排右一）与新兵连战友的合影

在酒厂驻扎下来后，新兵们被告知要接受 45 天的新兵训练。按规定，新兵必须训练 3 个月，因为这一年征兵工作推迟，他们入伍的时间比往年晚了 3 个月，所以训练时间也被减去了一半。在随后的训练中，新兵们被告知，89143 是铁道兵通信信号工程第三营的部队番号，其中的“89”代表部队兵种为铁道兵，“1”代表部队为铁道兵司令部直属单位，“43”代表直属单位的序列号。

郑斌被撤去了唐家会公社新兵班的临时班长一职，改任为新兵连三排二班临时副班长。班长是毛云木，手下共有包括郑斌在内的 11 名新战士。

能被安排当个临时副班长也是一件光荣的事。郑斌心里挺高兴，虽然是个副手，毕竟还有对 10 个人发号施令的资格，只要努力，说不定过些时候“临时”两个字就能去掉。

有了这个心思，郑斌便格外积极地配合毛班长的工作，助手当得一丝不苟。他主动带着 10 名新兵认真地学习内务整理，进行户外训练。为尽快熟悉部队生活，也为了和毛班长处好关系，郑斌经常向毛班长请教，学到了很多部队中不成文的规矩。他认真遵守那些不成文的规矩，很快赢得了毛班长的友谊和关照。

一天，郑斌把当兵前买的上海牌全钢手表戴在了手上，打算好好炫耀一番。谁知道手表刚在手腕上现形，就被毛班长发现了。

“郑斌！”他大喝一声。

“到！”郑斌站直身子，跑步前进，在毛班长面前立定，“班长，请指示！”

“你手腕上戴的什么？摘下来！”毛班长一脸严厉。

“报告班长，是手表，上海牌的，我从家里带来的。”

“部队有规定，新兵不能戴手表，你不知道吗？”

“报告班长，我错了，我现在就把手表摘下来。”

郑斌难为情地挠挠后脑勺，拿着手表，心虚地瞟了瞟毛班长，见他没有再继续教训自己的意思，略一沉吟，就将手表顺手放在了毛班长手中，讨好地说：“班长，既然新兵不让戴手表，放着也是放着，要不您先替我戴着，正好掌握训练时间。”

“好吧，我先替你收着。注意啊，新兵只能戴军帽，穿军装和军鞋，跟部队无关的东西，新兵一律禁止穿戴！”

“是！”郑斌一边立正、敬军礼，响亮地回答着，一边在心里说：“好险！幸亏没把皮鞋一起拿出来穿上，要不然错误犯得更大了，挨批挨得更厉害。”

毛班长过了几天就把手表还给了郑斌。两人聊天时，郑斌告诉毛班长，手表是他业余做生意挣钱买的，他还买过好多好东西，自行车、皮鞋什么的都有。毛班长不相信，说："你不就是一个农村的小学民办老师嘛，怎么挣那么多钱，买这么多好东西？"郑斌告诉了毛班长自己利用课余时间倒换榆树皮面的致富经历。毛班长惊得眼珠子差点掉出眼眶来，一个劲儿地夸他说："想不到你小子还有这商业头脑，怎么没继续做下去，跑来当兵娃子了呢？可惜，可惜！"

铁道兵功绩和英雄万古长存

在部队里，老兵常会支使新兵干活，比如打饭、洗碗、洗晾衣服等。每次听到有人喊："郑斌，过来，帮我把衣服洗了。""郑斌，过来，给我打壶开水去。""郑斌，过来，把这几副碗筷拿去洗了。"……郑斌总是乐呵呵地跑前跑后，将这些吩咐落实得干脆利落。多干点儿活既不违反原则，又不会危及性命，就当是加塞的训练项目了，还可以趁机多认识人，加快融入老兵世界的速度，并和他们增进感情。

思想认识越简单，自己受益就越多。

郑斌的勤快使他很快受到了老兵们的欢迎和接纳。在艰苦卓绝的短期集训中，他和新兵、老兵都建立起了牢不可破的情谊，一直延续了几十年。

集训时间虽然只有短短的 45 天，但训练项目非但没有减少，反而比往年加大了强度。新兵们在零下 20 多摄氏度的彻骨冰冷中反复立正、稍息、向前转、向后转、向左转、向右转、踢正步、站军姿、拼刺刀、喊口号、唱军歌。每天不摸爬滚打到骨头都快散架不罢休，不练到浑身酸疼到快麻木不结束。训练之苦让所有新兵多年后回想起来还不寒而栗。

不经过风雨哪能见到彩虹？选择了就不能轻言放弃。每到快撑不住时，郑斌就紧咬牙关，反复默念类似的语句，鼓励自己坚持、坚持、再坚持。45天艰苦卓绝的训练强壮了郑斌的筋骨，更磨炼了他的意志。

在训练体能的同时，部队的另一项重要任务是给新兵们宣讲铁道兵的历史，让他们了解什么是铁道兵，铁道兵的精神又是什么，要他们以当铁道兵为荣，把部队当成自己的家，把战友当成自己的兄弟。

最初选择当兵是为了不当农民，希望有更好的前途。知道了自己当的是铁道兵，就不能再稀里糊涂了，就要搞清楚铁道兵是怎么来的，又是干什么的，曾经做过什么，出过什么英雄人物没有，自己又要怎么做才能成为一名合格的铁道兵。虽然放弃了教师职业，但老师的思维还在，郑斌决定以自己的方式为铁道兵寻根。除了认真聆听首长们的介绍外，他还经常找老兵们聊天，从他们口中了解一些细节。怀着无比崇敬的心情，他利用训练空当，以时间为轴线，梳理了一份铁道兵的大致发展历程，并把自己整理出来的铁道兵简史工工整整地记在了笔记本上，时不时地翻看，以加深记忆。

翻开郑斌的笔记本，就可以大致地了解铁道兵在20世纪70年代前的发展脉络和重大事件。

铁道兵是中国人民解放军陆军的一个铁道工程技术兵种，曾拥有铁路、隧道、桥梁、建筑、舟桥、通信工程等多个部队，总兵力最多时有40余万人。铁道兵的起源最早可追溯到20世纪40年代。

1945年8月8日，苏联政府对日本宣战，随即出兵中国东北，对日本关东军发起全面进攻。八路军冀热辽军区奉命派出一部兵力就近进入东北，会同中共领导的东北抗日联军配合苏军作战，10月31日，组成东北人民自治军，11月14日，东北人民自治军改称东北民主联军。

1946年6月下旬，国民党发动全面内战，东北民主联军铁道司令部成立，苏进任司令员；12月，铁道司令部改称护路军司令部，苏进任司令员兼书记，护路军司令部设在哈尔滨。

1948年1月1日，东北民主联军改称东北人民解放军，区分为东北军区和东北野战军。

1948年7月5日，中共中央东北局和东北军区决定，以护路军所属部队为基础，吸收东北各铁路局1200名铁路员工为技术骨干，再补入二线兵团8500人，组成东北人民解放军铁道纵队，也称为铁路修复工程局，黄逸峰任局长，共计官兵17104人。铁道纵队成立后，全力抢修东北和华北地区的铁路，支援了辽沈战役和平津战役。

1949年3月11日，东北野战军改称中国人民解放军第四野战军。

1949年5月16日，中央军委正式命令，将第四野战军铁道纵队扩编为中国人民解放军铁道兵团，归军委建制，铁道部部长滕代远兼任兵团司令员和政治委员。

“野战军打到哪里，就把铁路修到哪里”成为铁道兵部队的口号。从1948年夏天铁道纵队成立到1949年底，铁道部队全体官兵与铁路职工齐心协力，克服重重困难，共修复1629千米线路、976座桥梁、5898平方米车站房屋、232站信号，使全国遭国民党军队破坏的几条主要铁路干线全部及时通车运营，为渡江战役取得胜利、解放军进军西北和解放全中国提供了有力保障，为战后全国经济的恢复和发展做出了重大贡献。

1950年6月，朝鲜战争爆发。10月，中国人民志愿军入朝作战。同年11月，由3个铁道师、2个铁道团（直属桥梁团、独立团）共约2万人组成的中国人民志愿军铁道兵团开赴朝鲜战场，执行铁路抢修任务。1953年1月，又增派6个铁道工程师入朝参战，执行抢建铁路新线任务。

1953年9月9日，中央军委命令：志愿军在朝鲜的6个铁道工程师，正式划归军委系统，与铁道兵团现有的4个师、1个独立团，统一编为中国人民解放军铁道兵。从此，铁道兵正式作为一个兵种进入中国人民解放军序列。

1954年2月28日，中央军委任命王震为铁道兵司令员兼政治委员。

1954年3月5日，铁道兵司令部在北京正式成立，此时铁道兵共有兵力10万人。此后，铁道兵规模不断扩大，到1974年底时，已发展到总兵员额43万人，这是铁道兵历史上人数最多的时期，拥有3个指挥部、15个师、3个独立团、3所学校、3所野战医院、1个科学技术研究所。

1965年，美国军队入侵越南期间，奉中央军委命令，铁道兵组织部分部队赴越，圆满完成了越南北方铁路、公路的反空袭抢修和抢建任务。

……

新战士郑斌了解的铁道兵历史越多，就越是有热血沸腾的感觉。铁道兵创造的丰功伟绩，使他为加入了这样一支英雄部队感到由衷的自豪，铁道兵英雄们英勇顽强、不怕牺牲的壮举更是深深地震撼了他年轻的心灵。晚上躺在通铺上，郑斌回想着一些在军内外声名远播的抗美援朝英雄，脑海中一遍遍像演电影似的模拟他们的事迹画面。

抢修陇海铁路8号桥时荣获“登高英雄”称号的杨连弟在朝鲜战场上抢修清川江大桥时，被一颗定时炸弹的弹片击中头部，不幸壮烈牺牲，年仅33岁。

“人螺丝”史阜民冒着生命危险，用螺丝扳手联结不同型号的铁轨，在钢轨的不停振动中令人难以置信地硬是坚持了90分钟，使18列列车安全通过大桥，保证了志愿军军用物资按时运到前线。

“侦察英雄”袁孝文在双腿被炸断的情况下，仍拖着虚弱的身体顽强地爬行300米远，向一列满载着弹药从远处开来的志愿军军用列车连续放了三个“响墩”示警，避免了一起严重翻车事故的发生，他本人则因流血过多，抢救无效，献出了年仅23岁的宝贵生命。

“拆卸定时炸弹大王”李云龙置个人安危于不顾，脚踏生死边缘几十次，共拆卸定时炸弹34枚。

……

英雄们的姓名和事迹不胜枚举，他们勇于直面困难和危险，为了国家和民族的利益不惜牺牲个人生命的奉献精神永不过时。郑斌暗暗下定决心，要以先辈和前辈为榜样，传承铁道兵“逢山凿路、遇水架桥”的特别能战斗精神，争取早日成为一名优秀的铁道兵战士。

新兵集训完毕，郑斌被分配到了铁道兵通信信号工程三营二连一排一班，全班共有新老战士 12 名。他开始了每天和铁路通信电缆打交道的生活。

铁道兵的概念太大、含义太广。

郑斌在清楚了铁道兵的大致发展历程后，决定进一步细化自己的寻根工作。他要把铁道通信兵的来龙去脉理清楚，不然身为一名通信兵，却不知道自己所在的部队是怎么回事，于情于理都说不过去，将来万一有人问起来，自己却一问三不知，那就太丢人了。他在笔记本上添加上了铁道通信兵的相关资料。

为适应新中国现代化铁路对通信信号的需求，铁道兵先后组建了直属铁道兵司令部管理的三个通信信号工程营。

一营于 1968 年由铁道兵四师通信连、九师四十三团一营一连和二营七连在京原铁路组建而成，部队番号为总字 510 部队。京原铁路建设完工后，调往东北通霍铁路，进驻东北林区，部队番号改为 89141 部队，驻扎在内蒙古科右中旗白音胡硕。一营由铁道兵八师代管，负责通霍铁路通信信号工程施工建设任务。二营于 1970 年由铁道兵一师一团勤务连、十师 2 个建制连、十三师六十三团通信连在襄渝铁路十堰组建而成，部队番号为总字 509 部队。三营于 1970 年 7 月由铁道兵七师通信科杨家田负责组建，整合铁道兵二师六、七、九、十团工程通信连在襄渝铁路达县成立，部队番号为总字 508 部队。

1975 年 11 月襄渝线临时通车运营后，二营和三营调往北京至通辽铁路执行任务。二营进驻河北省隆化县县城，番号改为 89142 部队，由铁道兵九师代管。郑斌后来又补记了一句话：二营在 1979 年后改由铁道兵十四师代管，负责南大庙站至内蒙古赤峰段的通信信号工程建设任务。三营进驻吉林省通辽市余粮堡镇（今内蒙古自治区通辽市），番号改为 89143 部队，由九师（89209 部队）代管，下辖一连、二连、三连、四连，还有仓库、汽车排、修理所。除三连、四连驻扎在八仙筒外，营部、一连、二连、仓库、汽车排、修理所均驻扎在余粮堡，负责北京至通辽铁路赤峰至通辽段通信信号工程的施工，其中：一连负责通信设备的安装；二连和三连主要负责铁路长途干线通信电缆的敷设、接续和测试开通工作；四连负责信号设备的安装和调试开通工作。

第二章　明月难懂铁道兵的深情

京通铁路小志初成

志不立，天下无可成之事。

郑斌暗下决心，既然当了铁道通信兵，就要努力争当最出色的那个，要将通信技术熟稔于心，操作起来得心应手，这样才不会辜负了自己参军改变命运的初衷。他想，一定要尽快掌握铁路长途通信电缆敷设、接续和测试技术。除完成训练、值勤、学习、帮厨、打扫卫生、整理内务、学习雷锋做好人好事外，郑斌每天都会像挤海绵里的水一样挤出工作日早晚和周日的自由活动时间，一个人躲在小包房里刻苦自学电工学、电子技术及通信基础理论知识。

功夫不负有心人，老天爷大概也被他不怕苦、肯钻研的好学精神感动了，让他在历次连队考试和比赛中都名列前茅，得到了连队首长和战友的一致肯定。

小志初成，令人备受鼓舞。1978 年底，入伍不到一年的郑斌被任命为长途干线对称通信电缆接续小组组长，开始独立带队执行任务，成了连队的技术骨干。

1979 年 9 月初，铁道兵第三通信信号工程营顺利完成了京通线赤峰至通辽段通信信号工程的施工任务，随即转战京通线西段怀柔北至河北滦平段，负责该段的通信信号工程建设。

营部和一连、三连、四连驻在河北省滦平县；郑斌所在的二连则将驻地从余粮堡搬到了北京市密云县不老屯公社兵马营大队。刚到达驻地，战士们就开始在火车站旁的空地上搭建帐篷，当晚就住了进去。安顿下来后，整个连队很快就投入到了紧张的施工中。

战士们每天早上 6 点出发，直到晚上 10 点才能回到驻地，往返奔波在 300 多千米的铁道线上，身体的疲劳简直到了极限，往往一倒在大通铺上，鼾声就响起来了。这样的苦和累，没有亲身经历的人是无法想象也是无法体会的。

郑斌深恨自己不该“昔闻长者言，掩耳每不喜”。长辈们那些曾经让他烦不胜烦、不以为然的教导，因为每天超常的工作量和疲累突然都在他心里复活了，他终于理解了长辈们的一片苦心。

但转念，他又想：“我放着轻松的小学老师不当，非要远离亲人、远离家乡来当这个兵，不就是为了有一天能有出息吗？如果轻易就被苦击退，被累击趴，我又何必走这个弯路，一辈子窝在家里当个老师甚至当个农民不是更省心？现在，我已经掌握了铁路通信线缆接续技术，连队首长把我当成通信技术骨干，让我挑大梁，自带一个技术小组，在铁路线上施展本领，这是抬举我。我要是打退堂鼓，不仅对不起首长们的信任，前面的辛苦努力也都白费了。反正苦的累的也不是我一个人，连首长们都在拼命工作，其他战友也是铆着劲儿不甘人后，我可不能当被人耻笑的逃兵，否则，以后在部队都要抬不起头了。再说，从前铁道兵英雄们流血丢命都不怕，我现在流的这点汗、受的这点累跟他们比起来简直不值一提，要是让他们知道自己喊苦喊累，一定会被笑掉大牙的。嗯，咬咬牙，坚持就是胜利。年纪轻轻的，睡一觉体力就恢复了，就当实战练习技术，顺带磨炼自己的意志力了。嗯，说不定，完成这条线的施工任务后，我的技术还会再上一个台阶，还会被派上大用场呢！要是出息了，家里人该多高兴啊。加油，郑斌！”他握紧双拳给自己鼓劲。

和很多思想传统的中国男人一样，郑斌将家庭看得很重。他希望通过自己的努力使郑家有一天能重拾祖上的辉煌，父母能过上安逸舒心的晚年生活。还有未婚妻许桂兰，他说过要接她出来享福的，他不能失信于她，让她失望。人来到世上本就是要吃苦受累的，身体上的累算得了什么呢？我才 21 岁，有的是使不完的劲，出力干活正当年！

思想积极，干活有劲。

郑斌抖擞精神，和战友们一起乐观地对待每天繁重的施工任务，浑身仿佛有使不完的劲。300 多千米的铁路线不再遥远漫长，电缆的敷设、接续和测试在铁道通信兵的手里就像变戏法，他们干起活来不但速度快而且质量高。

母子军营来相会

苦乐交替中，日子过得飞快。

自从走进军营，郑斌和很多战士一样，都没有回过家，算算已近两年。铁路施工任务重，战士们谁也不知道什么时候才能被批准回家探亲。他们和家里的联系主要靠书信，从寄出一封信到收到回信往往需要半个月左右。战士们每隔一段时间就会写信给家里，告诉家人自己在部队的情况，好让家人放心。

思乡情怀，人皆有之。“举头望明月，低头思故乡”“露从今夜白，月是故乡明”“日暮乡关何处是，烟波江上使人愁”等古诗名句，老少咸知。

一个人无论走多远，心总是会被家牵着。很多战士在想家想得心碎时，就选择在晚上站岗放哨时释放情感。郑斌也不例外。夜深人静，持枪站在岗位上，仰望头顶的星空和明月，油然而生“念天地之悠悠，独怆然而涕下”的苍凉感，心随境转，站岗的士兵化身为了怀古思乡的文人骚客，起了伤春悲秋之意，泪水夺眶而出，顺着脸颊肆无忌惮地往下流。向天地星月倾诉想家的情怀后，年轻的战士第二天又恢复了精气神，照旧浑身带劲地在铁路线上奔跑。

青年男子整天在人烟稀少的荒郊野外，重复地干着单调的技术活，难免寂寞。战友们经常互相开一些登不了大雅之堂的玩笑，以此消除荷尔蒙冲动带来的烦恼。当有人收到了家信，尤其是夹着女朋友照片的家信时，大家就会起哄，要求他大声念出来，并将照片给大家传看。有了好事不能独享是大家公认的不成文的规矩。大家都知道郑斌订过婚，也传看过许桂兰的照片。

“郑斌，你小子艳福不浅啊！”

“未婚妻这么漂亮，什么时候带到部队来，让我们见见真人吧！”

听得郑斌心里美滋滋的。站岗放哨时，他也会甜甜地回忆自己的恋爱经历，就着月光欣赏未婚妻的黑白靓照。

驻地、工地、岗哨是每个铁道兵战士的工作和生活路线。紧张的施工任务让他们忘记了世外的繁华，深处大山的这段铁路线就是他们的耕耘对象。谁也没有期待，更没有想到会有人愿意千里迢迢地跑到山沟里来看望他们。

郑斌是幸运的。

“郑斌，快到连部去，你妈妈来看你了！”

一天，刚回到营地的郑斌听到了排长冲他喊的这句话。他愣了半晌没反应过来，以为排长逗他玩儿。排长跑到他跟前狠狠地拍了下他的肩膀，大声重复了一遍：“你小子，没骗你，真是你妈妈来看你了，快去吧！”郑斌这才相信事情是真的。他迅速放下工具箱，两脚如飞地朝连部奔去。“真是太意外了，娘居然从老家到部队来看我了！我不是在做梦吧？！”他一边回想着母亲的面容，一边欣喜若狂地反复念叨着：“娘来看我了，娘来看我了！”老远看到母亲正站在连部外翘首观望，他心里一热，眼泪立马模糊了双眼。

最疼娇儿是慈母。

郑斌在家中排行第四，是母亲赵美书最疼爱的小儿子。离家当兵后，赵美书对他牵肠挂肚。每次听老大或老五念小儿子的来信，她都激动得直抹眼泪。知道他在部队上学了技术，还被首长们当技术骨干重用，她心想，看来这个兵是当对了，老四出息了。

光有信不见人，做母亲的心里终究不踏实。儿行千里母担忧。小儿子离家当兵快两年了，她要亲眼看到他才能放下一颗悬着的心。赵美书把自己想去部队探亲的想法跟丈夫郑玘佩和大儿子郑礼说了，迎面就被他们泼了一盆冷水。

郑玘佩说："你一个妇道人家，一辈子没出过远门。汽车没坐过几回，火车长啥样不知道，还想去部队看老四，亏你想得出来！"

郑礼说："娘，爹说得对。您年纪大了，腿脚不好使，经不起长途折腾。真要去部队看老四，也轮不到您头上。还是我去吧！"

一个母亲的信念，有时候可以坚如磐石。

赵美书说："我已经打定了主意，也找好了伴儿。老范家的儿子沙小和老四在一个连队。我和沙小他娘说好了一起去部队看儿子。你们放一百二十个心，我们丢不了。"

想到小儿子在大山里修铁路，条件肯定艰苦，赵美书恨不得把家里好吃的、好喝的都搬到部队去。最后考虑到倒车麻烦，她力气有限，只好选了大枣、炒花生、核桃、鸡蛋四样东西。她怕在路上不小心被人碰破了鸡蛋，就直接将鸡蛋装在一个小竹篮里，找块花布盖上，用手提着。

一路坐汽车、倒火车、再换汽车，两个从未出过远门的农村妇女提着、背着大包小包，终于到了儿子们的部队。想到很快就可以见到日思夜想的小儿子了，赵美书忘记了风尘劳顿。老远看到郑斌朝她飞跑过来，嘴里喊着"娘，娘"，她流出了幸福的眼泪。

“娘，您怎么来了？什么时候到的部队？累坏了吧？家里都还好吧？”郑斌抓住母亲的手，激动得一连问了好几个问题。

“老四，快，让娘好好看看。快两年没见了，可把娘想死了。”

“嗯，黑了不少，长高了，也长壮实了，看上去比当老师那会儿有精气神！”赵美书一边细细地打量着小儿子，一边满意地评价着，语气中透着欣慰。

郑斌按首长的吩咐把母亲安顿进了连队的公务接待房。

“老四，看娘给你带的，全是你爱吃的。部队上辛苦，给你补补身子。”

“娘，您看您，大老远的，还带这么多东西，累坏了怎么办？”

郑斌实在想象不出已经五十好几的母亲是怎么一路颠簸着，把这么多东西完好无损地背到部队的。

都说女人柔弱，可是为了儿女，她们往往又会爆发出超出常人的力量。望着母亲慈祥而略带旅途疲惫的笑脸，郑斌百感交集。他想起了离家当兵时，母亲一边抹着眼泪，一边嘱咐他到部队后要好好听首长们的话、争取进步的情景。那时的母亲虽然年近 54 岁，但看上去比实际年龄小了不少。时隔不到两年，母亲头上居然有了不少白发。但愿母亲的憔悴是旅途劳累导致的，休息过来后她又能容光焕发。

赵美书因为见到了小儿子，疲劳尽消，精神大涨。

相聚时间宝贵，母子俩不愿浪费哪怕一分一秒。两人亲密无间，拉了一晚上的家常，仿佛回到了两年前的望南峪村。郑斌跟母亲详细述说了自己的工作内容和部队里发生的很多趣事，母亲也告诉了他家里的情况和村子里发生的一些事。

知子莫若母。赵美书当然知道什么是小儿子最关心的。她格外提到了准儿媳许桂兰，说：“兰儿可是想你，又细心又懂事，经常到咱家来帮忙干农活、家务活，陪我唠嗑。你就放宽心吧，兰儿她好好的，一心一意地等着你回去办婚事呢。”

施工任务繁重、紧张，郑斌白天得去工地，不能时时守着母亲，只能晚上下班回来后再跑到连部去陪她。赵美书心疼小儿子两头跑辛苦，又见他每天忙得昏天黑地，怕自己在部队待久了影响他休息和工作。于是，她准备三天后回家去。

自古忠孝难两全。郑斌舍不得母亲这么快就离开自己，可是他能有什么办法呢？施工任务紧，他和范沙小连假都只请到了半天。两人一起将两位结伴到部队探亲的母亲护送到了北京火车站。离开车还有两个小时，郑斌看到车站旁边有个照相馆，就提议四个人进去照个相，留个纪念。

郑斌让赵美书坐着，自己站在她身后，照了张母子合影。范沙小也和自己的母亲照了张合影。然后，两对母子又一起照了张四人集体照。两个山村老太太自打出生就没照过相，因为照相被摆弄来摆弄去，只觉得有趣。两对母子说说笑笑的，都很开心。照完相，两个儿子将两位母亲送上了开往石家庄的列车。帮她们找好座位，放好行李后，两人就下了车，脚不点地又赶回了连队。

“月明闻杜宇，南北总关心。”目不识丁的赵美书和范妈妈，迈着缠足不成功、略显畸形的双脚，不辞辛劳，车一程、步一程，跨越近四百千米，赶到一个又陌生又封闭的山沟沟，只是为了亲眼看一眼日思夜想的儿子，看他是瘦了还是胖了、长高了没有、在部队过得好不好。刻在骨子里的母爱给了赵美书和范妈妈勇气和胆识，令她们变得强大和无畏。

铁道兵时期的郑斌

母亲的无私和对自己的体谅让郑

斌深感惭愧和歉疚。他知道母亲一直想去天安门广场，想去瞻仰毛主席的遗容，可是自己别说陪母亲去实现这个愿望了，就连好好陪她老人家在部队转转、悠闲地散散步、说说话都没能做到。想到母亲头上的白发，还有她那依依不舍的神情和关切的目光，郑斌在心里对母亲说："娘，您放心，我一定会早日带您老人家去天安门广场看个够的！"

第三章　青春照亮雪域高原

入伍两年首次回乡探亲

1980年初，京通线西段怀柔北至河北滦平段通信信号工程完工后，铁道兵通信信号工程三营接到了上级命令，要他们向西转战青藏铁路。

按照设计，青藏线长途通信设备要采用当时最先进的小同轴电缆及14×4×0.9对称电缆；开通15路和300路载波；电话交换设备采用全电子交换机和大容量纵横制交换机；信号设备大站采用6502电气集中联锁装置，中小站采用6031电气集中联锁装置，区间采用半自动闭塞系统。这些对三营来说是尖端技术，全营没有一个人熟悉。

铁道兵就是解决难题的部队，在铁道兵的眼里，世界上就没有攻不下的堡垒。为了顺利完成上级下达的这一铁路通信信号工程史上最艰巨的任务，三营首长决定在全营优选几名技术骨干，将他们派到铁道兵2672工厂接受技术培训。王桂林、郑斌、杨元华等6人入选，由工程师陈守才带着，来到了河北省邯郸市的铁道兵2672工厂通信站。

HJ905纵横制电话交换机于20世纪80年代初兴起，是当时市面上最先进的电话交换机。培训班的学员需要从零开始学习自动电话交换的基础和原理，计划学习期限为3个半月。

1980 年 5 月，郑斌（后排中）与培训班战友的合影，前排左起周森泉、王桂林、陈守才、李如文，后排左米明芳、右杨元华

处处做个有心人，只有好处没有坏处。在平时的工作中，郑斌喜欢钻研通信技术，还喜欢亲手操作，遇到不懂的就向战友请教。培训班一开班，他就显出了注重积累带来的优势，理论知识和实际操作测试成绩都比较突出。3 个半月后，他全面系统地掌握了长途通信和地区电话交换设备的电路工作原理和安装、调试、开通技术，为之后顺利完成青藏线建设任务打下了坚实基础。

邯郸市距离望南峪村不算太远，郑斌提前申请了 3 天探亲假。培训一结束，他就揣着准假单往家赶。他恨不得像孙悟空一样驾着筋斗云，一翻身就到了家。“儿童相见不相识，笑问客从何处来”的隔世感没有体会到，体会到的是惊喜和激动。

“呀！是郑斌，两年不见了，你这是回家探亲来了？”

“郑斌，长高、长结实了不少啊！”

“郑斌，在部队上还好吧？听说你都是技术骨干了，了不起啊！”

“郑斌，给我们讲点你们部队上的事吧，一定很有趣吧！”

“郑斌，听说你们是修铁路的，修铁路的人坐火车要钱不？”

……

村里人亲切地和他打着招呼，对他嘘寒问暖，欢迎他回到阔别了两年的望南峪村。探亲假只有 3 天，郑斌恨不得一天掰成两天用，争分夺秒地和家人互道别后情形，拜见准岳父岳母，和未婚妻互诉衷肠。

两年不见，许桂兰出落得愈发水灵了，身材也丰满了许多，是一个成熟的大姑娘了。见面的一瞬间，一对恋人互相望着对方，既陌生又激动，好半天说不出话来。日思夜想的心上人就在眼前，郑斌高兴得只知道搓着两只手，嘿嘿地傻笑。许桂兰红了脸，热切地盯着心上人的脸，嘴唇瘪了瘪，双眼就被泪水遮住了。看到心上人努力不让眼泪滚出眼眶的委屈样儿，郑斌的身体仿佛触电似的一僵，他猛地上前一把将许桂兰抱在了怀里。看着怀里一脸羞涩的心上人，郑斌满怀柔情，喃喃地对她耳语。听着最亲爱的人语无伦次的情话，许桂兰心里比吃了蜜糖还甜。缠绵完了，久别后乍见的陌生感也消失得无影无踪了，两人紧紧地依偎在一起，手拉着手互诉衷肠。

郑斌告诉许桂兰自己在部队有多想她，时刻记着将来要接她出去享福的承诺，拼命学技术、学本领。许桂兰带着一脸的崇拜，目不转睛地盯着郑斌的脸，听他说话。这个时候，在她眼里，他就是她的天。短暂的相聚加深了恋人之间的感情。郑斌还是那句话：“兰儿，你放心，在家等着我，我会继续好好地表现，争取当个一官半职，带你出去过好日子。”许桂兰对未婚夫的话深信不疑，她让他安心在部队，听首长的话，和战友们好好相处，说她会一直想着他的。

唉，相思无限、情话无限，只恨时间有限、相聚有限。一对深爱着对方的恋人，匆匆一面后，又要天各一方了。

青藏铁路造就通信能手

青藏铁路起于青海省的省会西宁，止于西藏自治区首府拉萨，全长1956千米。其中，西格段（西宁至格尔木段）全长814千米，20世纪50年代开始建设，1979年完成铺轨。

转战各地修建铁路，四海为家是铁道兵的常态。

当时负责青藏铁路建设的是铁道兵第一指挥部89111部队，驻在格尔木市。第一指挥部下辖铁道兵两个师：第七师驻在格尔木市（负责青藏线格尔木—莲湖段），其中七师三十三团驻在饮马峡火车站30千米处的泉吉峡；第十师驻在乌兰县（负责青藏线恰尔盖—莲湖段）。铁道兵通信信号工程三营在1980年初进驻青藏线，负责西格段的通信信号工程施工建设。其中，二连负责通信工程部分。

当兵无悔，总有守得云开见月明的一天。

1980年5月下旬，第一次回家探亲结束后，郑斌整理好心情，告别亲朋好友，大踏步地返回部队。他一路西行，风雨兼程，乘汽车，换火车，又倒汽车，走了三四天才到达二连驻地——青海省海西蒙古族藏族自治州都兰县大柴旦镇饮马峡火车站旁。

饮马峡火车站建成于1979年，地处方圆几十千米荒无人烟的青藏高原边缘，海拔3148米，离西宁站663千米，离格尔木站151千米。郑斌到达饮马峡驻地时，天气虽已渐渐转暖，但放眼望去，满目都是“瀚海阑干百丈冰，愁云惨淡万里凝”的萧索荒凉。高原上缺氧，刚开始时，他和战友们一样，很不适应，虽然没有强烈的高原反应，但总是感觉睡不好觉，每天睡得晚、醒得早。

战士们每星期只能吃一次新鲜蔬菜，经常吃夹生饭和压缩干菜，舌头的味蕾都变迟钝了。猪肉罐头和水果罐头倒有不少，但吃多了也腻味。因为严重缺乏维生素，好多战士的指甲盖都嵌进肉里去了。高原上空气干燥，战士们嘴唇上很容易裂口子，生疼生疼的。缺氧使人的抵抗力下降，无论得什么病都不容易好，就算手上被轻轻划伤了也会结个疤。夏天蚊子大得惊人，外出必须戴着防蚊帽。饮马峡是个风口，别看上午阳光和暖，转眼中午就狂风大作，沙子漫天飞舞，遮天蔽日，气温也随之下降，晚上更是冷得人直打哆嗦。

大自然往往在让人绝望的同时，又让人看到无限希望。

郑斌看到荒原上居然渐渐长出了稀稀拉拉的植物。有战友告诉他，这些植物名叫骆驼刺、沙葱什么的。看着眼前难得的一抹绿色，他差点没感动得落了泪。原来这里还是充满着生机的，并不是不毛之地。

更吸引人的地方是河滩。别看那里的河道干涸见底，里面却铺满了形色各异的石头，令人不免遐想：这些是不是女娲补天时遗留下来的五彩石？

连湖更有趣。不知道老天爷使了什么招儿，竟然让湖水一半是淡水，一半是盐水。湖边有很多鸟蛋，穷极无聊的战士们会时不时地开着卡车去那儿玩耍，捡拾鸟蛋。有一次，卡车不小心陷进了泥地里，战士们使出了吃奶的劲儿也推不出来。连队上派了一辆推土机过来才将卡车拖出泥地。战士们挨了批，也不觉得委屈。枯燥的部队生活需要有惊无险的经历来调剂、增添乐趣。

辽阔深远的饮马峡戈壁荒滩，总是让人想起唐朝诗人王维的诗句“大漠孤烟直，长河落日圆”。落日长空虽然显得落寞孤寂，但有时也会让人无形中升起豪壮之情。忙碌是常态，铁道兵没有多余的时间儿女情长。在绝望和希望中，战士们每天过着驻地—工地、工地—驻地的两点一线生活，在青藏线上挥洒着青春的汗水。

青藏线要安装最先进的通信设备，为了尽快掌握设备安装技术，郑斌借来了说明书和相关技术书籍，每天挤时间学习。他将透明描图纸蒙在说明书和技术书中的图纸上，一遍遍地学着画电路图、安装图等，力求弄懂每一个细节，直到能闭着眼睛画出各种图纸为止。勤学苦练出成果，他很快成了新设备的安装能手。

1982 年初，原总后勤部组织各军区各兵种通信单位的技术骨干进行通信新技术培训，学习 HJ921 纵横制大容量自动电话交换机技术。培训地点为北京市朝阳区酒仙桥的邮电部北京有线电厂，培训时间为 6 个半月。

郑斌受派参训。

拿什么回报部队和首长们的信任和期望呢？答案只有一个：珍惜时间、珍惜机会，下苦功学到最好。

在培训班，郑斌不仅如饥似渴地钻研通信理论书籍，向老师请教，还主动到电厂车间与技术人员深入探讨一个又一个深层次的技术问题，坚决不留一个疑问。半年多的时间里，他勤学苦练，刨根问底。他不但明白了电话交换机分为人工交换和自动交换两个阶段（人工电话交换机主要分为磁石式电话交换机和共电式电话交换机；自动交换机的发展经历了几个技术更新过程，即步进制电话交换机→纵横制电话交换机→全电子电话交换机→程控空分电话交换机→程控数字电话交换机），还明白了电话交换机是构成通信系统的主要设备，主要任务是实现用户间通话的接续，就控制方式而言，主要分为布线逻辑控制和存储程序控制两大类，是此时最先进、最有代表性的交换机技术，更彻底弄清楚了交换机的发展历史、工作原理和安装调试流程，长途载波通信以及自动电话地区交换和长途交换的工作原理和系统理论。他将整个通信系统的运转和操作原理都装进了脑袋，在理论知识和操作技能上均实现了质的飞跃。

铁道兵没有新婚蜜月

男大当婚，女大当嫁。郑斌年近 24 岁，许桂兰也快 23 岁了，两人都成了农村的大龄青年。订婚 4 年多了，再不结婚，许桂兰该被村里人说闲话了。许家已催婚多次，爹、娘也着急抱孙子。结婚成了郑斌的当务之急。在爹、娘的三催四催下，郑斌给部队发了封电报，申请请假 7 天，等北京有线电厂的培训结束后就直接回家结婚。部队回电，同意他回家办婚礼。

有情人终成眷属。新郎官郑斌和新娘许桂兰喜不自胜地到公社领取了结婚证。大红奖状一样的结婚证熨帖得小两口心里甜丝丝的。

自 1976 年夏天相识到结婚，整整 6 年过去了，两个聚少离多的恋人，终于喜结良缘。想到许桂兰坚守这么多年，只是为了嫁给自己这样一个常年不着家的普普通通的兵娃子，郑斌心里就对她充满了感激。他暗暗发誓，只要能报答妻子对自己的这份深情，让他做什么都行！

铁道兵没有挑日子结婚的待遇，更没有举行豪华婚礼的奢望。择日不如撞日，就着郑斌的时间，婚礼定在了 1982 年 6 月 29 日。酷暑时节，天气炎热，食物无法储存，很多筹备工作也没来得及做。郑、许两家都无法计较太多，就给两个新人办了个简陋得不能再简陋的结婚典礼。这场婚礼，郑家总共花了不到 160 元钱。

寒酸的婚礼并没有影响郑斌和许桂兰的好心情和对小家庭的憧憬。6 年的相恋相思终成正果，还有什么是比这更令人幸福的呢？新郎官不由得手舞足蹈地唱起了“树上的鸟儿成双对，绿水青山带笑颜……”，并将手向坐在床边的新娘子一伸，“娘子，快快请起，你来看……”。

许桂兰没忍住，扑哧一声笑了出来，羞得她起身一把捂住了新郎官的嘴巴，扑在他怀里笑作了一团，好不开心。小两口搂在一起，耳鬓厮磨，喃喃细语，缱绻缠绵了大半夜。一夜之间完成了从毛头小伙子到男人的蜕变，郑斌突然觉得自己是一家之主了，内心既自豪又觉得颇为神奇。搂着依偎在自己怀里的许桂兰，他恍如身在梦中。

两人在新婚的甜蜜和幸福中憧憬着小家庭的未来，筹划着怎么样才能将两个人的日子过得红红火火。

铁道兵没有蜜月。婚后第 3 天，郑斌收到了部队发来的电报，命令他立即归队。可怜的许桂兰，前一秒还喜眉笑眼的，后一秒就成了泪人，抱着郑斌的腰不让他走。郑斌一边心里怪首长不讲人情，刚结婚还没和媳妇亲热够，就要把他拎回部队，一边赔着笑脸温言安慰许桂兰，替她抹着流不断的眼泪。

军人，以服从命令为天职；军嫂，独自承担家庭重担是现实。一对刚成家的鸳鸯，必须以大局为重。郑斌和许桂兰只能依依不舍地告别对方，等着下次再聚，将被电报打断的新婚假期过完满。

回到部队后，郑斌才知道，三营临时组建了一个通信信号安装队，胡文成任队长，负责西宁—格尔木段通信信号设备的安装。安装队下设三个小组，分别负责自动电话交换、载波通信、电源设备三个专业领域的安装任务。上级命令郑斌负责安装长途自动电话和地区自动电话交换设备，韩水清负责载波通信，宗云升负责电源设备。

即学即用，郑斌在北京半年的培训所学有了实践检验的场所。按线路走向，他和战友们要一个接一个地完成格尔木、察尔汗、锡铁山、饮马峡、连湖、德令哈、西里沟等各个通信站的安装任务，往往在一个站要待 2~3 个月，小站也要 1 个月左右。除了工作，他们还要在通信站自己动手做饭，饭菜质量无法保证，只求能填饱肚子，有力气干活。

谁说只有和尚才可能是苦行僧，青藏高原上的铁道兵同样是苦行僧，只不过他们习惯了，不以为意罢了。工作单调、日子孤寂，他们就每天嘻嘻哈哈地自找乐子、自寻开心，时间同样过得飞快。

带着媳妇跑线路

“郑斌，部队批准我回家探亲了，下个月初就走，要不要我给你家里捎个话，带点东西？”魏海林找到郑斌，问他道。

“太好了！你回去后一定抽空到我家去一趟，代我看看我爹、我娘。跟我媳妇说一声我很想她，让她照顾好自己，等有时间，我就请假回去看她。”

“郑斌、郑斌，看我把谁给你带来了？”一段时间后，刚从工地返回驻地的郑斌，还没进大门就听见有人叫他，抬头一看，魏海林正笑呵呵地朝他招手，身边还站着个穿红衣服的小女人。

“海林，这么快就回来了，怎么没在家多待几天？好家伙，把媳妇也带来了？”郑斌开玩笑地高声回应道。

“你这家伙，连自己媳妇都不认得了！桂兰，走，不理他，让他干着急！”

“郑斌，是我，桂兰，我来看你了。”红衣女子清亮的嗓音跳进了郑斌的耳朵。

“桂兰？”郑斌吓了一跳，仔细一看，心说：“天呐，还真是兰儿，我还以为是海林媳妇呢。瞧我这眼神，真该打。”

“兰儿，兰儿，你怎么来了？”郑斌一边叫着，一边三步并做两步地飞奔到了许桂兰身边。自结婚后，快一年没见面了。郑斌高兴得恨不得一把将许桂兰抱进怀里。怕战友们取笑，他忍住了内心的冲动，站在许桂兰面前，搓着两只手傻笑。

魏海林一看，心说：“得，这家伙，高兴得犯傻了。”他使劲地捶了一下郑斌的肩膀，大声说：“你小子，别愣着了，还不快带你媳妇进屋去！”

郑斌这才回过神来，拉起许桂兰的小手。刚进宿舍门，他就迫不及待地一把将许桂兰抱在了怀里，胡子拉碴的嘴唇疾风骤雨般地吻遍了许桂兰的小脸后又含住了她的小嘴。许桂兰热烈地回应着，泪水模糊了双眼。这一刻，三百多天的相思之苦化作了万般柔情，她要让自己的丈夫亲个够、抱个够，最好能将她融化，让她和他融为一体，这样，她就再也不会和他分开了。

高原上来了个年轻漂亮的小媳妇，这可是件新鲜事。

战友们争先恐后地跑来问候许桂兰，其实也是想近距离地看看女人，饱饱眼福，解解馋。郑斌心知肚明，不但不恼，还热情主动地向战友们介绍许桂兰。在他心里，许桂兰现在就是高原上一朵圣洁的格桑花，他希望她的到来能为单身的战友们引来爱情、幸福和吉祥。

为方便小两口生活起居，连队特意腾出一小间空房给了郑斌。连长嘱咐他一定照顾好许桂兰，不许欺负她。

戈壁滩自然环境恶劣，“野云万里无城郭，雨雪纷纷连大漠”是家常便饭。郑斌很担心许桂兰能否适应高原气候，想让她过几天后就回家去。

许桂兰一听，不乐意了，嘟着小嘴生气地说：“没良心，人家千里迢迢好不容易过来探亲，板凳还没坐热，就赶人家走。哼，没良心，不理你了。”

“好兰儿，亲亲兰儿，我恨不得天天守着你，怎么舍得让你走呢？这不是怕你受不住这儿的恶劣气候吗？你要是受得了，我巴不得你天天陪着我，你说是不是？”

“受不受得住，我多住几天不就晓得了？再说，现在是6月份，又不是大冬天。哎呀，求你了，就让我多待几天嘛。咱俩都一年没见面了，你不知道人家有多想你。哼，你个没良心的，让你没良心！”许桂兰使劲掐住丈夫的胳膊。

“哎哟，疼，疼，别掐了。好吧，我投降，你想住多久就住多久，行了吧，我的宝贝兰儿！”

“嘻嘻，这还差不多！”许桂兰一边笑，一边将小嘴印在了丈夫的嘴上。

折腾了一晚上，心满意足的小两口打算在高原上将当时被中断的甜蜜新婚生活补回来。

在青藏高原上利用探亲时间补度新婚蜜月，这恐怕是铁道兵的独有经历。

郑斌白天要上班，到工地上和战友们一起安装、调试、开通自动电话交换设备。许桂兰一刻也不想离开他，恨不得黏在他身上，又想亲眼看看他是怎么安装设备的，便提出要郑斌带着她一起去上班。郑斌吓了一跳，一边将手放到她额头上，一边说：“你没发烧说胡话吧，开什么玩笑，你知道我们一天要跑多长的线路吗？上百公里！高原上缺氧，天说变就变，就你这小身子骨，拉倒吧。听话，乖乖地待在屋子里，等我回来。”

许桂兰央求道：“你就带我去嘛，人家想看看你是怎么工作的嘛，再说，我一个人待在屋里多无聊啊！”

“不行就是不行，这可不是开玩笑的。乖，等我回来。”

晚上，进了被窝，许桂兰又撒起了娇。噘着嘴、带着哭腔说要是郑斌不带她一起去上班，就不许碰她。连求带劝拉扯了半天，许桂兰背对着郑斌就是不松口。

“唉，真是头小犟驴。好吧，拗不过你，明天带你去试试看。不过，咱可说好了，要是你高原反应大，回来后不许再胡搅蛮缠了，只能老老实实地待在房间里，哪儿也不能去。”许桂兰扑哧一声笑了。

带着媳妇跑线路，这在连队还是头一遭。

同班的战友们打趣郑斌，说：“你小子黏媳妇儿黏得都把媳妇儿拴在裤腰带上了，走到哪儿带到哪儿。”郑斌也不反驳，只嘿嘿地笑，他知道战友们没有恶意。许桂兰听了也不恼，还跟战友们开玩笑，问他们想不想让她给介绍对象。

时间过得飞快，一晃快两个月了，许桂兰白净的小脸快被高原的印记遮没了，但黑里透红的皮肤让她显露出一种别样的健康美。隔三岔五地在高原上随夫奔波跑线路，非但没有拖垮她的身子，反而使她变得更结实了。她不知道的是，雪域高原在见证她的幸福的同时，正悄悄地将一粒新生命的种子种在了她的身体里，这一份天赐的礼物只会让她更觉幸福。许桂兰是个敏感的女人，她察觉到了自己身体上出现的一些细微变化，她的双乳比以前更丰满而且更敏感了，每月如期光顾的月经也迟迟没有要来的迹象。“肯定是我初来乍到，从平原到高原，环境相差太大，身体还处在调整适应期，再过几天应该就没事了。”

不但有事，而且还是天大的喜事。

莫名其妙地觉得恶心、想吐，许桂兰意识到自己可能怀孕了，而不是高原反应使身体内部出现了紊乱。内心的疑惑瞬间化为了狂喜，她没有表露出来，更没有立刻告诉丈夫。她想再观察两天，如果再出现这种莫名的恶心和食欲不佳，她的把握就会更大一些，到那时再告诉她亲爱的丈夫，看他什么反应。

郑斌见妻子脸色有点泛黄，又总是恶心呕吐的，以为她是跟着自己跑线路累得生病了，心疼地数落她不该逞强，要她以后乖乖地待在宿舍里好好休息，尽快恢复元气。

看着丈夫着急的样子，许桂兰狡黠地一笑，凑到他耳边小声说：“郑斌同志，我没事，告诉你一个秘密，不许乐啊！告诉你，我没生病，我可能是有了！”

“有了？你有什么啦？”郑斌没反应过来，下意识地反问道。

“哎呀，真是个笨蛋！有了就是有了嘛，还能有什么！”

“你是说，你怀上娃了？”

“嗯，十有八九是怀上了。高兴不？”许桂兰抿着嘴，兴奋地红着脸搂住了丈夫的脖子。

“高兴，当然高兴！来，让我听听，小家伙有没有在肚子里叫我一声‘爹’。”

“看把你乐的，还早着呢，这才刚几天呀！”

“对对对，看我都乐得忘形了。好，从现在起，你不能再跟着我到处跑了，就在宿舍好好待着，保养身子要紧。你看你，这小脸都晒黑了，回头让你爹、娘看见，该怪我没有照顾好你了。”

两个人因为新生命的萌芽，兴奋得你一言我一语地讨论了半天，连给孩子取什么名字都快达成一致了。郑斌心里乐得跟开了花儿一样，恨不得立马冲出屋子，向战友们宣告他要当爸爸了。为了确定怀孕的真假，他特意带着许桂兰去了一趟驻地的医务室，让医生给看了看。医生的祝贺令紧张得大气都不敢出的郑斌跳跃欢呼起来，他不管不顾地当着战友们的面就把许桂兰抱起来，在原地转了几圈。

喜归喜，许桂兰却是受了罪。她的孕吐越来越厉害，止也止不住，有时恨不得连胆汁都要吐出来。看着妻子有气无力、痛苦憔悴，自己又帮不上忙，郑斌心疼得一个劲儿在心里祈祷：求菩萨保佑，不要再让兰儿受罪了。工作忙，郑斌不可能亲自照顾许桂兰，高原上也没有条件保证她的营养。无计可施，他决定将妻子送回老家去，让父母帮忙照顾。

硬着头皮向部队请了几天假，郑斌收拾好行装，亲自护送妻子踏上了回家的路。

郑州火车站是南来北往、西去东来的交通枢纽，很多人需要在这里中转。郑斌和许桂兰自西向东再折向北的回家路线令他们加入了在郑州火车站中转的转车大军。转车时间短，又人生地不熟，车站里还到处都是肩扛行李，怀抱小孩，手牵老人、孩子或孕妇的赶车人，郑斌拉着许桂兰跟急行军似的穿来挤去，好不容易来到了站台上，没想到火车已经鸣笛准备开动。“坏了，火车要开了。”他本能地攥紧了许桂兰的手，将手中的行李猛地往肩上一甩，撒开两腿就朝火车飞冲过去，哪里还记得许桂兰是个孕妇。

两人刚跨进车厢，车就启动了。郑斌正喘着大气暗自庆幸，背后传来了许桂兰拉风箱似的喘息声和带着哭腔的埋怨声。他这才回过神来，自己刚才居然拉着个孕妇在人群中左冲右突，没命地朝火车飞奔，瞬间惊出了一身的冷汗。许桂兰护着肚子，上气不接下气，眼泪扑簌簌地落个不停，一个劲儿地数落郑斌："你这个人，就晓得赶车，不怕人家肚子疼啊？这么没命地跑，万一被人撞了，咋办？一点儿都不知道心疼人，以后再也不到工地来看你了。"

"好了好了，对不起，我错了，别哭了啊，让人看见多难为情。走，咱先找两个空座，好好休息休息。"他一边暗暗自责，一边一手拥着许桂兰，一手提着行李向车厢内挤去。

铁道兵可以免费坐火车，郑斌拿着证明找列车员帮忙安排了两个座位。许桂兰坐在靠窗的座位上，逐渐从刚才的惊恐中缓过神来，但仍抽抽搭搭地吸着鼻子。郑斌轻轻地搂了搂她的腰，想用行动表示歉意，但她板着脸扭了扭身子不愿搭理他。他只好凑到她耳边，悄声再次道歉："好兰儿，心肝宝贝，别生气了啊，我保证以后再不犯浑了。来，乖，靠在我肩上休息会儿。"哄了半天，许桂兰才破涕为笑，撒娇说这次就原谅他了，下不为例。郑斌放下心来，小两口一路恩爱甜蜜地回到了岳父岳母家。

老四媳妇有身孕了，公公婆婆自然高兴，想亲自照顾她，责怪郑斌不该把媳妇儿放在亲家那儿。郑斌解释说："爹、娘，兰儿孕吐太厉害，这一路上她都快被折磨得没人形了。她说想暂时住在娘家，让她娘照顾更方便，我就先把她送到下滩村去了。没把她带回家来，是不想再让她折腾受累了。你们放心，现在只是反应大了点儿，过段时间就没事了。等胎儿稳定了，她就搬回来了。"

在回部队的路上，郑斌反省了自己的冒失。他那么火急火燎地朝火车飞奔，还真只是下意识的行为。从入伍起，他就远离了亲人，常年孤身在外，不是在荒郊野外的铁路线上工作，就是被外派到不同的地方参加培训，他没有近距离照顾亲人的机会，做不到时刻顾及他人的感受。幸好许桂兰年轻，身体健康，没出什么意外，否则他的罪过就大了。

这次赶火车的经历转化成了刻骨铭心的记忆，后来每每提起这段糗事，许桂兰仍会忍不住地要批评郑斌几句，郑斌无法做过多的解释。清风明月作证，刚强的铁道兵也有柔情满怀的时候，只不过他们的表达方式更含蓄、更内敛。

铁道兵时期的郑斌（右）和战友韩水清的合影

第二部
中铁十一局奋斗正当时
（1984—2005 年）

第一章　告别军营转入企业

向军旗献上最后一个军礼

岁月不居，时节如流。

还有不到两个月的时间就是1984年了。早先，连队从上到下都在议论铁道兵要解散的事。部分干部因为担心解散后职务和军衔不保，已经提交了申请，请求提前转业，回老家所在的地方上工作。

虽然大家还在正常工作，但普遍有前途未卜之感。

“郑斌，郑斌！”

正在宿舍里伏案专心画图纸的郑斌听到有人叫他，起身打开了门。

“沙小、海林！快进来。你们怎么来了？”

“郑斌，你可真能沉住得气，都什么时候了，还画图！没见部队里已经人心惶惶了呀，我俩也心里发慌，所以来找你商量商量。”范沙小抢先说道。

“是啊，大家都在议论部队要解散了，都没心思干活了，你还在这儿瞎忙活啥呢！”魏海林接着来了一句，语气里满是不解和责备。

“我说你们两个，就别跟着瞎起哄了。部队解不解散，连首长们都说了不算，那是国家的事。我本来也有点儿担心，不知道解散后会是个什么情况。后来一想，管它呢，天塌下来了还有高个子顶着。我一个小兵，除了服从命令，什么主也做不了，还是安心干活是正事，一边干活一边等消息吧。你们两个有什么打算？”

“我们连好多人已经打了转业报告，准备回老家，你们有没有想过回家去？”范沙小问道。

“我不想回去，当初我连老师都不当了，跑出来当兵。现在让我再回去，我岂不是要被打回原形了？不行，我不能回去。”郑斌很坚决地表了态。

“我把部队要解散的事写信告诉了家里，我爹让我回去，说我在部队里学会了开汽车，也是一门技术。回去后，他会想办法找个地方让我去开车。我还没拿定主意。”范沙小说。

“我们家穷，又没有哪个亲戚在当官，回去后肯定得靠自己找工作，所以我爹让我自己拿主意。我是电力兵，不像沙小是汽车兵，回老家后好找活干。这几天听着、看着首长们和战友们忙前忙后地和家里联系、商量，我都愁死了，不知道是回去好还是留下来好。”魏海林一脸愁容。

“我是通信兵，回去后更不知道能干啥，所以，我肯定是不会回去的。反正，车到山前必有路，人总不会被尿憋死。再说，咱们是普通战士，愁也没用。沙小，你要决定留下来，就啥也别想，一门心思等消息；要是决定回去了，就趁现在还有人管，赶紧打报告。晚了，怕是报告都没处递了。海林，你也得赶紧拿主意。依我说，照你家的条件，你还是留下来的好。留下来，咱俩还能做个伴。”

三个一同从唐家会公社出来当兵的伙伴商量了一阵，除了郑斌明确说要留下来等部队命令外，另外两人还没拿定主意。范沙小说回头再跟他爹确认一下，如果他爹坚持让他回去，他就打报告申请复员。魏海林说他不用再跟家里商量了，商量了也没用，他再想想，多半他还是会留下来。

该来的自然会来，坦然面对和接受会省去不必要的烦恼。郑斌按下内心的波动，不再纠结去留的问题，而是一心一意边工作边等命令。

命令如期而至，全体铁道官兵要在1984年1月1日脱下军装，集体转业并入国家铁道部。郑斌没有感到多少意外，沸沸扬扬的议论有了定论，意味着自己即将迎来新的人生转折。无论前方是什么，作为军人，服从是唯一的选择，没有任何条件可讲。只是万分舍不得这身绿军装，还有这领章和帽徽。这高高飘扬的军旗，怕是以后再也没有机会向它注目了。

眼含热泪，郑斌跟着号令，和首长们、战友们一起，庄严地向军旗献上了最后一个军礼。他的六年军旅生涯在 1984 年的元旦这天画上了句号。

在怀念绿军装的怅惘中，郑斌通过询问有关领导并查找相关资料，整理补全了铁道兵的这一段兵改工历史，记在了笔记本上。

1980 年至 1981 年 4 月，铁道兵在执行缩编任务时，将铁道兵机关减员 30%，13 个铁道师缩编合并成 10 个师，3 个独立团合并成 2 个，3 所院校保留了 2 所。最后保留的总兵力数为 20 万人。

1982 年 3 月 20 日，为适应新时期国家体制和军队体制改革需要，中央书记处第 161 次会议一致同意了关于撤销铁道兵建制，将人员并入铁道部的意见。

1982 年 4 月 9 日，国务院办公厅、中央军委办公厅通知："中共中央、中央军委决定撤销铁道兵建制，把铁道兵并入铁道部。"12 月 6 日，国务院、中央军委正式下达了将铁道兵并入铁道部的决定。

1983 年 1 月 1 日，为顺利完成铁道兵并入铁道部的任务，铁道兵指挥部成立，受铁道部和解放军三机关（总参谋部、总政治部、总后勤部）双重领导。

1983 年 2 月 1 日，铁道兵党委、机关并入铁道部党委、机关。

1983 年 10 月 28 日，国务院、中央军委下达《关于铁道兵并入铁道部实施方案的批复》(〔1982〕168 号文件)。《批复》决定铁道兵指挥部及其所属单位从 1983 年 10 月 1 日起归铁道部建制领导。铁道兵并入铁道部的单位，从 1984 年 1 月 1 日起不再沿用原部队番号、代号。干部、战士不再佩戴领章、帽徽。

1983年11月25日，铁道部《关于铁道兵并入铁道部后有关并入建制单位更改名称的通知》规定，自1984年1月1日起原铁道兵指挥部更名为铁道部工程指挥部，原铁道兵师、团、营、连，分别改称工程局、工程处、工程段、工程队，其他单位的名称也做相应的改变。

1984年1月1日，所有移交并入铁道部的机关、部队、院校官兵向军旗最后致礼，脱下军装，集体并入铁道部。铁道兵指挥部正式改名为铁道部工程指挥部，下辖10个师改为铁道部10个工程局，即铁道部第十一至二十工程局。

铁道兵自此从中国人民解放军序列中消失。

郑斌算了一下，从1948年7月铁道纵队组建到1984年1月铁道兵并入铁道部，铁道兵在中国兵种历史上仅仅存在了35年。然而，就在这短短的35年中，铁道兵却打了无数个硬仗。无论是在战争时期担负战区的铁路抢修、抢建任务，保障人民军队的机动和作战物资的输送，还是在和平时期参加国家的铁路建设，不管兵力多少，都克服了万千困难，啃下了“铁齿铜牙”都难以啃动的成堆硬骨头，留下了无数个惊天地、泣鬼神的感人故事和彪炳史册的丰功伟绩。是谁带着他们扛枪走四方，保家卫国拼性命；高歌行华夏，修路架桥不停歇？是谁让他们树立了功名利禄如浮云，唯有条条铁路慰平生的高尚情怀？郑斌无法列举完铁道兵从下到上所有职务和军衔的首长，只能顺着时间的轴线捋出几位名动华夏的铁道兵主要首长。他们都曾经戎马倥偬，舍生忘死救国救民于水火之中，全国解放后又迅速转变角色，争分夺秒建设新中国。怀着无比崇敬的心情，郑斌做了如下记录。

黄逸峰：1948年7月—1949年4月，任东北人民解放军铁道纵队首长（东北铁路修复工程局局长）。

滕代远：1949年5月—1954年2月，任中央军委铁道部部长兼中央军委直属铁道兵团司令员、政治委员。

王震：1954 年 2 月—1957 年 9 月，任铁道兵司令员兼政治委员。

李寿轩：1957 年 9 月—1968 年 6 月，任铁道兵司令员。

崔田民：1957 年 9 月—1968 年 9 月，任铁道兵政治委员；1973 年 11 月—1975 年 8 月，任铁道兵第二政治委员。

张翼翔：1968 年 6 月—1969 年 5 月，任铁道兵司令员、铁道兵党委书记。

刘贤权：1968 年 9 月—1969 年 4 月，任铁道兵政治委员；1969 年 4 月—1975 年 4 月，任铁道兵司令员。

宋维栻：1969 年 4 月—1975 年 4 月，任铁道兵政治委员。

吴克华：1975 年 4 月—1977 年 9 月，任铁道兵司令员、党委第一书记。

吕正操：1964 年 11 月—1968 年 5 月，任铁道部部长兼铁道兵第一政治委员；1975 年 8 月—1983 年 1 月，任铁道兵政治委员。

陈再道：1977 年 9 月—1983 年 1 月，任铁道兵司令员。

旷伏兆：1978 年 5 月—1983 年 1 月，任铁道兵第二政治委员。

郑斌暗下决心，要以这 12 名首长为楷模，铭记铁道兵短暂而光辉的历史，即使脱下了军装，也要始终践行和发扬“逢山凿路、遇水架桥”的铁道兵精神。

追忆将军部长滕代远

机缘巧合，有一次在火车上，郑斌偶然和原 33 团的两位铁道兵营级干部坐在了一起。郑斌和他们很投缘，三个人一路天南海北地聊天。两位老铁道兵同行者居然你一言我一语地互相补充着给他讲了一个将军部长滕代远组建中央军委铁道部的故事。

滕代远生于1904年11月2日，逝世于1974年12月1日，早在1925年10月就加入了中国共产党。1928年7月22日，滕代远和彭德怀、黄公略等一起发动和领导了平江起义，随后成立了中国工农红军第五军，滕代远在军中任党代表。此后，滕代远一直一腔热血干革命，先后担任过红四军副党代表兼团党代表、红三军团政治委员、红一方面军副总政治委员兼三军团政治委员、中央军委武装动员部部长、中共中央军委参谋长、太行山抗大总校副校长兼副政委、中共中央北方局常委、晋冀鲁豫军区副司令员、中共晋冀鲁豫中央局常委、华北军区副司令员、中共中央华北局常委等诸多职务，军事经验异常丰富。

1949年5月16日，应中央军委命令，铁道纵队改编为中国人民解放军铁道兵团，滕代远兼任兵团司令员、政治委员。

他组建中央军委铁道部的故事开始于1948年底。

“做好铁路工作，保证当前解放战争的军事运输和全国解放后的经济建设都是十分重要的。在中央政府未成立前，你是第一个从军队转做经济工作的领导人，今后还会有更多的同志转到经济战线上来。从军队转做经济工作是一个很大的转变，也是人民解放事业即将取得全面胜利的重要标志。任务是艰巨的，你要努力学习，向人民群众请教。”

1948年底，时任中央军委副主席的周恩来当面这样指示滕代远，显然对他寄予了厚望。当时，平津战役已进入第二阶段，淮海战役已进入第三阶段，两大战役均胜利在望。

大军未动，粮草先行，而且兵贵神速。大军能否顺利渡过长江，关键就在于能否将军队和物资在最短时间内集结到位，铁路无疑在这方面有着无可替代的优势。以最快速度修复长江以北的铁路主干线对战争能否取得胜利异常重要。

哪里有需要，革命军人就打到哪里去。滕代远毫不犹豫地接受了新任命，他对周恩来表态说：“担子不轻，从头学习，下定决心，把铁路工作搞好。只要党需要，我愿做一辈子铁路工作。”

滕代远很快进入了角色，开始处处留心并接触铁路领域的人和事，为接管铁路工作做好充分的思想准备和行动准备。1949 年 1 月 10 日，滕代远接到了中央军委正式下达的军委铁道部部长任命书。两天后，他就亲赴石家庄找时任华北人民政府交通部部长的老战友武竞天了解华北铁路情况，并在武竞天的陪同下利用一周时间视察了各铁路站段，撰写了详细的调查报告和向中央军委汇报的材料。

1949 年 2 月 8 日，在从石家庄到北平的路上，为做到心中有数，滕代远留心观察着沿线铁路的破坏情况。看到石家庄至高碑店段的铁路线几乎毁损殆尽的惨状——线路两侧壕沟深伏、钢轨枕木一根不剩、道床疮疤累累、站段瓦砾成堆、机车车辆面目全非——滕代远感慨万分，对随行人员说：“过去是我们领导军民破坏了它，为战胜日本军国主义和国民党反动派立了大功；现在我们要打过长江去，要赶快把长江以北的铁路主干线修通，完成党的重托。”

一路烟尘一路风寒，2 月 9 日到长辛店后，滕代远指着铁路两侧高大的厂房说：“这就是铁路大厂，是‘二七’铁路工人反帝反封建大罢工的发源地之一。我们进城搞铁路建设，必须牢牢依靠工人阶级。”

在滕代远的精心准备和筹划下，1949 年 2 月 20 日，中央军委铁道部在北平正式挂牌办公，当时的中心任务是确保大军渡江，解放全中国。

隔行如隔山。滕代远虽然是不折不扣的老革命，也做好了下半辈子就干铁路工作的准备，但他毕竟是惯于在战场上指挥千军万马与敌人一决雌雄的将军，铁路对他来说还是一块完全陌生的待开垦地。

革命不是儿戏，要确保万无一失，就不能打无把握的仗。

中共中央经过再三权衡，为了全力支持滕代远作为铁路总舵手顺利开展工作，决定调派熟悉铁路业务的吕正操和武竞天做他的副手，配合他工作。1949 年 2 月 21 日，中央批准由滕代远、吕正操、武竞天组成铁道部常委会，滕代远任书记；中央军委同时任命吕正操、武竞天为铁道部副部长。滕代远、吕正操、武竞天三人构成了中央军委铁道部的核心领导小组，实行集中统一、垂直领导的管理体制。滕代远主持全面工作，他的“左膀”吕正操负责全路运输指挥和铁路的修建，“右臂”武竞天则负责物资供应、生活保障和思想政治工作。

“我们搞铁路的人，两根钢轨就是我们的岗位，离开岗位就不是铁道部的领导了。”

言为心声，这是以滕代远为首的军委铁道部领导班子一心为公、以铁路事业为己任的真情表白。

他们也是这样做的。到北平后，夜以继日、废寝忘食是滕代远的工作常态，他的血压因此一度飙升到了120/240。他和他的老革命副手们，经常在酷暑寒冬拖着久病虚弱之躯到基层搞调查研究。

“基层的批评意见是一面镜子，可以照出领导机关的问题，更可照出我们自身的缺陷。”这是滕代远经常挂在嘴边的话。

为了完成好党中央交给的“确保大军渡江，解放全中国”的中心任务，滕代远全身心扑在了铁路上，亲下基层收集第一手资料，改革国民党时期遗留下来的铁路弊政，虚心学习和借鉴苏联铁路管理经验，还经常亲自到抢修铁路和指挥军列运输的一线战场坐镇指挥。在他的带动下，军委铁道部的领导们争相以身作则，不仅严格要求自己和部下，还严格约束家人，真正做到了权在手、公在心。

临危受命，不辱使命。

在解放战争即将取得全面胜利的关键时期，滕代远以军人之身投身铁路事业，率领军委铁道部接管了各解放区的铁路工作，指挥几十万铁路大军“逢山凿路、遇水架桥”，抢修抢运，使人民解放军得以迅速集结到长江北岸，为渡江战役的胜利和全国解放立下了不朽的功勋。

从战场上指挥千军万马的将军到中央军委铁道部的部长，从铁路门外汉到铁路领头羊，将军部长滕代远做到了完美转型。郑斌在钦佩之余，悟到了知行合一、脚踏实地的重要性。他下定决心，也要知行合一、脚踏实地。

留守格尔木

铁道兵撤并至铁道部后，郑斌被分配到了中国铁道建筑总公司（中国铁建或总公司）下属的铁道部第十一工程局（铁十一局）电务工程段一队。作为曾经的铁道兵，他耳边时常回响起铁道兵最后一任司令员陈再道在兵改工大会上的讲话："铁道兵撤销了，我们的队伍还在，我们的事业还在！铁道兵的历史功绩，永垂史册！铁道兵的创业精神，永放光芒！"

兵改工的同一年，青藏线西格段通车运营。

兰州铁路局为保证线路安全正常运行，组建了格尔木电务段，专门负责对线路上的"四电"（通信、信号、电力、电气化）设施进行维护。新组建的格尔木电务段不缺管理人员，缺的是技术人员，更缺的是熟悉先进设备的技术人员。年纪大的技术员没有接触过新设备，兰州铁路局不敢贸然安排他们直接从事维护工作，万一操作失误，损失惨重不说，还会导致线路停运。刚毕业的大学生仅有理论知识，缺乏实际操作训练，不仅需要有师傅领进门，还需要时间积累实战经验。

一筹莫展的兰州铁路局和格尔木电务段能想到的突破人才瓶颈的捷径只有两个：要么"调"人，要么"借人"。

首选"调"人。

但凡参加过青藏线站后"四电"工程施工的人，很少有不知道郑斌的。西宁—格尔木段铁路线上各站点内最先进的通信信号设备都是他和战友们安装和调试成功的，他像了解自己的身体一样了解线路情况和这些设备。

既懂理论又有实战经验的专业技术人员正是格尔木电务段急需的。

人才难得，兰州铁路局决定挖墙脚，将郑斌从铁十一局调入兰州铁路局。其下属的电务处的张总工程师首先联系了郑斌，说："如果你愿意调到兰州铁路局，我们就让你总体负责青藏铁路通信设备的维护工作。"

刚从铁道兵战士转为铁路企业职工的郑斌还是个彻彻底底的职场小白，根本不明白调入兰州铁路局对他意味着什么。在部队养成的"一切行动听指挥"的习惯依然停留在郑斌身上，他挠了挠头，嗫嚅着对张总工程师说："张总，谢谢您对我的信任。但是，这个去不去你们兰州铁路局，我自己做不了主，我得听我们首长的，首长说让我去，我就去。首长说不让我去，我也没法子。能不能麻烦您先跟我们首长联系联系。"

因为兵改工，铁十一局才趁机白捡了个宝贝通信专业能手，还没来得及派上用场，就被人盯上了，要抢过去。铁十一局的领导嘴上说着客气的话，心里却气翻了天。几经沟通，双方终于达成了一致：铁十一局将郑斌暂时"借"给兰州铁路局用一段时间，他仍是铁十一局的职工；兰州铁路局将他留在格尔木电务段帮忙，什么时候忙帮完了，什么时候放他返回铁十一局。

就算临时"借用"，格尔木电务段也如获至宝。郑斌可就惨了，只来得及和新同事们见了个面，就要离开大家。他叹了一口气，自己给自己鼓劲，一个人就一个人吧，反正已经习惯了高原上冰火两重天的恶劣环境。不管怎样，先把工作做好要紧。

从太行山脚下走出的郑斌，身上始终保留着山里人的纯朴和勤劳。尽心尽力完成好上级交办的任务是他唯一的信条，夜晚的寂寞和思家之情像蚂蚁啃咬着他，他就用加倍的学习和工作来排遣，分散注意力。条件艰苦是早就领教过的，不过比起以前还是大有改善。至少，他不用像在通信站时那样得自己动手解决吃饭问题。现在有专门的小食堂，配有专门的厨师做饭，他到点可以吃现成的。

祸福两相依，吃现成饭也有出意外的时候。

有一次，郑斌下班早，溜达到了厨房，找厨师龙百姓聊闲篇。龙百姓正用汽油喷灯加热锅底，可能说话走了神，熄火时心不在焉，不小心将喷灯的气门打开了，结果汽油喷出来，溅到了旁边正在烧水的煤炉子上。“嘭”的一下，火苗立马蹿上来。龙百姓吓得呆立在原地，动不了手脚。郑斌有一瞬间头脑一片空白，但他很快反应过来，一边大喊了一声“龙师傅，准备水！”，一边转身飞奔到宿舍，抱了一床棉被转身就往回冲，将棉被兜在了煤炉子上。

棉被是干的，眼看也快烧着了，郑斌又大声喊道：“龙师傅，快！快倒水！”两个人手忙脚乱地一阵乱扑乱打，头发眉毛都被火燎了，成了光头花面人。万幸的是，避免了一场火灾。

受人之托，忠人之事。

按照兰州铁路局的要求，郑斌全权担负起了格尔木电务段通信站维护人员的培训工作。除了给职工们讲理论知识，他还在现场手把手地教他们操作，告诉他们每一套通信设备先进在哪里。他耐心、风趣、浅显又生动的讲授为他赢得了友谊、融洽的关系和称赞。1984 年 10 月，郑斌圆满完成了任务，所有经他培训的技术人员都通过了理论和操作考试，具备了独立、熟练地完成新设备操作和维护的能力。

青藏铁路西格段是郑斌作为一名普通的铁道兵战士参建的第二条铁路线，他想不到自己脱下军装转入企业后，还能继续为之奔忙了近 10 个月。

几年的高原生活下来，青藏铁路沿线的冰川、沙漠、盐湖构成的荒寒寂寥的画面已经深深印刻在了郑斌心里。饮马峡和格尔木的空旷辽远曾让他心生豪迈，而恶劣的自然环境锤炼了他与困难一斗到底的钢铁意志。他要像拿破仑一样，字典里没有“难”字。

第二章　从工人到干部

初学为人父

露从今夜白，月是故乡明。

又是一年多没见到家人了，郑斌想家想得心发慌。尤其是 1984 年 3 月 20 日女儿出生时，他受命留守格尔木，错过了女儿来到世上的第一声啼哭，不免深感遗憾，时常自责。完成格尔木电务段的培训任务后，郑斌立即向单位发电报申请先回家探亲。领导们给了他 10 天假，让他回家好好休整休整。

归家的路漫长，郑斌恨不得肋生双翅，一日之内飞越千山万水，跨进家门。女儿快 7 个月了，从出生到现在，他还未亲眼见过她的小模样。女儿的名字郑俊霞是奶奶赵美书顺着女儿堂姐郑俊妮的名字取的，大约是希望这个孙女像朝霞一样美丽又充满活力。家里人或熟人日常都亲昵地叫她"霞霞"。

26 岁的郑斌坐在火车车厢里，想到未曾谋面的女儿，心里既酸楚又甜蜜："小家伙会认人了吗？会和未见过面的爸爸自来亲吗？她将来会不会怪我没有守在她妈妈的产房外，第一时间迎接她的到来？唉，都说女儿是爸爸前世的小情人，想必她不会怪我的，毕竟她爹我是身不由己啊！"

侧头望着车窗外飞掠而过的景色，郑斌脑子里闪过的尽是家人的身影："兰儿做了妈妈，一定更辛苦了，又要带娃，又要干农活，肯定累坏了。这次回去，一定好好补偿她。爹和娘又都老了两岁，但愿他们身体还像以前一样结实。不知道大哥他们现在过得怎么样？还有岳父、岳母……”

紧赶慢赶，总算到了望南峪村村口。离家只有一步之遥时，郑斌看到四个女人各抱着一个婴儿一字排开地站在他家大门口，他三步并做两步地朝她们跑过去。

“呀，郑斌，你可算回来了！快来看看，哪个才是你家的娃？”一个小媳妇抢先笑着问他。

郑斌愣了一下：“咦，难道兰儿抱着的不是霞霞？”他立马明白了，几个小媳妇是想考考他，看他能不能从几个差不多大的孩子中一眼认出哪个是他的女儿。他挨个逗了逗四个粉嘟嘟的小家伙，还故意问：“小宝贝，你是我家的霞霞吧？”

几个女人都笑了起来。

其实，郑斌早就认出谁是他的宝贝女儿了，血缘关系毕竟在那儿摆着的。他装模作样地挨个问不过是为了哄大家开心而已。笑过了，他把许桂兰怀里的婴儿托在了自己手上，走到一个小媳妇跟前说：“咱俩该换下娃儿了，你总不能把我家的霞霞抱回家去吧！”

几个女人又是一阵哄笑。

许桂兰一边喜笑颜开地抱过自己的女儿，一边亲着女儿的小脸蛋说：“小宝贝，爸爸回来了，我们霞霞也有爸爸陪喽！”

老实说，尽管早就知道自己已经当了爸爸，也已在心里千万遍描画过女儿的样貌，但是第一次亲耳真真切切地听到自己被称作“爸爸”，郑斌还真有点不习惯，感觉怪难为情的，脸上甚至露出了一丝羞赧。唉，成天一个人在外四海为家，拼命干活和学习，谁曾想有一天居然会有这么个花骨朵儿般的小人儿叫自己“爸爸”呢？

“我难道是在做梦？”郑斌使劲闭了闭眼睛，回过神来，凑到许桂兰跟前，轻轻地摸了摸女儿的小脸，又小心翼翼地捏了捏她胖乎乎的小手，就算是和女儿初次见面打过招呼了。

接下来的几天，郑斌很快适应了“爸爸”的角色，学会了怎样抱女儿，怎样喂她吃辅食，怎样手舞足蹈地逗她开心。果然是父女天性，女儿对他的陌生感在他回家后不久就消失了。只要他伸手做出想要抱她的样子，她都会非常乖巧地回应，扑进他的臂弯里。有时老远看到他，她会朝他“啊啊啊”地叫，挥舞着两只小胳膊，扭着小身子要他抱，他高兴得心里乐开了花。看着女儿依偎在许桂兰怀里吃奶的样子，郑斌又幸福又感动，真想从此留在她身边，陪伴她快快乐乐地长大。

愿望终究敌不过现实。假期接近尾声，郑斌不得不打点行装重新上路，向山东兖州进发，回归大集体。

相见难，离别更难。

和女儿刚刚混熟，又要山长水远，各自天涯。在女儿还不会说话、不会走路的时候，和她建立起来的这点脆弱的父女感情，以她半岁多点儿的认知，没几天就会忘得一干二净。没奈何，只希望下次再见不要间隔太久。虽然心里千万个不舍、千万个不愿，但是职责在身，郑斌只能挥泪告别家人。他从此多了一个日夜牵挂的小公主，更多了一份父亲的责任和义务。他把女儿当成自己努力工作、努力奋进的又一股强大动力，在心里对女儿说：“霞霞，你等着，爸爸一定做一个让你自豪的爸爸，让你一生衣食无忧，快乐幸福！”

竞选失败转任技术员

1979 年 6 月，国家为了保障兖州煤炭外运，加速鲁南经济的发展，决定修建兖石铁路。

兖石铁路位于山东省南部，西起兖州，穿越临沂，东到日照石臼所站，全长 307.9 千米，共需敷设 494 千米的通信电缆。

参建兖石铁路的铁道兵单位有中国人民解放军铁道兵一师、四师和九师四十一团及铁道兵两个通信信号营。

1984 年 1 月 1 日兵改工后，铁道兵一师更名为铁十一局，其他各师也相应更名，通信信号工程三个营则改为电务工程段，划归不同的局管理。郑斌原先所在的三营二连变成了铁十一局电务工程段二队，他没能留在二队，而是被划到了一队。

铁十一局兖石铁路建设指挥部设在兖州市，电务工程段一队驻地在平邑县，其属临沂市管辖，位于沂蒙山区西南部，距离兖州市大约 95 千米。

郑斌撤离格尔木通信站回归一队后，领导分派他负责兖石铁路全线通信设备的安装、测试和开通工作。因为常驻临沂对他的工作更便利，他很少回平邑的一队驻地，自然和本来就生疏的新同事缺乏足够的交流和培养感情的时间和机会。

听说领导要为一队配备两名副队长，郑斌心动了。毕竟已经 27 岁了，有机会上进还是应该争取，总不能一辈子止步不前，停留在技术工人层面。

“不想当将军的士兵不是好士兵。”在铁道兵部队里时，首长们经常用这句话勉励战士们。以郑斌的性格，是绝不肯只当士兵的。穿着军装时，他听首长的话；脱下军装后，他听领导的话。他一门心思学习和钻研通信技术，踏踏实实干工作，不给上级添麻烦，也是在为实现他的将军梦打基础。

每次在专业技术上取得进步，郑斌都会有一种满足感和自豪感。他相信凭着自己过硬的业务能力和技术能力，“将军”的桂冠迟早有一天会戴到他头上。他决定凭借着自身实力竞争一队的副队长。当然，他也明白自己在一队缺乏群众基础，他的铁杆支持者都在二队。一队的职工只知道他是技术能手，实际与他并不熟悉，很多人连他的面都没见过。天时、地利、人和好像都不在他这一边，尽管如此，他对自己还是充满了信心。

“人人心里都有一把尺子，分得清谁的功劳大、谁的功劳小。队领导需要帮手，肯定也会选用像我这样既有真才实学又能吃苦耐劳的人。”这是郑斌的想法。

但现实狠狠地掴了郑斌一记响亮的耳光。他在民主投票这一关上栽了跟头，选他当副队长的职工并不多，他的得票数远远低于另外两名同事。投票结果如一盆冰水，浇得他透心凉。他隐隐雀跃起来的心又沉下去了：“看来要得到大家的认可，还得继续努力呀。胜败乃兵家常事，这次没选上就没选上吧，下次再战！”

郑斌自我鼓励着，打算回到临沂后继续努力工作，以后再找上进的机会。一天，一名相熟的同事来到了他的宿舍，说：“郑斌，在干什么呢？聊会儿天，怎么样？”

“没干啥，这不，正在整理内务。临沂那边事儿挺多的，我得赶紧回去。你有啥指示？”

“指示个屁！心里堵得慌，找你聊聊。哎，我问你，你知道你这次为什么没竞争上副队长吗？”

“这还用问，我学艺不精，能力不够呗！”

“呸，我就知道你会这么想，所以才来找你的。你呀，太天真喽！这年月，不搞点儿歪门邪道，想当官，门儿都没有。”

“你啥意思？不是民主投票吗？我票数没他们多，只能下次再努力了。”

“哎，你不会跑现场跑成傻子了吧，还真信那个投票的鬼把戏呀？跟你说吧，那都是糊弄人的，你知道他们那个票数是怎么得来的吗？那是请客喝酒喝来的！”

“真的假的？没根没据的话可不能瞎说！”

“瞎说？就你个外来户还蒙在鼓里，队里哪个不知道。大家都在议论，说你傻，被人耍了，陪着别人玩了一把竞选游戏。”

“我不信，不就一个副队长嘛，至于搞这种小动作？”

“爱信不信，反正我告诉你了啊，你心里有数就行，可别跟人说是我说的。要是把我卖了，我以后可不敢再跟你透露消息了。我先走了，你自己再好好想想，你哪样也不比他们差，为什么他们上了，你却下了？”

尽管同事的话像一颗炸弹，郑斌还是不敢相信。可他又是个凡事认真的人，就暗中找了几个熟悉点儿的同事，旁敲侧击地打听有没有吃喝拉票的事。结果大家都说他输得太冤，输得不公平，有的还鼓动他去找领导要说法。

副队长的任职令已经正式下发，如果大家说的是事实，就算找了领导，又能起多大作用呢？难道能说领导的眼光有问题，选错了人？郑斌心里一阵难过，都说江湖险恶，但是这里明明不是江湖，大家曾经都是战友，领导也是曾经的部队首长，怎么能为了一个小小的副队长，耍欺骗手段呢？这是什么时候开始刮起的歪风，升起的邪气？唉，真是人心难测啊！

郑斌心里装了一块大石头，没精打采的，忘了临沂那边还等着他回去安装、测试和开通通信设备。指挥部领导见他超假未归，打来了电话，他才想起领导让他快去快回的嘱托。领导在电话里大发脾气，批评他无组织无纪律，命令他赶紧回临沂。他拿着电话，怏怏的，也不想辩解，只说队里发生了点儿事，自己有点儿不舒服，想过几天再回去，还请领导批准。接完电话，回到宿舍，垂头丧气的郑斌和衣倒在了铺上，头枕双手，又开始胡思乱想。

“郑斌，段长和教导员让你到他们那儿去一趟。”一名队领导敲了敲门，将通知口头传达给了郑斌。

“知道了，我马上去。”郑斌懒懒地回答。

“郑斌，来来来，怎么了，看你没情没绪的，是生病了吗？”段长王久祥关切地问道。

“没有，谢谢王段长关心。我就是心里有点儿不舒服。”郑斌的回答虽然声音不高，但腔调里已然夹杂了不平之气。

“看来这是心里憋着气呢。来，跟我们说说，憋出毛病来了，我们可没法向临沂那边交代。”教导员王桂林在一旁打趣道。

“段长、教导员，不瞒你们说，我对副队长的事是有意见的。我觉得我干得挺好的，任劳任怨，不争不抢，要技术有技术、要业绩有业绩。但是这次副队长竞选的事，我真的感到很委屈，打击也挺大的。其实干多少活、受多少累、吃多少苦，我都不在乎，我只是希望自己的付出能得到公平的回报。我以为副队长是要凭真本事才能当上的，可实际上，好像不是这样的。努力了得不到认可，干好干坏一个样，我不知道自己为什么还要在工地上拼命。段长、教导员，不是我闹情绪，我是真的想不通，心里堵得慌。”

郑斌越说，语速越快，语调也越高。见他脸红脖子粗的，王久祥拍了拍他的肩膀，说：“来来来，大技术能手，别激动，坐下喝口水、喘口气。你的心情，我们是可以理解的。但是，工作还是要干好。临沂那边来电话了，要我们立刻放你回去。副队长竞选的事嘛，我们会找有关人员了解情况的。你放心，是金子总会发光的。你要相信，上级是不会亏待一个好同志的，更不会埋没人才。”

王桂林也安慰他说：“郑斌，不要灰心嘛，一次竞选不上，还有二次。我们知道，你是个爱岗敬业的好同志，一直在施工一线摸爬滚打，吃了不少苦，受了不少累，技术好，活干得漂亮。但是稍微受一点儿打击就灰心丧气，这样很不好！革命战士，要经得住考验。你对副队长任命的事有意见归有意见，但是不能因此撂挑子不去临沂。那边等得急，你再不回去，连带我和王段长都要挨批了，也会影响你的进步，是不是？”

两位领导你一言我一语地批评加劝解，让郑斌渐渐平复了情绪，但心里的结仍没有解开。

两天后，王久祥和王桂林又找他谈话时，向他透露铁十一局准备将他从工班长提拔为技术员，享受副队长同等待遇，任命书很快就会下达到段里。听到这一消息，郑斌愣住了，没明白两位领导的意思。

王久祥见他一脸疑惑，拍了拍他的肩膀道："实话告诉你吧，是兖石指挥部的领导替你说了话，还把我和教导员批评了一通，说我们没有爱护好你这个通信能手。放心吧，你的技术员任命书是由局人事处直接下达的。就是说，你小子是局聘干部了，比他们两个副队长可高级多了。他们的副队长任命书是段里发的，属于段聘干部，比你差远了。怎么样，这下不觉得委屈了吧？以后，可得给我记住了，要相信领导，相信组织！去，赶紧收拾收拾滚回兖石指挥部去。那边天天催，再不回去，我和教导员还得挨批。你这小子，这么倔，以后要把这股子倔劲儿用到工作上去，好好干，干出名堂了，还愁没有官当？"

副股级技术员不是队里的领导，不过郑斌的身份却从工人变成了干部。他见好就收，不再自己跟自己过不去，打起精神回临沂去了。领导们心里有数，换了种方式补偿和鼓励他，他挺受感动。

副队长竞选的事算是告一段落了，郑斌意识到，自己应当改变一下为人处事的方式了，不能再一味地低头干活，也要学着经常抬起头来望望天，否则，他只能当一辈子基层技术员。以前在部队时，好多知青出身的战士都特别机灵，看到首长们来检查或视察了，就赶紧拿起扫帚把地扫得一尘不染，把被子叠成豆腐块，把口号喊得震天响……来自穷山沟的郑斌，总觉得知青战士们是故意表现，做虚头巴脑的表面文章。他学不来他们那一套，也不屑于向他们学习。但是结果却颇具讽刺性，最早从战士提拔到部队领导岗位上的大部分都是那些他觉得华而不实的知青战士，他这个自以为朴实无华的山里娃直到脱下军装的那一刻还只是个普通小兵。

郑斌这次虽然被提拔为了技术员，但谁也不能保证他每次都能这么幸运，更不能保证他每次都能遇到这么爱护他的上级。

竞选风波引发的思考，让郑斌逐渐脱离了山里娃的狭隘思维模式，心智越来越成熟了。要实现将军梦，路还很漫长，当上技术员不过是万里长征中的一小步而已。

第三章　襄樊安家解决后顾之忧

土专家领建机关通信站

“丁零零，丁零零”，正在埋头批阅公文的铁十一局局长罗有志听到电话铃响，顺手拿起了听筒：“喂，我是罗有志，哪位？”

“哎呀，罗局长啊，好久不见了，我是贾文禄啊，老兄可好啊？”电话那头传来了中国铁道建筑总公司另一个下属单位——铁道部第十四工程局（铁十四局）局长贾文禄爽朗的话语声。

“哎哟，老贾，贾局长，你在济南过得可好啊？什么时候到襄樊来杀一盘啊？咱俩那一局棋可还没分出胜负呢！”

“一定，一定。不过，今天有个事，你老兄得先帮我解决解决。”

“还有什么事是你贾大能人搞不定的？有话快说，有屁快放，什么事？”

“听说你手下有个兵，叫郑斌，据说是铁路通信专业的‘土专家’，你老兄能不能把他借给我用个半年一年的？”

“郑斌？你说的是兖石线上的那个郑斌吗？他可是我们的宝贝疙瘩，在通信专业上，没有几个能干得过他的。你要借他做什么？”

“不瞒老兄，我呢，刚在济南扎下根，盖好了办公楼，要建一个通信站，方便内外打电话联系工作。惭愧得很呐，整个十四局竟然找不到一个能建站的人。手下就推荐了你的这个兵。还说要想建好这个站，非这个郑斌出马不行。所以，我就找你老兄商量来了嘛。”

“好说，好说，兄弟单位嘛，互相支持是应该的。刚好兖石线的通信工程快收尾了，我马上给那边去个电话，让小郑把工作交接一下，就去你那儿报到。还有，别忘了咱俩还有一盘没有下完的棋啊！”

“多谢老兄支持，下次抽空一定去襄樊，找你老兄一边喝酒，一边下棋！”

两个局长一通电话，郑斌的去向就定了。他把手上剩余不多的工作交接给同事后，带了十来个技术工人，坐车去了济南。

通过和铁十四局电务处沟通，郑斌了解到铁十四局通信站建成后要达到的目标主要有两个：一是要对所属工程处、直属单位和市电、指挥部全部开通长途自动或半自动话路；二是所属各单位的长途自动电话要能被局话务员控制。他没有立刻回答自己能不能做到，而是提出先去看看铁十四局已经买好的设备。

回到会议室后，大家一致认为买来的企业型自动总机功能过于简单，无法达到预期目标。那怎么办？退货的话，设备本身没有任何质量问题，厂家肯定不接受；报废刚买的设备，另外购买，不仅已经花的钱打水漂了，还得另外再花一笔钱。要知道一台企业型自动总机价值十几万元，这对于刚刚兵改工一年多的铁十四局来说，是一笔不小的财产，谁也担不起随意浪费的责任。

商量来商量去，也没个良策。郑斌看着大家抓耳挠腮、左右为难的样子，说：“我提个建议吧，你们看看行不行。”

“郑技术员，看我们在这儿搓手顿脚的，你就别卖关子了，快说吧！我们就信你，只要是你说的，肯定行得通！”会议室里响起了催促声。

“我是这样想的，刚买的设备就弃置不用的话，的确太浪费。我们能不能先花几天时间，对照着图纸，先把这个设备的性能摸清楚，然后再看看有没有可能将它改造一下。如果能改造成功，就用不着伤脑筋了。大家觉得怎么样？”

“能改造当然最好。郑技术员，你有几成把握能成功？”

“现在还说不好能不能成功，如果大家觉得可以一试，咱们就先干起来，总比在这儿干耗着要强。”

“那行，就听郑技术员的，按改造现有设备的思路走。郑技术员，你说从哪儿开始干，我们都听你安排。”

达成充分利用现有设备进行改造的意见后，身为技术负责人的郑斌将自己带来的人和铁十四局派来向他们学习的人混编在一起分了工，然后安排大家利用两周的时间紧锣密鼓地了解设备性能和铁十四局内外的通信网络情况。他自己更是夜以继日，埋首翻阅图纸和资料，一遍一遍地画草图，做不同的方案比选。

在集体的努力下，郑斌在预定时间到来前草拟出了一个相对科学的施工方案：先在原转接台上开一个长方形口子，装上 10 个 24 位双向扳键，组成一个四回路长途线交换电路；再利用原转接台电话员电路，使话务员和各长途话路之间建立通话电路；当任何一个长途话路呼叫时，先扳倒主叫的一个扳键，再扳倒被叫的一个扳键，就可以使两个长途话路构成通话，同时又在话务员的控制之下。

方案虽然看上去可行，但最终能否成功，还是未知数。郑斌毫不怀疑自己的技术能力，其自信和十足的干劲，加上铁十四局方面的全力支持，使他提出的解决方案想不成功都难。经过多次的改进和试验，郑斌带领技术小组攻克了一系列技术难关，非但没有造成已购设备的浪费，还想方设法提升了其性能，圆满完成了通信站的设计、安装、调试工作。

在建站过程中，郑斌和铁十一局的技术工人们倾囊相授，对铁十四局的技术人员做到了有问必答，无形中为铁十四局培训出了一支通信专业人才队伍。1985 年底，铁十四局机关大楼通信站正式开通运行，电话在各条线上畅通无阻，不折不扣实现了预期目标。

伴随着铁十四局领导和职工的赞扬声，郑斌又迎来了新任务。

原来，贾局长不但对铁十四局新建的通信站赞不绝口，还在罗局长面前实实在在地夸了郑斌一通。罗局长意识到自己带领的铁十一局也得为刚刚入驻的机关大楼配上先进的通信设施，一来改善与外界的通信联系，二来提高机关的工作效率。他为此专门召开了一次会议，与会人员都赞成在机关建通信站的提议。

1986年初，郑斌奉调到位于襄樊市樊城区的铁十一局机关办公大楼建设通信站。他被任命为通信站技术负责人，具体负责通信站的设计、安装、调试和开通运行工作。大概是认为他已经在铁十四局积累了建站经验，铁十一局要求他务必在保质保量的前提下，3个月内完成全部建站工作。

上面领导发下一句话，下面职工就得跑断腿。单从规模上来说，铁十一局通信站就比铁十四局通信站大得多，设计上采用的是1000门纵横制电话交换机，要占去办公楼东边裙楼的第一、二、三层。这么大的工作量，3个月之内就要完工，谈何容易。

铁道兵出身的人没有讲条件的习惯，他们的人生信条中，只有“一切行动听指挥”。办法总比困难多，郑斌决定开动脑筋，将自己的理论知识和现场实践经验发挥到极致，克服一切困难，按期交上一份满意的答卷。这次担子重，他不能有半点马虎。他拿出了既当技术负责人，又当施工员的拼命三郎精神。白天在办公楼里看场地，讨论方案，画设计图纸；晚上复核图纸，查阅资料。一天工作十四五个小时成了家常便饭，有时因为过于疲累，他不知不觉就趴在办公桌上睡着了。加班加点不知疲倦地和同事们共同努力工作了将近3个月，郑斌圆满完成了建站任务，而且比要求工期提前了6天。经验收，通信站各项电气技术指标均符合要求，设备安装优良率达100%，被评为铁十一局优质工程。

铁十一局不仅给电务工程段记集体功一次，还发放了2万元奖金。这份意外的奖励让郑斌颇有成就感，令他心舒意畅，如饮甘醇。

单位升级暗起雄心

铁十一局电务工程段的机关办公楼位于襄樊市襄阳区张湾镇航空路 45 号，距离铁十一局机关办公大楼十几千米远。电务工程段人员少、规模小，不利于自行开拓市场、承揽相应的电务工程。揽不到活干，就赚不到钱；赚不到钱，脱下军装的铁道通信信号工程兵们就难以生存下去。

要生存下去，就必须有所改变。

1986 年上半年，铁十一局的领导们经过深思熟虑，决定将电务工程段升级为电务工程处。为达到中国铁建有关建“处”的要求，铁十一局对几个下属单位的人员统一进行了调配，将汽车营、电力队、新建铁路运输管理处、第三工程处的部分人员抽调到了电务工程段，并将新建铁路运输管理处的一部分资产划给了电务工程段。

“段”升级为“处”对电务工程段的每一名职工来说都是极为重要的事情。电务工程段一队驻地在肖湾镇，距离张湾镇的段机关所在地大约 10 千米远。郑斌一直被外派执行施工任务，很少回一队驻地，更别说段机关了。尽管平时对队里甚至段里发生的大情小事知道得并不多，也不大关心，但是单位升级是一件值得载入企业发展史的大事，他就不能再视而不见、听而不闻了。他当时正在局机关办公大楼内建设通信站，近水楼台先得到的消息在他心里激起了千层波澜。

抽调过来的人很多成了电务工程处的第一批领导班子成员，其他级别的领导岗位也大多由抽调过来的人员担任。原电务工程段的人被提拔到领导岗位上的凤毛麟角，因为原有职工大多是技术工人，像郑斌这样的技术员少得可怜。

王久祥段长被任命为电务工程处第一任处长，但是教导员王桂林只当了党委副书记，党委书记由调配过来的第三工程处的原党委书记覃春山担任。

电务工程处的各级领导职位大多数都给了抽调过来的兄弟单位的人，这种人事任命上的悬殊大大刺激了郑斌。他认为，局领导太偏心、不公正。可是，这个时候的郑斌羽翼未成，不但没人想到提拔他，他自己也还没有敢生出这样的奢望，只能暗暗地在心里抱怨领导们处事不公，哀叹电务工程段不争气，没有人才，同时责怪自己怎么成长得这么慢。

不满归不满，有一点，郑斌倒是想得挺长远。单位级别升高后，对他来说可能意味着更大的发展空间。单位大了，岗位就多；岗位多了，机会就多，当然竞争也会更多。他想着，只要自己踏实努力，说不定哪天就能脱颖而出，被提拔到某个领导岗位上，发挥更大的作用。他一定要成为那个当将军的好士兵。

怀揣梦想，郑斌愈加斗志昂扬，处处争先，对通信技术纯熟到了在电务工程处几乎无人能比的地步。

机会果然是留给有准备的人的。

电务工程处的新领导们上任后，一边大刀阔斧地开展各项工作，一边开始大力培养专业人才。1986 年下半年，热爱学习和钻研、技术在身的郑斌被处领导相中，抽调到苏州铁路干部培训中心，参加为期 3 个月的最新技术——光纤通信技术培训。

痛失长子

郑斌在外奋斗拼搏，不断取得或大或小的进步。妻子许桂兰除了在家照顾两岁多的女儿霞霞外，还在村办幼儿园当老师，并抽空下地干活。一家人聚少离多，只能不定期地在电话中互通消息，或者通过书信互诉思念之情。

丈夫受到单位领导赏识，经常被派出去学这本领、那本领，许桂兰高兴得跟自己去接受培训一样。

自己的男人有出息，自然是一件值得夸耀的事。许桂兰和小姐妹们聊天时，每每说起丈夫都是一脸的自豪。

望南峪村属于革命老区，生活条件虽然艰苦，却有一项好政策，即头胎是女孩的家庭可以申请生二孩。郑斌和许桂兰既然符合政策要求，当然要再接再厉地生儿育女。许桂兰又是准妈妈了，挺着日益隆起的孕肚，进进出出，一刻也闲不住。

村里给每家每户分配了植树任务，郑斌和许桂兰结婚后就自立了门户，自然跑不脱。郑斌常年不在家，即使回来，最多也不过半个月，指望他帮忙干活儿是不行的。许桂兰只能小女子独自上阵，搞定一切。她一个人挖坑、栽树、浇水，忙得不亦乐乎。

日历才翻到1986年11月，望南峪村已然天寒地冻。许桂兰毕竟是一个弱女子，又身兼多职，还没有完成栽树任务。村里已经派人到她家催过几次了，扬言这个月再不完成任务，就得交罚款。要强的许桂兰既不想落人后，更舍不得交罚款。她仗着自己年轻、身体好，不顾即将足月的大肚子，扛着铁锹，冒着严寒就去了自家的种树区。她忘了自己个子又小、身子又重，土还冻得死硬。等她一锹下去，只铲起了一小坨土，身子却跟着一趔趄，差点摔跤。稳了稳心神，她挥起铁锹，又铲了几锹，只觉得浑身开始发热，额头上已经出汗，胳膊也酸得有点儿不听使唤了。好不容易挖好了一个树坑，她抬手擦了把汗，将树苗竖在了坑里。一手扶着树苗，一手掌着铁锹往里填土，一不小心，脚下打滑，她没能稳住沉重的身子，一屁股重重地坐在了地上。她吓出了一身冷汗，肚子有隐隐的疼痛感，但是好像还不要紧，下身没有流血。她放了心，但也不敢再继续挖坑种树了，只好收工，一手撑着后腰，一手拖着铁锹回了家。

晚上，许桂兰感觉肚子越来越疼，下身开始落红。她吓坏了，赶紧支使两岁多的女儿："霞霞，快去叫奶奶过来，就说妈妈要生了。"

婆婆赵美书一看小儿媳妇捂着肚子，疼得汗水直流，心里有了底——八成要早产。她忙吩咐大儿媳妇赶紧去请接生婆，二儿媳妇赶紧准备接生用的热水、剪刀、脸盆什么的。一阵忙碌过后，孩子生下来了，是个男孩，可是却几乎探不到呼吸。这个即将足月的男婴，因为母亲的一次栽树活动，刚刚来到这个世界，尚未睁眼就夭折了。有气无力的许桂兰连死的心都有了，一下子晕厥了过去。

郑玘佩和赵美书看到好好的一个大孙子刚落地没一会儿就停止了心跳，唏嘘之余暗暗责备自己没有给小儿媳妇搭把手，代她把树栽了。现在吃后悔药也来不及了，只能强忍着悲痛和自责安慰虚弱不堪、以泪洗面的小儿媳妇。

出了这么大的事，瞒着在外工作的小儿子是不可能的。郑玘佩低着头，一路唉声叹气、脚步沉重地踱到了村头的小卖部，拿起柜台上的公用电话给郑斌拨了过去。听说媳妇早产，生下的儿子没多久就死了，郑斌瞬间脑袋一片空白，半天说不出一句话。他也顾不上孝不孝的了，没等郑玘佩解释，就在电话里头朝着老父亲吼了起来："你们怎么搞的？明知道她快生了，也不好好照顾她？这可怎么办？我现在天天要上课，又不能请假回去。真是的，兰儿肯定要伤心死了，你们把她娘接过来照顾她吧……"

郑玘佩听着儿子的数落，心里很不是滋味，但也没责怪他，只是一个劲地安慰他说："老四，你别太着急，桂兰人没大碍。你就安心学习吧，回不来就不要回来了，免得给首长添麻烦。桂兰有你娘和你两个嫂子呢。"

一连几天，郑斌都神思恍惚，课堂上总是走神，他脑海里尽是许桂兰的悲伤模样。他恨不得立马飞回家去，将许桂兰抱在怀里，给她安慰和力量。还有那个未曾谋面就被简单埋葬的婴孩，他只能默默地在心里对他说："等来生，咱俩再好好做一对父子吧！"

四喜临门

不幸丧子的郑斌化悲痛为力量，如饥似渴地在苏州铁路干部培训班学习新知识，希望能在最短的时间内将光纤通信技术弄懂弄通，再多掌握一项看家本领。

1987年初，培训结束，郑斌回到了单位。

电务工程处承接的襄樊北火车站通信工程遇到了技术问题，培训归来的郑斌受命到项目上协助解决技术难题，调试通信设备。年中任务完成后，他回到肖湾镇的一队驻地休整，帮着处里的经营计划科编写投标书中施工组织设计的通信技术部分。闲暇时，他也不干别的，就是看书学习。这样不可多得的清闲日子，算是对他之前终日奔忙的回报吧，他总算歇了一口气。

这一年结束前，郑斌双喜临门，一是喜得贵子，二是受到了铁十一局的嘉奖。

1987年11月29日，在长子夭折一年后的农历同一天同一时辰，许桂兰在家平安顺产，生下了一个健康男婴。一家人喜不自胜，唯恐又出意外，都小心翼翼地围着这个新生命转。一年前因意外而失去孙子的郑玘佩和赵美书更是喜极而泣，老两口唯恐会有什么闪失，恨不得日日夜夜轮班，守在这个宝贝孙子身边。

霞霞添了个小弟弟，既好奇又高兴。她趴在妈妈身边，看着小婴儿的脸，一连声地叫“弟弟、弟弟”。

郑斌高兴得一对不大的眼睛更是眯成了一条缝，他用手指头轻轻地拨弄着小婴儿的脸，教他喊“爸爸”。许桂兰被他的呆样逗得直笑，将脸贴着婴儿的小脸，打着小孩子的腔调说：“小宝宝，瞧你爸爸的傻样儿，人家才刚出生，就让人家叫他‘爸爸’，好羞的，是不是，小宝宝？”

在给婴儿取名时，郑斌尊重了还笼罩在大孙子夭折阴影下的父母的意见，给小儿子取名“玉锁”，祈愿他能健康长大，一辈子平平安安。

1987 年 12 月底，29 岁的郑斌被铁十一局评为“自学成才标兵”，工资上涨一级。这意味着他每月的工资单上多出了 12 元，这可是贴补家用的一笔大收入，更难能可贵的是，里面还包含着一种被领导认可的无上光荣。

上调工资是铁十一局每名职工梦寐以求的大好事，局里几年才开会研究一次。上调工资不是谁想上调就能上调的，难度不亚于由工人变成干部，或者由低级干部变成更高一级的干部。局里有严格的工资上调资格条件和评选流程。多数人即使达到了条件，能上调半级就已经要烧高香了，上调一级想都不敢想。因为上调半级工资的指标都极为有限，更别说上调一级了。郑斌上调一级工资不是通过评选得来的，而是铁十一局直接给他的奖励。这比中头彩还要难，他怎能不感激涕零。

老天爷从来都是公平的，刻苦用功、默默奉献、不居功自夸的老实人终会有出头之日。郑斌被安排到铁十一局机关办公大楼做经验交流报告，介绍个人成长经历和学习经验，赚足了眼球。听着震耳欲聋的掌声和不绝于耳的赞扬声，他既紧张又激动，第一次有了站在舞台中央的高大感和神圣感。

1988 年“五一”国际劳动节来临前，湖北省工会下发了上报省劳动模范人选的通知，并向各地市和企业下达了候选人要求和名额数。

郑斌被铁十一局作为省劳动模范推荐人选上报到了湖北省工会，理由是：他自入伍铁道兵一直到兵改工后当上技术员，始终刻苦自励、坚忍不拔、任劳任怨，凭着自身努力，一步一步成长为了通信技术能手；多次肩挑重担、攻坚克难，在京通铁路、青藏铁路、兖石铁路、襄樊北站、铁十四局和铁十一局机关大楼通信站等工程项目的建设上做出了贡献，工作作风过硬，成绩有目共睹。

1988 年 4 月 26 日，湖北省工会在武汉市东湖宾馆南山客舍礼堂举行颁奖大会。郑斌和其他 145 人在会上被授予“湖北省劳动模范”称号，另有 4 人被授予“湖北省特等劳动模范”称号。

“湖北省劳动模范”是郑斌获得的第一项省级殊荣，也是他人生中头 30 年获得的最高荣誉。

湖北省工会对郑斌在内的这一批 150 名劳模寄予了厚望，希望他们都能尽快地成长为所在市、区政府和企事业单位挑大梁的人，并决定采取文化课考试方式，从中挑选出文化水平相对较高的可造之才，送他们到湖北大学脱产带薪学习三年，以提高他们的学历和综合素质。

最终通过入学考试的有 58 人，郑斌成功跻身合格名单。1988 年 9 月 1 日，他和其他 57 名湖北省劳模一起迈进了湖北大学的校园，成了该校行政管理系行政管理专业劳模班的一名脱产带薪大学生。

造化弄人，十年前郑斌高考，名落孙山，选择了参军入伍。谁曾想十年后，他居然因为工作出色被评为省劳模而圆了大学梦。

郑斌有一种被天上掉下来的馅饼砸到的感觉，不由得哼起了《我们的生活比蜜甜》，他感觉自己要比歌里表达的幸福感和自豪感还要幸福和自豪千倍万倍。他既为自己能得到这次到高校深造的机会而高兴，又无比感激铁十一局对自己的培养和信赖，更感叹湖北省工会不惜重金培养人才的博大胸襟。

参军和工作十年后再进入高等学府接受正规大学教育，对郑斌来说不是为时已晚，而是一场及时雨。与应届大学生相比，他们这一批年龄和文化程度都参差不齐的老大哥、老大姐，反而具有意想不到的优势。多年的工作经验、丰富的生活体验、不算深刻但已渐趋成熟的人生思考，使他们能更快、更透彻地理解理论知识。结合实践的理论学习，不仅帮助他们发现平时工作中的不足，而且有助于提出更有针对性、更有效的改进措施。

郑斌在湖北大学美丽的校园里如饥似渴地学习新知识，系统性的正规教育为他打开了一个全新的世界，他遨游在了知识的海洋。学习机会难得，他决定查漏补缺、补足短板。从小学到高中，他一直偏重理工类课程。长期以来，语文都是他的弱项，他决定利用这三年时间，尽最大努力提高自己的语文水平，尤其是写作能力。

只要功夫深，铁杵磨成针。《大学语文》成了郑斌不离手的教材之一，他花大力气背诵里面的名篇佳作，还专门准备了一个笔记本，摘抄并诵记读到的好句子。此外，他还努力学习企业管理方面的理论知识，最大限度地提高自己分析问题和解决问题的能力，以便学成返回单位后更好地开展工作。

午餐盒里的贫富差距

上大学前，郑斌已经是两个孩子的父亲了，女儿霞霞 4 岁、儿子锁锁还不到 1 岁，跟着妻子许桂兰在老家生活。

为了改变一家人聚少离多的现状，郑斌利用工作之余陆续办理完了许桂兰和两个孩子落户襄樊的手续，将他们变成了和自己一样的城里人。落户完毕，他回了趟老家，将许桂兰和两个孩子接到了位于肖湾镇的新家。

说是新家，其实不过是队里调剂给他和同事合住的一套两室一厅单元房。他们一家四口住带阳台的大房间，同事住小房间。即便这样，郑斌仍高兴得直呼“万岁”。

不管怎样，他们一家四口总算有了自己的家，可以快快乐乐地住在一起过日子了。郑斌算是初步实现了十年前向许桂兰许下的接她出来享福的承诺。

4 岁的霞霞被送进了一家当地幼儿园。小家伙很快就克服了刚进园时的害羞和害怕，和小朋友们打成了一片。霞霞说话时家乡话、普通话、襄樊话掺杂在一起，常常惹得郑斌和许桂兰大笑不止。郑斌终于过上了一段其乐融融的正常家庭生活。

合住单元房是过渡性的，两个月后，铁十一局电务工程处因竣工一批新福利房而面向全处干部职工进行住房分配。郑斌很幸运，分到了一套位于处机关驻地的八成新的旧房子。两室一厅，70 平方米左右，对于四口之家来说有些局促，好在孩子们还小，暂时够住了。

过惯了苦日子的郑斌和许桂兰很知足，也很高兴。两人将房子打扫干净，略微收拾后，一家四口就从肖湾镇搬到了张湾镇，住进了真正属于自己的家。

家安顿好后，解决许桂兰的工作问题成了当务之急。之前，她在老家是村办幼儿园老师，来襄樊后成了无业人员，不得不一边全职在家照顾两个孩子，一边留心打听哪里有适合她干的工作。

20 世纪 80 年代末，国家在经济领域的改革开放步伐越迈越大、越迈越快，社会主义计划经济体制越来越向社会主义市场经济体制转型，很多企业开始尝试跳出原有的单一经营模式，向多种经营迈进。

铁十一局领导干部和职工的家属自来到襄樊后，基本上都没有工作，都在家里闲着，长此下去会引发很多问题。局领导经过反复研究，决定顺应时代潮流，打破单一的铁路工程施工生产模式，开辟一些第三产业。其中有一项是在樊城区七里河路的职工家属大院内开办一个服装厂，一方面增加企业的业务板块和主营外收入，另一方面解决部分领导干部家属和职工家属的就业问题，增加他们的家庭收入。

许桂兰趁机报名，进厂当了一名制衣女工。她从家到服装厂大概 10 千米远，厂里午休时间短，并且没有食堂。由于每天来回几趟奔波太累，许桂兰决定以后自备午餐，中午工休时和同事们扎堆在一起，一边闲聊一边吃饭。

郑斌仍在原地踏步，升迁无望。要用他当技术员的每月 97 元左右的工资收入应付家里的所有开销，得将一分钱掰成两半用才行，否则一家人就得挨入不敷出的惩罚。日子过得这样拮据，许桂兰的午餐饭盒里自然不可能出现大鱼大肉，连油水都很少见。当然，服装厂和她境遇差不多的女工大有人在。

小小的服装厂也算是一个小社会。有些处领导和局领导的家属也进了服装厂，但她们属于受特殊照顾的小群体，厂领导给她们分配的大多是轻松活。因为家里条件相对宽裕，她们的午餐盒里经常装着香气扑鼻的午餐肉。既受厂领导照顾，午餐盒里的内容也比以许桂兰为代表的职工家属的丰盛，这一群领导家属自然觉得自己要比许桂兰她们高贵，不但不屑于与她们交朋友，连午饭也不与她们聚在一起吃，还时不时地故意说几句轻蔑的话，显示自己的优越。

许桂兰打心眼里看不起厂里那些领导家属的做派，无奈自己在物质层面实在没有与她们抗衡的资本，只能晚上下班回家后，在丈夫郑斌面前发泄对她们的不满，催促他努力上进，挣个一官半职的，好让自己也跟着沾光。

郑斌也想当将军，问题是领导始终只把他当个小兵使唤。他不是没争取过，但领导连个小队的副队长都舍不得给他当。他现在能做的，没别的，只能是继续等机会。既然不能在工作职务上给许桂兰撑门面，那就在午餐盒上给她挣点儿面子吧。只是他一个小小的技术员，收入微薄，连养家糊口都紧巴巴的，怎么可能凭空变出令人垂涎欲滴的荤腥佳肴呢？

遍观陋室，唯一能给郑斌带来美食灵感的只有数量有限的鸡蛋了。为了使许桂兰在午餐时偶尔也能有点儿面子，满足一下女人的虚荣心，他决定就地取材，在家里唯一能拿得出手的鸡蛋上做文章。如何将一个小小的鸡蛋变成人见人羡的美食呢？一个一个试验是不可能的，鸡蛋堪比宝贝，平时哪怕想吃一个都要提前计划好吃的时间，还要说清楚为什么吃。

浪费是万万不可以的，那相当于家庭犯罪。想做鸡蛋美食，只能一次性成功。郑斌挖空心思想来想去，总觉得想到的几个办法都不能起到一鸣惊人的作用。盯着饭盒，他突然灵机一动，想着如果将鸡蛋摊得和饭盒一样大小，盖在米饭上，应该会很能勾起人的食欲吧。他越想越觉得方案可行，于是系上围裙，挽起袖子，拉开了摊鸡蛋的架势。他拧开煤气，将灶火开得小小的，慢慢地将锅烧热，然后放油，将搅拌好的鸡蛋倒入锅中，用锅铲小心翼翼地将鸡蛋四散匀开，又端起锅左晃右晃，让鸡蛋往四边流散。不一会儿，一张金黄金黄的鸡蛋饼在他手里诞生了！

香气四溢的鸡蛋饼盖在米饭上，无论是看着还是闻着，都令人胃口大开。许桂兰也挺开心，不住口地夸赞丈夫聪明，有创意。

一家四口终于相守一处

喜与忧大概是一对形影不离的好伙伴。

许桂兰的工作问题解决了，家里也增加了一份收入，但同时也意味着两个孩子没人照顾了。一边是工作，一边是孩子，如何取舍成了摆在郑斌和许桂兰面前的一道难题。商量来商量去，两人决定先保住工作，将孩子们送回老家去，让家人代为照顾一段时间。

于是，刚刚来到襄樊两个月的霞霞和锁锁姐弟俩又回到了老家，而且不是像以前一样待在一起，由妈妈照顾。霞霞被送到了姥姥姥爷家，弟弟锁锁则被送到了爷爷奶奶那儿。一家四口开始了分居三地的生活。1988 年 9 月 1 日，郑斌去武汉上大学后，一家四口彻底变成了一人居一地。

见怪不怪，铁路职工的家属院里多的是残缺不全的家庭。男人在项目上干活挣钱，老弱妇孺坚守在家，铁路职工们大都过着这样的日子。男人要是在项目上当个领导还好，一年到头多多少少可以回一两次家；如果是工人，一年能回一次家看看就算烧高香了；如果被分到偏远山区的项目上，两年回一次家都算正常。留守家庭的女人和孩子天天盼着丈夫和爸爸回家，却天天失望。时间长了，慢慢地也就习惯了娘儿们相依为命的生活。

从小缺少父爱的孩子，对父亲自然会有一种陌生感和疏离感。

铁十一局二处的滑西平，常年在项目上，在家时间屈指可数，女儿从小到大没有当面叫过他一声“爸爸”。女儿初三时，学习很紧张。滑西平休假回家，为弥补对女儿的亏欠，他每晚九点准时为女儿冲一杯奶粉，亲手端到女儿的房间，放在女儿的手边。一连半个月，他还是没听到女儿叫他一声“爸爸”，心里酸楚得想掉眼泪。妻子也着急，给女儿做思想工作，说爸爸回来一趟不容易，这么尽心照顾你，你怎么不喊他“爸爸”呢？女儿的回答是心里想叫，可是嘴里叫不出来。

铁十一局四处的一名职工，探亲假满返回工地时女儿刚满周岁，还不会走路、说话。再次放假回家，赶了几天的路程，他急于见到妻儿，忘了刮胡子。敲开家门，看见一个洋娃娃似的小女孩儿站在面前，他高兴地喊着女儿的小名，伸手就想抱她。小姑娘吓得转身就往厨房跑，一边跑一边叫：“妈妈，妈妈，来了个老爷爷！”吓得他进屋后第一时间刮了胡子。

这样辛酸的家庭故事每天都在铁路职工的家里上演，因为工作性质使然，无人能够改变现状。

相比那些常年在项目的领导和同事，郑斌和许桂兰好比一对神仙伴侣。两人每周末相见，厮守一天一夜，相互交流单位和学校的新鲜事。二人世界固然美好甜蜜，却不是许桂兰希望的完满生活。除了是妻子，她还是两个孩子的母亲。儿行千里母担忧，何况还是两个年幼的孩子。

许桂兰倒不是担心父母和公婆不会照顾小孩，而是做母亲的天性使然，总觉得把自己的孩子交给其他人抚养心里不踏实。两个孩子从出生起就没有离开过她半步，现在被她和丈夫以工作为借口丢在老家，她总是觉得愧疚和自责，眼前老是浮现两个孩子挂着泪痕的小脸。

每周末的夫妻相聚，许桂兰对孩子的思念慢慢成了固定的话题，往往说着说着，就抹起了眼泪。郑斌虽然心里也不是滋味，但他能做的，也只是温言软语劝慰一番。

挨了一年多，许桂兰熬不下去了。她和郑斌商量，过几天等他放暑假了，她就向服装厂请几天假，两人一起回趟老家，看看孩子们。

7月份正是服装厂订单多、需要加班加点干活的时候，许桂兰硬着头皮找厂领导请假。厂领导很不高兴，批评她不顾大局，偏赶在厂里正忙的时候请假。许桂兰一边掉眼泪，一边撒谎说父母生病了，孩子们太小，没人照顾。她说实在没辙了，才来请假的，还望领导以慈悲为怀，她一定按时回来上班赶工。好说歹说，厂领导批了她十天假。她表面哭丧着脸，实际心里乐开了花。她骑上自行车，一路飞蹬到了家，扑进郑斌的怀里，搂着他的脖子，在他脸上使劲亲了一口，兴奋地说："太好了！领导总算批了十天假。走，拎上行李，咱们赶紧去火车站。"

郑斌说："瞧你，气还没喘匀，就要去火车站，有这么急吗？"

许桂兰说："当然急呀！我恨不得现在就飞回去。走嘛，先去火车站看看，只要有车，咱就上，反正我在这儿是一刻也待不下去了。"

心急火燎地赶回了老家，郑斌和许桂兰简直不能相信自己看到的：2岁多的小锁锁，胆怯地看着爸爸妈妈，像看着陌生人，既不开口叫爸爸妈妈，看到他们伸手想抱他，还转身就跑。爷爷奶奶好一阵哄，他才勉强扭扭捏捏地挨近郑斌和许桂兰。

许桂兰眼里转着泪，一把抱住儿子，差点儿没哭出声来。晚上给锁锁洗澡，看见他满身都是被蚊子咬的红斑，有的甚至已经溃烂，流着脓水，夫妻俩唏嘘不已。

霞霞已经看不出是个漂亮的小女孩儿了，头发被剪得短短的，满身满脸都是灰尘和泥土，活脱一个小叫花子。虽然一年多没见到爸爸妈妈了，毕竟年龄大点儿，霞霞对父母的陌生感只停留了片刻。

两个活泼可爱的漂亮瓷娃娃，因为离开了妈妈的怀抱，变成了山里的黑蛋蛋。这也怪不得爷爷奶奶、姥爷姥姥。四位老人忙里忙外，带娃的思想还停留在他们自己的年代。娃有得吃有得玩就行，别的都不重要，自己的子女哪个不是这么放羊似的长大的。霞霞和锁锁现在的样子就是他们爸妈小时候的样子，没啥可挑剔的。郑斌和许桂兰没有理由责怪父母，只是责怪自己没本事，没有足够的条件将孩子带在身边。

心情沉重地回到襄樊后，许桂兰满脑子都是孩子们的可怜样儿，再也安不下心来好好工作。她跟郑斌提了几次，说服装厂离家太远，活儿累不说还废眼睛，她想换个单位，最好是能一边上班、一边带孩子的那种，让郑斌找熟人帮帮忙。郑斌说："先别着急辞职，再等等。听说电务工程处准备在家属院里办个幼儿园，解决职工子女的托幼问题，顺便解决部分家属的工作问题。回头我盯着点儿这个事，找找领导，看能不能把你安排进去当个老师。"

一切都很顺利。郑斌利用剩余的假期托关系找门路，加上许桂兰有当幼师的经历，换工作的事没费多少周折就解决了。许桂兰高兴地离开了服装厂，趁还没有正式开园，马不停蹄地奔回老家把一双儿女接回了张湾镇。一家人又和和美美地在一起了，看着又蹦又跳的儿子、女儿，许桂兰对郑斌说："我再也不让他们离开我了，就算哪天失业了，我也不会再把他们送回老家去。"

许桂兰当了幼儿园老师，霞霞按年龄很自然地进了幼儿园大班，小锁锁虽然还不够资格入园上学，但因为妈妈带来的得天独厚的条件，得以提前进入幼儿园，由妈妈的同事轮流帮着照看，直到上了小班。

一家人团聚在一起，虽不富裕，却不乏天伦之乐。最重要的是孩子们能得到母亲的呵护和照顾，他们在成长过程中不至于因为缺失母爱而担惊受怕。看到妻子和一双儿女每天在一起快快乐乐的，郑斌心里也暖融融的。让母子三人生活幸福成了他奋斗的目标。为了加深与孩子们的感情，让他们拥有实实在在的父爱，每次回家，郑斌要么陪他们一起玩游戏，要么带他们出去郊游。

真正的家庭应该就是这样子的吧，父母慈爱、子女健康，没有分离。可是，这样的场景对成千上万的铁路职工来说只是遥不可及的梦想。只能说郑斌和许桂兰是一对幸运的夫妻，霞霞和锁锁是两个被上天眷顾的孩子。

第四章　路外市场业绩斐然

转战邮电系统，斩获第一单

家里重新充满了欢声笑语，郑斌没有了后顾之忧，他将主要精力放在了增长知识上。三年的大学生活开阔了他的视野，拓展了他的思维，他不仅学到了先进的管理知识和管理理念，语言文字功底也有了很大提高。

1991 年 7 月，郑斌不负众望，顺利地拿到了湖北大学的大学毕业证书。既有过硬的技术又受过高等教育，想不出彩都难。学成归来的郑斌迎来了又一个人生转折点，电务工程处将他从工程一队调到了处计划经营科任科员。他被安排负责项目单价分析、单位工程预算和投标报价的编制。他的工作难度不大，因为体制使然，铁路施工企业基本上不用自己去市场上竞争。国家要修哪条铁路了，铁道部会采用行政手段进行分配。如果某条线的建设任务被分配给了中国铁建，中国铁建就会按专业或里程在包括铁十一局在内的下属工程局中进行再分配，由这些工程局具体完成修建任务。电务工程处作为铁十一局的下属企业，在铁路板块上省下了不少自主找市场的麻烦。

郑斌调到计划经营科后不久，中国铁建打算将宝中铁路站后通信、信号工程交给铁十一局电务工程处实施。处总经济师苑芳亭和计划经营科科长马国才挑了郑斌、万传军、余炎生、刘新华等人组成投标小组，到位于北京的中国铁建机关编标。

为方便沟通和交流，提高工作效率，中国铁建将所有投标人员集中在机关的一间会议室里办公。电务工程处的编标人员白天在会议室里集体办公，查阅项目资料、开会讨论、编制施工组织设计和报价，一直到晚上很晚才披星戴月地回招待所休息。几十页的投标书，初稿全部靠手写，负责将手稿输入电脑的刘新华可是费了一番功夫辨认字迹。临交标书前一两天，投标人员更是通宵达旦，一页一页地复核检查投标书，唯恐哪里出了差错。好在 20 来天加班加点的辛苦没有白费，电务工程处圆满完成了宝中铁路通信、信号工程部分的施工组织设计和报价，拿到了施工权。

郑斌虽然是初次从头到尾完整地参加一个项目的投标工作，但是因为现场施工经验丰富，又有在湖北大学所学的管理知识做理论基础，所以不仅上手快，还在编制施工组织设计的过程中，提出了很多颇有见地的意见和建议，优化了施工方法和各工序之间的搭接时间。他在编标过程中表现出来的组织协调能力给苑芳亭和马国才留下了深刻印象。一同编标的同事也因为他海量的技术知识以及切合实际的施工安排建议而对他生出了钦佩之心。

天性乐观、幽默诙谐还以助人为乐，郑斌很快适应了电务工程处机关的工作环境，并得到了同事们的喜爱。良好的人缘无形中促进他在工作上取得进步，1991 年底，他被电务工程处提拔为计划经营科副科长，成了处里的中层领导之一。

大锅饭终于到了不够的一天，铁路基建市场越来越萎缩，铁路施工企业一家也没减少。这就意味着僧多粥少，竞争激烈，企业发展会变得越来越艰难。中国铁建给下属各工程局下了死命令，要求他们务必积极开拓铁路外市场。铁十一局电务工程处积极响应上级要求，为了不在一棵树上吊死，决定试着找点儿非铁路的活儿干干。经营计划科科长马国才将这个对谁来说都是两眼一抹黑的任务交给了刚刚当上副科长的郑斌。

事情再难也得有人做。

郑斌明知自己一点儿门路都没有，还是接受了马国才对他的工作安排。苦思冥想了几天该从哪里着手打开市场，他也没有拿出能说服自己的方案。

跑市场、跑市场，市场是跑出来，不是坐出来的。郑斌豁然开朗，他不再闭门造车了，而是拿起了公文包，开始到处跑市场。作为铁路通信专业人员，郑斌很自然地对通信市场更为关注，也更为敏感。他将铁路通信和地方邮电通信做了对比，结果发现铁路系统的通信装备要比地方上先进得多，无线电话已在列车上和编组站内得到广泛使用，自动电话可以通到任何一个铁路单位，部分铁路线段甚至已采用光纤通信，而地方邮电行业才刚刚开始以程控电话交换机取代纵横制电话交换机的工作。

邮电系统要想提高电话通信能力，就要改造和安装程控电话交换系统，而这项工作的基础在于市话通信网的建设。郑斌认为电务工程处的铁路外市场突破口就在邮电市场，他希望自己能抓住这个千载难逢的好机会。

几番奔走下来，郑斌收集到了湖北省几家有意率先开通程控交换机的邮电局的资料。仔细比选了各邮电局拟投资建设工程的信息后，他将目标锁定在了荆门市邮电局。郑斌了解到荆门市准备开通万门程控交换机，市邮电局最担心的技术难题是，如何不间断地将几千个电话用户从旧交换机倒换到新交换机上，倒换过程中不能影响正常通话，尤其是不能打断市政府的通话。好几家邮电系统内的施工单位已经提交了实施方案，但荆门市邮电局的顾虑并没有打消，也就是说荆门市邮电局对收到的方案并不满意。项目还处在搁置状态，荆门市邮电局仍在等待更好的方案。

程控交换机的安装、测试和开通正是电务工程处的强项，对郑斌来说更是手到擒来。在他看来，荆门市邮电局的这个项目是专门为铁十一局电务工程处量身打造的。他满怀信心，要让这个项目落在铁十一局电务工程处。虽然开会定了要向铁路外市场进军，也派出了郑斌打头阵，但地方邮电业务对铁十一局电务工程处来说毕竟是新领域。处领导在铁路线上摸爬滚打了半辈子，对地方上的套路不熟悉，心存怯意，开了几次专题会，也没能定下来要不要做。

领导们都害怕万一搞砸了收不了场，谁也不敢第一个举手同意郑斌的建议。项目不等人，时间更不等人。要干事，就不能婆婆妈妈地前怕狼后怕虎。开拓新市场哪是十拿九稳的事，一点儿风险都不敢冒，哪儿来的市场？郑斌担心拖下去，荆门市的邮电项目就要黄了。在领导们的哼哼哈哈声中，郑斌实在坐不住了，他找到处领导，将自己对湖北省邮电市场的调查情况以及进军这一市场对电务工程处的重大意义倾吐而出，还信心满满地对领导们说："请领导们相信我，我对铁路电话交换专业非常熟悉，市话交换对我来说是小菜一碟。我有信心和能力挑战邮电市场，电务工程处肯定能在邮电市场大有作为。"

领导们大约被他的自信和描绘的前景打动了，加上处里的经营状况确实到了需要改善的时候，终于达成了一致，决定由处总经济师苑芳亭带着经营计划科科长马国才和副科长郑斌一起去荆门市邮电局商谈项目合作的可能性。

任何时候都不能打无准备的仗。出发前，郑斌加班加点，仅用三天时间就编写好了详细的施工方案。一行三人首先拜访了荆门市邮电局的潘昌京局长，苑芳亭代表铁十一局电务工程处向潘昌京介绍了企业情况并说明了合作意向。一听是铁路系统内专门做通信工程施工的队伍，潘昌京来了兴趣，立即吩咐办公室通知邮电局副局长刘兵、熊总工程师、基建科的李德富科长、工程师徐斌和黄云太等人到会议室开会。

郑斌在会上详细讲解了提前准备好的施工方案，并解答了邮电局参会人员提出的各种专业问题，最终打消了他们对如何不间断地将几千个电话用户倒换到新交换机上的顾虑。

专业上的障碍消除了，加上铁十一局电务工程处的报价也比别的单位低很多，潘昌京非常高兴，见面几次后，竟亲切地与苑芳亭等三人拉起了家常。苑芳亭告诉潘昌京，郑斌是铁路通信专家，干过很多铁路大工程，施工经验丰富，还是省劳动模范。潘昌京更加高兴了，兴奋地说："我相信铁道兵！相信铁十一局！相信劳模！好，这个任务就交给你们了！"

旗开得胜，电务工程处初闯铁路外市场，就击败邮电系统内的众多专业竞争对手，一举斩获了邮电系统内的第一个电信工程项目——荆门市万门程控割接一期工程，工期 3.5 个月，要求在用户通话不中断的情况下实现新旧设备顺利割接。

事后有人问潘昌京，为什么这么痛快地就把这个项目给了铁十一局电务工程处？潘昌京回答说："原因没有那么复杂，只有两条。第一，他们是从解放军转过来的，起码不会是骗子，我也当过兵，我很坚信这一点；第二，他们的价格便宜，便宜总比贵好嘛。"

亲任项目经理，征服荆门邮电市场

意外之喜多有隐忧。

项目拿到手了，计划经营科的任务就算完成了，但胜利的喜悦还挂在脸上，意外就出现了。铁十一局电务工程处刚中了几个铁路标，处领导为保证这几个标有足够的管理和技术人员上场施工，对马科长说荆门的邮电项目得拖一拖，人手紧张，实在派不出合适的项目经理和管理人员。

得到消息的郑斌好似挨了一记闷棍，合同都签了，上场日期白纸黑字写得清清楚楚，怎么能无缘无故往后拖呢？没有恰当的理由，怎么跟荆门市邮电局交代？

经过了解，郑斌搞清楚了电务工程处要打退堂鼓的真正原因。原来，处领导担心国家的改革开放政策不会持续，更担心电务工程处贸然进入从未涉足的邮电行业会因为不熟悉市场而白忙活一场，甚至还会赔钱，所以，想与荆门市邮电局解除合同。

眼看煮熟的鸭子要飞，郑斌心急如焚。人无信不立，答应了人家的事怎么能轻易反悔？！一个企业，没有契约精神，对企业的信誉也是一种重大的消耗和损害。立世为人，诚信是本。无论如何不能自毁声名，陷自己和企业于不义。

郑斌不顾位卑言轻，多次向处领导汇报和建言，恳请他们打消顾虑，遵守合同约定，尽早派人去荆门组建项目指挥部，及时开工。

精诚所至，金石为开。郑斌的执着感动了处领导，促使他们下了决心。考虑到郑斌是通信专业的行家里手，又是项目合作谈判的主要成员之一，熟悉工程情况和业主代表，处领导经研究，决定成立铁十一局电务工程处邮电工程指挥部，任命郑斌为项目经理，全面负责项目的实施。同时，一致同意由处里向指挥部拨款6万元作为启动资金，另外再配备一辆双排座皮卡车和6名技术人员。

郑斌的全部家当就是6万元现金、一辆双排座皮卡车、6名技术人员，而他要用这微薄的家底完成一个陌生领域的新项目。

兵来将挡，水来土掩。郑斌把荆门项目当作他人生的又一个转折点，暗下决心要从这里起步，闯出属于自己的天地。他给自己下达了只许成功、不许失败的指令。

时间紧、任务重、人手少，怎么办？天无绝人之路，办法总比困难多。

组建完指挥部后，郑斌立马带着包中俊、万永桥、刘国安等技术骨干竖起了招工大旗。他要就地解决人员不足的问题，在荆门当地招收一批民工，对他们进行半军事化管理和技术强化培训，争取让他们个个变成通信技术人员，将来跟着自己去开拓市场。

针对项目工期紧、任务重的特点，他采取了倒排工期法和计件工资制。首先，细化任务，将经考试录取的50多名民工分组，每组9~10人，6名技术人员各带领1组，形成一个小队，负责一个施工区段。其次，各小队工资包干，由担任小队长的技术人员自行分配本队包干的工资总额。最后，实行责任到人、提前有奖、误期受罚的奖罚措施，将技术人员和民工的个人收入捆绑在一起，增强他们的紧迫感和责任感。如此，技术人员和民工的积极性都被极大地调动了起来，保证了工程进度和质量。

合同约定的工期是3.5个月，由于电务工程处领导的犹豫，实际开工日期比合同约定晚了半个月左右；荆门市政府为了招商引资，又雪上加霜地将工期压缩了一个月，变成了2.5个月；加上房建等种种原因，工期又被耽误了一个多月。于是，本来就很紧张的3.5个月的工期最终被砍成了不到1.5个月，但是施工任务却一分未少。

工期和任务量严重不匹配，郑斌急得满嘴起了火泡。不干吧，活儿已经在手上了；干吧，确实很难完成。但是开弓没有回头箭，市场来得不容易，这个项目是电务工程处在邮电市场的第一脚，能不能走出去，关系到企业将来能不能在邮电市场继续发展。电务工程处的领导对项目非常重视，郑斌不敢有一点马虎，他想着，只有把握住了这次机会，才能够得到业主的认可，他没有退路。郑斌铁了心，握紧拳头，挥着手，对手下人说："豁出去了，就算脱层皮，咱们也得把任务完成。"

7、8月份，骄阳似火，烤得人透不过气来。郑斌和职工们一样，每天在挎包里放几个蒸好的馒头，腰上再别上一壶水就往现场赶。在地下室接线时，温度超过40摄氏度，身上的汗水直往下流。在工程的最后冲刺阶段，拉电缆时，电缆线要从地沟里穿过。地沟里本来就臭，加上50多摄氏度的高温，更加臭气熏天。为了给职工们鼓劲，也因为自己在专业上相对更有优势，亲自下地沟去拉电缆，质量会更有保障，郑斌心一横，决定身先士卒，亲自带头下地沟拉电缆。在又脏又臭、温度超过50摄氏度的地沟内，他和职工们往往一干就是十五六个小时，饿了啃口干馒头，渴了喝口凉白开。

有一次，他们顺着地沟敷设电缆时，把地面上的电缆井井盖打开了，旁边安排了职工看着。有行人路过，看见了，就嚷嚷道："这哪儿来的民工啊，怎么把井盖打开了，搞得臭气熏天，脏水流得到处都是！"

值班的警察跑到现场，问看守井盖的职工："你们是哪里来的队伍？在这儿干什么？你们头儿呢？"

职工说："我们头儿？我们项目经理在这下面拉电缆呢。"

警察不相信，对着井口往下命令道："上来！"

带着一身臭气的郑斌就从井下冒出头来，上到了街面上。警察看到他脏兮兮的样子，难以置信地问道："你真是项目经理？"

郑斌倒不觉得自己有多不正常，坦然地回答说："我是项目经理，你们市里有电话工程，工期紧张，我们正在下面拉电缆。"

潘昌京也到了现场，看到郑斌亲自下地沟拉电缆，脸上身上全是泥土，很受感动，对郑斌说："我起码要请你们吃一顿饭才行。这个饭不表示什么，就表示一下双方合作的一种诚意。奖金我拿不出来，请你们吃一顿饭，表示的也是对你们劳动的一种认可，对你们价值的一种承认。"

凭着不怕脏、不怕苦、不怕累的干劲和一颗平常心，郑斌硬是带着临时拼凑起来的一支队伍完成了施工任务，将一张百分答卷交给了荆门市邮电局。经验收，70000 多对线头无一根接错，新转换到程控交换系统上的万余门电话无一出错，成功率高达 99.6%，比邮电部常规标准高出了 30 个百分点。

荆门市邮电局本来断定郑斌在一个半月的时间内肯定无法完成约定的任务，没想到郑斌是条硬汉，不仅如约完了工，还在施工速度和工程质量方面大大超出了荆门市邮电局的期望。铁道兵就是铁道兵，荆门市邮电局被征服了，由衷地朝郑斌竖起了大拇指，认为他负责完成的这项改造工程创造了湖北省邮电系统的奇迹。为表示钦佩、鼓励和感激，荆门市邮电局特意向铁十一局电务工程处颁发了一块“高速优质，信誉至上”的牌匾，外加 12000 元现金奖励。

后来在进行工程回访时，郑斌要潘昌京讲两句话，表达对工程的意见。潘昌京毫不犹豫地说了两个字：“脊梁。”他说：“我认为你们这样一支能打硬仗的队伍就是我们民族的脊梁，就是我们这个时代的脊梁！”

世上无难事，只要肯登攀。郑斌凭着敏锐的市场感知力和一往无前的勇气使铁十一局电务工程处在荆门市邮电市场打响了路外市场的第一炮，获得了荆门市邮电局的认可和信任，被其列为首选施工单位。双方自此开始在邮电工程市场进行长期合作。

1992 年，郑斌（中）和同事在荆门邮电工程施工现场

打开黄石和武汉邮电市场

1992 年 1 月 18 日至 2 月 21 日，邓小平先后赴武昌、深圳、珠海、上海等地视察，并在视察途中多次发表谈话，强调改革开放胆子要大一些，要敢于试验。“要抓住时机，发展自己，关键是发展经济”“发展才是硬道

理”“要坚持两手抓，一手抓改革开放，一手抓打击各种犯罪活动。这两只手都要硬”等话语，随着党中央对邓小平南方谈话的迅速传达，成了全国家喻户晓的金句，解答了当时人们的许多疑问。

各行各业重新坚定了信心，对国家改革开放建立社会主义市场经济体制的决心不再持怀疑态度。为紧跟中央政策精神，加快企业改革进程，增强邮电通信能力，提高装备和服务水平，促进邮电业务蓬勃发展，湖北省邮电局在收到国务院传达的邓小平南方谈话精神后，决定在省城武汉市召开全省邮电工作交流会。

湖北省邮电局局长指出，邓小平同志的南方谈话是把改革开放和现代化建设推向新阶段的宣言书，要求大家认真学习和领会，并放下思想包袱，大胆改革，使邮电工作走在改革发展的前列。

荆门市邮电局前不久刚刚大胆改造和安装了程控电话交换机，成了全省邮电通信改革的先锋，局长潘昌京被安排作为代表在交流会上发言，介绍荆门市市话程控交换系统更新安装的工作经验。他向与会代表简要汇报了项目建设的始末，并将施工单位铁十一局电务工程处推荐给了参会单位。他告诉参会人员，这个单位是从铁道兵转过来的，不仅技术过硬，而且有敢打硬仗、敢啃硬骨头的工作精神，把工程交给他们既放心又安全。

听着台上潘昌京对铁十一局电务工程处的赞美之词，台下黄石市邮电局冯晓光局长有点坐不住了。他想起来，这个电务工程处的人曾经也找过他，想和他们局合作，为他们安装新的通信装备。自己当时考虑到这个电务工程处不是邮电系统内的施工单位，又没听说过，不敢轻易相信他们的能力，就回绝了他们的合作提议。想不到，这一回绝竟然错过了一个好机会，要不然，自己今天也可以像老潘一样上台风风光光地介绍黄石市的邮电工作经验了。

不仅冯晓光后悔了，同样坐在台下的十堰市邮电局局长和武汉市邮电局局长也后悔了。早知如此，当初真不该将铁十一局电务工程处的工作人员拒之门外。他们决定会后再和潘昌京单独交流，详细了解一下荆门市邮电项目的建设经过。

“潘局长，你好啊！恭喜贵局受到省局表扬，在全省出了风头，令人羡慕啊！能不能单独给老弟我开个小灶，传授传授经验？”冯晓光握着潘昌京的手，不松开。

“是啊是啊，潘局长，我们也想再取取经，要不找个地方边吃边聊？”十堰市邮电局局长和武汉市邮电局局长等人也围上来，邀请道。

潘昌京爽快地答应了大家的要求，几个人订了个饭店的包间，边吃边喝边聊国际局势、国内改革最新政策、邮电行业下一步会有哪些改革举措等。潘昌京因为先行了一步，显然被当成了排头兵。他详细地向其他局长介绍了郑斌在荆门的所作所为，说：“不瞒各位，刚开始我也不敢和他们合作，后来听说他们是铁道兵转过来的，我就坚信他们不是骗子，因为我也当过兵，而且他们价格便宜，方案也挺好，所以我就决定试一试。没想到，还试对了。那个项目经理郑斌，别看年纪轻轻的，还真是一条硬汉，干起活来毫不含糊。大家想想看，一个半月的时间，安装一万门程控交换机，通话还不能中断，就是咱们自己的邮电专业队伍也很难说能拿得下来。但是郑斌却漂漂亮亮地完成了，不能不说是个奇迹啊！”

潘昌京的肺腑之言打消了几位邮电局局长对铁十一局电务工程处的顾虑，当苑芳亭再次带着马国才和郑斌拜访黄石市邮电局冯晓光局长时，他一改之前的冷淡面孔，热情地接待了他们，并把工程管理处和施工技术处等几个部门的负责人介绍给了他们，让他们和这几个部门沟通具体问题。

双方确定了各自的联系人，铁十一局电务工程处派郑斌全权负责项目的接洽、谈判和签约等事宜。虽然有荆门市的项目经验介绍在先，但事到临头，黄石市邮电局还是犹豫了，没敢第一次合作就将重要和复杂的项目交给铁十一局电务工程处，而是选择了规模相对小、技术相对简单的铁山区和下陆区的邮电线路改扩建工程。对于急于开拓新市场的铁十一局电务工程处来说，项目大小不是最主要的，能不能拿到项目才是关键。

拿着墨迹未干的施工合同，郑斌大喜过望。

回到襄樊后，他立即向苑芳亭和马国才汇报了签约情况。处领导随即召开专题会议，决定由郑斌负责组建邮电工程指挥部黄石分项目部。项目部组建完毕后，郑斌指定包中俊担任分项目部经理，全权负责黄石项目的管理和施工。

好风凭借力，送我上青云。

黄石市邮电项目的顺利签约更加增强了郑斌的信心。他把下一个目标市场定在了武汉市，如果能在湖北省最大的邮电市场——武汉市邮电市场扎下根，铁十一局电务工程处必能成长为邮电工程施工队伍中的佼佼者。

武汉市邮电市场大，竞争对手也多。邮电局局长从交流会上回来后，虽然不再将铁十一局电务工程处拒于千里之外，但也还没有下定决心与其合作。铁十一局电务工程处曾多次派市场经营人员赴武汉市跟踪邮电项目，却未能签下一个合同。大家都非常沮丧，不知道从哪里入手才能撬开这个市场。

项目看得见却摸不着，更别说抓到手中了。郑斌苦思良策无果，急得像热锅上的蚂蚁——团团转。他多次召集手下的市场经营人员开会，分析收集到的项目信息和承揽不到项目的原因，让大家思考和提出新的开发思路和办法。但试了几次新办法，结果依然是铩羽而归。憋了一肚子火的郑斌使劲摁灭了夹在手指间的香烟，压了压心里的烦躁。在武汉市邮电市场碰的无数次壁着实惹恼了他，他决定再啃一次硬骨头。

“哼，铁道兵什么时候被困难吓倒过！开拓武汉市邮电市场还能比在青藏高原上施工更困难、更可怕？就算这里坚如铜墙铁壁，我也要凿开一条缝，挤进去。”

还是那句话，只要功夫深，铁杵也能磨成针。虽然郑斌和同事们一次次满怀期待地踏进武汉市邮电局的大门，又一次次地怏怏而回，但恰似

"随风潜入夜，润物细无声"，武汉市邮电局并不是一直无动于衷。铁十一局电务工程处对其极高的市场美誉度、过硬的技术、合理的方案和成熟的施工经验进行了不厌其烦的宣传，其充满真诚的合作态度和不撞南墙不回头的执着等都给武汉市邮电局的领导们留下了深刻印象。

郑斌终于得到了他们对铁十一局电务工程处打开大门的暗示。

更大的好消息接踵而至。

1992年10月12日至18日，中国共产党召开第十四次全国代表大会，明确了建立社会主义市场经济体制，要求全党抓住机遇，加快发展，集中精力把经济建设搞上去。

如春风拂过大地，党的十四大上振奋人心的决策给铁十一局电务工程处带来了福音。武汉市邮电局加快了改革步伐，在郑斌再次敲门时，热情地将他迎了进去，给了他第一个合作项目——江岸区电信工程，并很快签订了建设合同。铁十一局电务工程处按期完成了第一期工程，凭着优良的施工质量打出了品牌，取得了武汉市邮电局的信任。自此，武汉市电信市场的大门对铁十一局电务工程处越敞越开。

创建中南公司

铁路外市场的经营开发为郑斌提供了另一个施展拳脚的天地。铁十一局电务工程处在湖北省邮电系统捷报频传，项目越来越多，项目部也相应地越设越多，迫切需要成立一个专门机构，对口管理各项目部，并进一步深耕细作邮电市场。经过调研和思考，郑斌起草了一份书面报告，向处领导建议成立铁道部第十一工程局电务工程处中南电信工程公司（中南公司），并主动请缨创办，还提出了"自主经营，自负盈亏；保证资产增值，实现利润足额上交，并逐年递增"的创办条件。

这样的条件在电务工程处很多人看来是异想天开、不自量力、哗众取宠。同事们议论纷纷，有相信的，也有怀疑的，有观望的，也有等着看笑话的。郑斌一概置之不理，他认为真理有时是掌握在少数人手里，甚至一个人手里的。

处领导没想到铁路外电信市场发展势头会这么好，都在庆幸当初坚持遵守了与荆门市邮电局的施工合同，要不然，还真是舍掉了一块到嘴的大肥肉。他们更没有想到郑斌除了技术过硬外，还是开拓市场的好手，现在又这么胆大包天地要成立公司，还自负盈亏。不过，大部分领导很明智，在开会商量要不要成立中南公司时，大都投了赞成票。

“乘风好去，长空万里，直下看山河。”筹建工作很快完成，1992 年底，郑斌亲手将中南公司的公司名称牌挂在了省城武汉市江岸区的办公楼大门外。中南公司正式开门办公，专门负责承揽和实施地方电信工程。兼任中南公司总经理的郑斌意气风发地带着手下干将向铁路外市场继续迈进。

借着改革开放政策，中南公司迎来了发展的春天，急需补充人员力量，以适应迅速扩大的市场需求。郑斌向铁十一局电务工程处提交了一份人才需求报告，得到了处长王桂林和党委书记王久祥的支持，同意在全处范围内物色技术骨干和经营管理人才充实到中南公司。

手握中南公司管理经营权和人事任免权的郑斌成了铁十一局电务工程处的香饽饽。那些曾经对他表示怀疑或想看他笑话的人现在都对他笑脸相迎，以能跟他说上话、搭上腔为荣。他们没有想到几个人起家的中南公司居然还能后来居上，成了全处效益最好的单位。看来，郑斌还真有两下子。他们想，以后还得跟他多走动走动，现在他正招兵买马，扩充队伍，要是能趁这个机会进中南公司就好了。于是，跟郑斌相熟的，就直接找到他本人，表达了想跟着他干的愿望；和他不相熟的，就托相熟的人找他说情，希望他能同意将他们纳入麾下。

人往高处走，水往低处流。郑斌理解大家的想法，也希望自己能帮到大家。但是办企业不是过家家，企业要发展壮大必须有得力的人才。中南公司是他一手创办的，倾注了他的心血和理想。他需要一批有一技之长、乐观积极、能做事、敢做事的栋梁之材来和他共同将中南公司浇灌成屹立不倒的参天大树。他既不能来者不拒，也不能来者皆拒，更不想因为招聘需要的人而得罪领导、同事、朋友。

为了使一部分人自行知难而退，郑斌拟了一份招聘公告，要求应聘人员为电务工程处正式职工且有1~3年工作经验，大中专院校毕业，通信专业优先。除了最初就跟着他打拼的包中俊、万永桥、李成平、李寿子等人外，他先后又选调了一些自己知根知底、低调稳重、踏实肯干的老朋友、老战友和小字辈，其中铁道兵战士出身的有张三国、刘国安、周德安、吕德贤、李正义、席光礼、刘康余、黄高海、沈勇等。

公开招聘的一批新人中有陈宝军、王俊杰、黄兵、张静波等，他们后来都被委以重任。其中，陈宝军通过写信毛遂自荐，最初给郑斌留下的印象要比其他人深一些。

能抓住机会的人往往都是聪明人。

得知中南公司在招聘管理和技术人员后，远在东北铁路项目上的陈宝军动心了。来自偏远山区的陈宝军，从洛阳电务学校通信工程专业毕业后，便来到了铁十一局电务工程处。电务工程处又将他外派到了东北，一干就是两年。项目上绝大部分领导和工人是以前的铁道兵，对他这样的中专毕业生没有什么好感，更没有培养他的打算。他每天的工作量很少，跟技术沾边的活儿基本没有，有时他甚至觉得自己就是一个只知道挖电缆沟的民工。

一腔热血，以为可以在项目上建功立业的陈宝军产生了英雄无用武之地的苦闷感。中南公司的发展势头，他早就有所耳闻，很向往有朝一日能跟着郑斌一展抱负。但他身在东北，和郑斌素未谋面，郑斌对他更是一无所知。

渴望脱离现状，到更广阔天地发展的强烈愿望让陈宝军战胜了胆怯。不久，正因投标新项目和招聘人手忙得天昏地暗的郑斌收到了一封来自东北的信。他无心看信，随手扔进了抽屉。过了两天，忙得头昏脑胀的他想抽支烟提提神，不料办公桌上的香烟盒给他唱了出空城计。他拉开抽屉，准备拿包新的香烟，看到了被他扔在抽屉角落的那封信。鬼使神差，他没拿香烟，拿出了信。他撕开信封，抽出了信纸，看上去是一封自荐信，一共两页，字迹很是工整有力。他来了兴趣，细细读了起来。

郑斌将信反复读了两遍，一方面被陈宝军的诚心所打动，另一方面推己及人，起了爱才惜才之意。他把陈宝军调到中南公司，派他去了黄石分公司，半年后提拔他当了黄石分公司经理。陈宝军因工作能力强、业绩突出，肩上的担子越来越重、职务越升越高。当然，这都是后话了。

浓眉大眼、身材瘦小的陈宝军有了舞动长袖的天地。他思维敏捷、口才好，果然兑现了毛遂自荐时对郑斌许下的承诺，不仅将黄石分公司管理得井井有条，还接二连三拿到了几份项目合同书，更在黄石市邮电局支局项目上表现出了卓越的危机处理能力、组织和协调能力。

1996 年 5 月，黄石市邮电局决定投资 2700 多万元新建 26 个支局，涉及主干线 3 万线，配线 4.5 万线，折合长度为 240 千米。

陈宝军带着投标团队经过一番努力，拿到了这个项目。技术层面不存在问题，关键是工期太短，业主一再强调项目必须在 2 个月内完工并交付使用。他在中标后第一时间向郑斌汇报了项目情况，虽然表达了对是否能按期完工的担忧，但他还是正面表态，说一定想办法克服困难，按时交工。

郑斌刚被提拔担任电务工程处副处长，分管邮电施工市场经营和中南公司的全面工作，黄石不仅是他的主打市场之一，也是最出业绩的市场之一。根据经验，他明白这个支局项目的工期难度一点儿不亚于几年前的荆门邮电项目，对于陈宝军的保证，他心里没底。无论如何，他不能在黄石邮电市场栽跟头。考虑再三，他决定放下手头的工作，亲临施工一线，给陈宝军和黄石分公司的职工鼓劲助阵。

郑斌亲自出马，到黄石坐镇指挥了。陈宝军看出了郑斌对项目的重视和对工期的担忧。他拉开了拼命的架势，一面与电信、城建、交通、环保、公安等10多个部门疏通关系，一面组织职工顶风冒雨，在酷暑中昼夜奋战，每天工作13个小时以上，硬是在2个月内保质保量完成了任务。

黄石市邮电局送来了“管理科学，质量一流”的铜匾。郑斌如释重负，为有像陈宝军这样的勇将而深感欣慰。从此，他对陈宝军更加信任和重用。

1998年6月，郑斌接任电务工程处处长后，提拔张三国担任了中南公司总经理，陈宝军担任了中南公司副总经理。

管理创新促发展

从1992年底就任中南公司总经理到1998年6月主政电务工程处，郑斌一共执掌了中南公司五年半的时间。其间，他针对中南公司的发展情况，琢磨出了一套自认为行之有效的管理方法，并在中南公司试行。

首先是向集约化经营迈进。干部定责、职工定岗、民工定级，对人、财、物进行最佳配置；最大限度使用民工，使职工全部进入管理岗位，实现人尽其才、高效低耗。

其次是由中南公司总部负责经营决策和宏观调控，负责承揽任务、签订合同、办理决算，充分发挥整体优势。对内实行集中统一管理，中南公司财务一套账一个账号（分公司不设财务）；对外统一支付，集中采购物资材料。此外，采取了以下几个措施：一是通过签订合同和制定各项规章制度，确立中南公司各分公司的承包责任和工作职责；二是选好管理干部，责任到位，权力放足，充分调动各方面的积极性；三是根据工程费用情况，通过测算确定各分公司的上缴系数和各项费用的开支指标，以便于分公司操作，从而有利于分散管理，调动各分公司挖潜节支的积极性；四是多种劳务结构并存，内缺外补。对招用的民工一律按局、处有关文件实施管理，做到：①忙请、闲退；②不准承包工程；③编成班组，由内部职工任工班长；④根据技术水平确定技术工资级别；⑤政治上关心，生活上照顾；⑥实行合同管理，按劳取酬；⑦大胆使用有一技之长、能够长期为企业服务的人才；⑧实行动态管理，各分公司之间经常根据工程任务情况互调劳务。这样，极大地调动了外部劳务人员的积极性和工作热情，为公司取得规模效益打下了良好的基础。

没有不好的公司，只有不好的管理。郑斌自创的管理方式犹如中南公司的制胜法宝，实现了上下一心、干劲十足，使市场越做越大，朋友越交越多，工程质量越来越优。1996 年 12 月，武汉市江岸区邮电局给电务工程处送来了“高速优质，不负承诺”的铜匾和锦旗，对中南公司在武汉的工作给予了充分的肯定。

1993 年，郑斌（左）和同事登高架线时的照片

第五章　千人之首

三步改革棋激发企业活力

在铁路外市场取得的成就和中南公司的迅猛发展，再加上 1995 年 4 月曾被评为全国劳动模范，这一切都为郑斌的职务晋升起到了良好的铺垫作用。很长一段时间，大家都在风传他是坐上了火箭，连连升官。羡慕嫉妒恨还在他身边转着，又传出了新消息——铁十一局将提拔郑斌为电务工程处处长。这次提拔距离上次他被破格从计划经营科副科长提拔为电务工程处副处长还不到 4 年时间，难怪他会成为电务工程处乃至铁十一局的焦点人物。

在各种或真心或假意的恭贺声中，郑斌走马上任了。他能得到铁十一局电务工程处处长的职位，起关键作用的是他的业绩和实力。铁十一局党委书记王国平找郑斌进行任前谈话时，曾亲口对他说："小郑，我相信你是经营市场的一把好手，将电务工程处交给你掌管，局里放心，我也放心。"郑斌没想到局领导这么信任他，颇为感动。

与铁十一局电务工程处的其他领导班子成员相比，郑斌年龄最小、资历最浅，但他并没有因此而诚惶诚恐，反而认为年轻是自己的优势。他有足够的自信能管理好、建设好电务工程处。回望来路，从当兵那一天起，他大部分时间都在施工一线，后来虽然调入了电务工程处处机关，再后来被越级提拔为电务工程处副处长，但他的主要工作内容都是外出承揽任务、蹲现场，真正在处机关工作的时间并不长。

当了一处之长，得改变工作作风了。郑斌决定好好利用这个平台，不负铁十一局领导的信任和重托，以自己的方式更快地将电务工程处建设得更好、更强大。

一处之长，近千人的主心骨，责任重于泰山。尽管有信心、有魄力，郑斌还是不敢有丝毫的骄傲和懈怠。市场形势严峻，铁路大会战的高潮已经开始落幕，地方邮电通信市场也日趋萎缩，新推出的建设项目越来越少。铁十一局电务工程处的任务缺口逐年加大，很多职工因为没有活儿干而息工放假。手中无粮，心中发慌。揽不到项目，就意味着电务工程处有断粮的危险，越来越多的职工的生活会陷入困境。

职位的高低和责任的大小成正比。

新处长郑斌明白自己现在最迫切需要解决的是企业的生存问题。眼下各路施工队伍林立、市场竞争惨烈，要在这样的环境中找到解决难题的钥匙谈何容易。他召开了几次市场经营工作专题会，听取其他领导班子成员和市场经营人员的意见和建议，但集思广益也未能拿出十分有效的对策。他急得都口腔溃疡了，用“停杯投箸不能食，拔剑四顾心茫然”来形容他的处境和压力都不为过。他想起了毛主席“与天奋斗，其乐无穷；与地奋斗，其乐无穷；与人奋斗，其乐无穷”的豪情。有压力才有动力，想办法走出困境才能体现他存在的价值，才能证明局领导把他放在电务工程处处长的位置上是多么英明。当然，以他的年龄和心性，他也从未想过要当个“太平”处长，否则，他就不会在这个时候坐上这把交椅。

改革是唯一的出路。

经过认真研判市场行情，多次开会商讨，同时借鉴以往的经验和其他单位的有效做法，郑斌打算将“路外求生存，路内求发展”作为新的经营管理方针，决定采取一些对症下药去顽疾的措施。在处长办公会上，他对参会的处领导和各部门负责人说：“现在市场竞争激烈，电务处眼看要停粮断炊，必须寻找新的出路。今天的处长办公会不干别的，就围绕‘路外求生存，路内求发展’的主题讨论，大家都开动脑筋，看怎么做才能求生存、求发展。”

分管市场经营的副处长苑芳亭首先发言说：“郑处长，我先说两句吧。我认为有必要改变一下电务处现在的项目管理模式。现在的情况，一是项目大小不一，有的投资高达上亿元，有的才几百万元；二是项目分散在全国各地，不管大小，都组建了单独的项目部。大项目部吧，管理松散，浪费大；小项目呢，又是‘麻雀虽小，五脏俱全’，管理成本高。更要命的是，很多项目部都存在‘各人自扫门前雪，莫管他人瓦上霜’的思想，只顾自身利益，很少从企业大局着想，更缺乏长远打算，经营粗放，效益低下。要是不改变这种混乱局面的话，项目别说盈利了，连上交款都保不住。”

分管施工生产的副处长崔仕利说：“我同意苑副处长的观点和意见。我是分管施工生产的，对各个项目的情况都比较了解，也想过怎么减少项目管理层级和管理成本，提高管理效率，最大限度消除浪费的问题，只是想法还不成熟。”

总会计师李高胜说：“我记得郑处长在中南公司的时候搞过在大项目部下再设分项目部，效果挺好的，能不能改进一下后在全处推广？或者先找一个项目作为试点，效果好的话再全面施行？”

总工程师邵汉军说：“改变项目管理模式会触动很多人的利益，他们会不会抵触？会不会不配合？我觉得吧，改革是好事，但是最好能做到让项目经理们主动支持处里的改革举措。”

总经济师万传军说：“要不成立区域指挥部怎么样？以后项目部只负责施工、安全和质量。区域指挥部负责某个片区的任务承揽，统一管理本区域内的所有项目部。”

苑芳亭说：“传军的想法很好，值得考虑。我再补充一点意见吧，就是能不能让区域指挥部自行进行财务管理和决算，每个指挥部自负盈亏，相当于一个分公司吧，不过下设的部门数相对少一些，只需要财务部、经营计划部、施工技术和安全质量管理部三个部门就够了。”

其他参会人员也都各抒己见：有的建议撤销小项目部，改成作业队，就近划归大项目部统一管理；有的赞成设立区域指挥部，建议对其进行建制单位管理；等等。

郑斌总结说：“今天的处长办公会开得很成功，大家都提出了很好的意见和建议，既解决了施工生产问题，又解决了任务承揽问题，说明是精心思考过了的。我听了一下，大部分人都认为有必要改变现有的项目管理模式，赞成设立区域指挥部。也有人担心这样做会遭到抵制，引发不稳定因素。我想说的是，只要是改革，总会遇到阻碍。不改革，电务处可能会生存不下去；改革，电务处可能变富变强。我们不能因为有人不愿意、不高兴就放弃改革的想法，越是有人反对，越是说明有必要改革。我们就在设立区域指挥部，整顿和改变项目管理模式上下一盘改革的大棋。”

但凡改革总是会触动很多人的神经，如何平衡好这些人的既得利益，得到他们的支持，是一件颇费思量的事。郑斌明白，要下好设立区域指挥部这一步棋，他首先得了解各项目的工程管理情况和主要人员对设立区域指挥部的态度。而要做到这一点，他有必要深入基层，挨个巡视全处散布在国内22个省市的30多个大小项目。他指示施工技术科科长周昌晓整理了一份全处在建项目清单，又让干部科科长韩水清提供了每个项目部的人员花名册。准备充足后，他带着秘书邱正晓、经营计划科科长吴刚、干部科科长韩水清等人出发去了施工一线。每离开一个项目部，他的结束语都是要求项目经理务必做到“建好一项工程，培养一支队伍，树立一方信誉”。

成立区域指挥部，不光要了解内部的项目情况，还得了解项目建设单位的态度。郑斌又带人挨个走访与电务工程处有关的建设单位，听取他们对交付使用的工程的质量的反馈意见。朋友多了好办事，与业主相处融洽，就会增加电务工程处后续再与他们合作的胜算。在走访过程中，郑斌以电务工程处新任处长的身份与之前认识的建设单位领导再续友谊，增进感情；谦虚地向新结识的建设单位领导做自我介绍，与他们互留名片，并请他们继续关照电务工程处。一圈跑下来，他顺利完成了上任后的第一轮公关工作，为电务工程处建立起了更牢固、更广泛的“关系网”和“信息网”。他要将这些“关系网”和“信息网”变成电务工程处饭碗的主要来源。

外部的事情差不多厘清了，接下来该坐下来分析和研究电务工程处本身了。要管理好一个企业，就要弄明白这个企业到底是做什么的，有什么样的优势和劣势，又有哪些竞争对手。知己知彼，才有机会打败对手；准确定位自身，才不会偏离发展方向，才能找到打破发展瓶颈的良策。郑斌指示经营计划科科长吴刚收集国内从事电务工程的施工单位的资料，分析电务工程处与它们的异同，以便扬长避短，在市场竞争中发挥电务工程处的优势。

一通项目巡查和建设单位走访下来，郑斌再次召开专题会议，商讨哪个地方最适合率先设立区域指挥部。在讨论过程中，大家一致认为电务工程处在西南地区最具优势。

西南地区潜在投资项目多，施工利润率高，而且电务工程处在该地区信誉良好，西南铁路项目更是受到建设单位的称赞，加上国家正积极推进中西部开发战略，如果电务工程处能紧跟国家战略，抓住机会，必定能在西南地区大有作为。

郑斌经过综合考虑后，认为在西南铁路项目部基础上成立西南区域指挥部，作为试点进行探索最为可行。主意打定后，他走进了党委书记王久祥的办公室，和王久祥交换了成立区域指挥部的看法，并谈了他准备在西南成立试点区域指挥部的想法。

王久祥曾是铁道兵通信信号工程三营的第四任营长，兵改工后一直在铁十一局电务工程处担任领导职务。他是看着郑斌从一个傻愣愣的兵娃子一步步成长为通信技术能手，又走上电务工程处领导岗位，直到和自己平起平坐的，对郑斌的方方面面可以说是了如指掌。了解加上信任，王久祥自然举双手支持郑斌，最后还给他鼓劲说："有你在，我就可以过舒心日子了。"

在处长办公会上，郑斌的意见得到了与会人员的一致赞同。不久，铁十一局电务工程处成立了第一个区域指挥部——西南区域指挥部。

《易经》曰："自天佑之，吉无不利。"西南区域指挥部成立后即着手施行郑斌提出的"路内求生存，路外求发展"的经营管理理念，制定了一系列规章制度：明确指挥部和辖区范围内项目部的工作职责；对正式职工和民工进行激励性区别管理；划定级别工资标准和奖惩兑现上下限；等等。

依靠完善的制度和不折不扣的执行力，西南区域指挥部在成立后两年内，就在昆明铁路局、柳州铁路局、成都铁路局和四川省广播电视中心等建设单位心目中树立了良好形象，实现了落地生根、滚动发展的目标，并相继成立了内昆、株六、水柏、盘西等项目部，年施工产值近亿元，不仅为电务工程处创造了相当可观的收益，还充实了区域内干部、职工的腰包。

西南区域指挥部带来的实实在在的好处是最好的成功证明，很多人跃跃欲试，主动找郑斌请求到其他区域组建指挥部。

成立区域指挥部的改革之棋就这样走开了，同盘落子的另一步棋是拿项目部开刀。

一直以来，电务工程处都是按照国家定额标准中给定的成本价向项目部下达任务指标，项目部只要能赚到其中的差价利润就万事大吉了。管理人员习惯了坐享其成，懒得在管理上动脑筋，白白损失了很多额外的利润。

电务工程处要是一味地靠吃微薄的差价过日子，很快就会被竞争日益激烈的市场抛弃。要改变现状，还得从规章制度入手，让项目经理们主动找管理要超额利润、实物奖励、精神奖励和更富裕的生活。现行的《项目管理实施细则》和《二次预算分割办法》还是沿袭了赚国家定额差价的老路，必须进行修改、补充和完善，从而逼着项目经理们改变懒汉作风，精打细算过日子，在加强管理上做文章。

筹谋好后，郑斌召开了处长办公会，讨论如何才能使项目部由粗放管理向精细化管理转变，以便截留住因工程变更和材料价差、量差等形成的有形利润，避免白白流失效益。与会人员一致认为，经营计划科有必要出台新的《项目管理实施细则》和《二次预算分割办法》，明确规定电务工程处按自行确定的定额标准向项目部下达任务指标，由项目部包定工程的预期利润。

动人奶酪，必然遭人怨恨。改革方案虽然是集体的决策，但大多数人还是将郑斌定为了罪魁祸首。有人私下里骂他“周扒皮”，搞新的二次分割预算是要将项目上的油水榨干。郑斌知道有人骂他，也不以为意。对可能出现的不满、批评和抵制，他早有预料。在处经营工作会上，他高调地亮明了自己对待项目改革的态度和决心：“项目捞企业的油水早该刹车了，如果二次预算分割能够药到病除的话，正好说明我们的企业又向前迈进了一步。”

郑斌当然不是“周扒皮”，榨干的“油水”进了企业的银行账号，但他也不会让项目管理人员瘪了钱包、丢了官帽，失去了积极性和责任感。为此，他加大了经济责任指标的考核奖惩力度。他对项目经理们说：“你们谁上交的利润多，谁得到的奖励就多；谁亏损的多，对谁的处罚就会更重。”谁不愿意升官发财呢？谁愿意受罚丢面子呢？项目经理们开始暗地里较劲，纷纷在如何加强管理上动脑筋、想对策。奇招出奇效，一番“比、学、赶、超”下来，电务工程处在 1999 年不但亏损项目数为零，利润增长率还达到了 200%。

让企业止步不前的弊端岂止项目管理成本高，分公司的粗放经营也是其中之一。

苑芳亭说：“分公司的管理模式也得改变，分公司经理们一个个只知道‘等、靠、要’，等着经营计划科拿到标了分给他们。分给他们的活儿干完了，他们懒得自己想办法，就来找我和传军还有吴刚，让我们再分点活儿给他们，这样下去，分公司迟早都得关门大吉。”

万传军说：“苑副处长真是说到点子上了，我也被他们烦得够呛，三天两头找我要活儿干，我又不是业主或神仙，哪来那么多活儿分给他们。他们也不说主动走向市场，更没有居安思危的意识。这种情况非得改变不可，要不然我们就得一直养着分公司，何时是个头啊！”

郑斌说：“你们说的这个情况我也想过，电务处的‘大锅饭’现象的确太严重了，需要尽快打破。其实，从中央到地方早就在强调要改革收入分配制度，很多行业已经陆陆续续地打破‘大锅饭’现象，施行了新的薪酬制度。咱们也得行动起来，不然，干部、职工都变成了不思进取的懒汉，企业还谈什么将来。这样吧，你们先仿照建设单位的招标模式，让经营计划科制定个电务处的内部招投标方案出来，看能不能通过内部招投标的方式把分公司逼到市场上去自己找活儿。”

内部招投标草案出来后，郑斌召开了专题会议。

与会人员一致认为内部招投标制是打破“大锅饭”现象的对策。在此制度下，电务工程处模拟建设单位的招投标办法，让各分公司针对处里承揽到的项目，编制并提交投标方案和报价单，然后按投标得分的高低决定项目的归属。这样，分公司只能各显神通，凭本事从处里拿项目，而不是像以前那样等着处里直接分配任务。优胜劣汰、自负盈亏、自谋发展的内部招投标制使各分公司有了危机感，终于从躺着吃饭的舒服状态中清醒了过来。

郑斌曾开玩笑地问沙洋分公司总经理王俊杰：“是躺着吃饭底气足，还是站着吃饭底气足？”

王俊杰挠着后脑勺回答说：“郑处长英明，还是站着吃饭好。站着吃饭，钱挣得更多，职工更高兴。”

郑斌说：“尝到甜头了吧，不站着吃饭，你小子哪能像现在这样膀阔腰圆，手里拿着最先进的摩托罗拉手机，在处里高声大嗓、横着膀子走路？”

在内部招投标制度全面铺开，逐步进入正轨的同时，郑斌还做了另一项改革工作——推行模拟资产经营责任制，并指示经营计划科出台了《模拟资产经营责任制试行办法》。电务工程处与各分公司、区域指挥部、项目部分别签订资产经营责任状，将其全面推向市场，作为市场主体参与竞争，确保国有资产保值增值。模拟市场的操作更加增强了各分公司的市场意识，其经营管理能力被充分释放了出来。仅 1998 年，电务工程处全处 2 个分处和 9 个分公司自揽任务额高达 1.2 亿元，全处取得了承揽任务额突破 2 亿元的好成绩。这充分证明了模拟资产经营责任制是有效的，各分公司闯荡市场的潜力是巨大的。

“路外求生存，路内求发展”这一经营方针的实施取得了良好的效果，随后，根据企业发展的需要，郑斌提出了“盯紧路内长大干线，尽早跨入电气化行列，加速高速铁路‘四电’开发与承揽，不断拓展联通、广电、城乡电网领域，进一步巩固和发展电信市场”的经营战略，将全国市场划分成若干区域，进行统一管理协调和分区负责。这种分层操作的承揽方式使电务工程处的市场经营网络得到了逐步完善，市场领域也变得更宽、更广。

2002 年 6 月底，已改称中铁十一局电务公司的电务工程处已经拥有了西南、西北、华北、中南、东北、华南等十几大块相对稳定的市场。在路外市场方面，已进入湖北、湖南、安徽、江西、陕西、甘肃、宁夏、黑龙江、福建等十多个省份的电信、联通、网通、广电、移动通信工程施工市场，还探索开发了联通、移动通信网络代维新市场。

郑斌任铁十一局电务工程处处长时的工作照

企业资质增项升级

企业不能躺在既有成绩上停滞不前。

成立十几年以来，铁十一局电务工程处一直以Ⅲ、Ⅳ级铁路电气化工程施工为主，对Ⅰ、Ⅱ级长大干线可望而不可即。如果不能尽早成为铁路长大干线施工的主力队伍，电务工程处的路必将越走越窄，而要承揽长大干线电气化工程，必须具备相应的施工资质——铁路电气化工程专业一级资质。

为了补足短板，使铁十一局电务工程处成为名副其实的通信、信号、电力、电气化“四电”专业工程施工单位，郑斌决定全力争取铁路电气化工程专业一级资质。对照资质申请标准，他指示相关科室想办法一项一项填补全部差距。

首先是人员标准差距。铁十一局电务工程处所缺的正是一级资质所要求的电气化专业技术人员。因此，电务工程处从襄樊供电段调入了一批电气化专业技术人员，又陆续从西南交通大学新招了几名电气化专业毕业生，并将这些毕业生和电务工程处培养起来的技术人员组合在一起，专门成立了一个电气化工程队。

人员问题解决了，接下来的关键难题在业绩。全处目前唯一在手的电气化工程是襄北枢纽电气化改扩建工程。干好该工程，就为拿到电气化一级资质贡献了一项业绩。郑斌指示项目经理不仅要圆满完成施工任务，还要争先创优，只要有困难，就提出来，他会全力解决。

为了达到电气化一级资质的业绩要求，电务工程处豁出去了。经过内部开会讨论、向上级口头汇报征得同意后再提交书面申请、获得上级书面批准等一连串的流程后，电务工程处投资了有史以来最大的一笔钱——出资3000多万元为襄北枢纽项目购买了一流的轨道车和架线设备。同时，针对项目特点，投入人员和经费进行科技创新研发，开发出了大型编组站电气化施工技术并在襄北枢纽成功转化为成果，首次实现了路内300组以上接触网软横跨一次性转场悬挂施工。襄北枢纽工程由此被评为铁道部优质工程。

仅凭襄北枢纽工程一项业绩远远不够申请电气化一级资质。正好兄弟单位铁道部第十二工程局（铁十二局）电气化工程处中标了株六复线电气化工程项目。这个消息无疑给了郑斌增加业绩的希望，他立即北上进京。在中国铁建分管市场经营工作的副总经理何能金的办公室里，郑斌先简要汇报了铁十一局电务工程处的总体发展情况。

得到何能金对他工作的肯定和表扬后，郑斌才转入正题，细述了铁十一局电务工程处因资质等级低而承揽任务受限，企业难以做大做强的问题；同时表明，为了破解这一难题，他准备想办法申请电气化一级资质，参与铁路长大干线项目的投标，但因为业绩不够，所以想请何副总出面，帮忙协调一下。

何能金问道："需要我出面协调什么事和怎么协调？"

郑斌说："十二局电气化工程处刚中标了株六复线，如果能从他们的任务量中切出一段，交给我们十一局电务工程处来施工，就解决大问题了。但是吧，要办成这个事，只有何副总您亲自出面才行。"

在上级领导的支持和帮助下，铁十一局电务工程处的业绩一栏中又增加了株六复线，加上从朔黄铁路发展有限公司分包的一些电气化工程施工任务，总算勉强达到了资质申请要求。拿着整理好的全套电气化一级资质申请材料，郑斌再次北上进京，目标由中国铁建改成了铁道部建设司、电信部和建设部。多次找不同的领导汇报后，他总算功夫不负有心人，使电务工程处如愿拿到了铁路电气化工程专业一级资质。

刚刚到手的资质证书立马发挥了作用，凭着它，电务工程处很快中标了内昆线电气化施工工程，中标金额高达几个亿。铁路大型电气化工程施工项目长期由铁道部电气化工程局（2001年8月8日起改称中铁电气化局集团有限公司，简称中铁电气化局）和铁十二局电气化工程处包揽的垄断式局面就这样被铁十一局电务工程处打破了。

施工资质是企业开拓市场的首要条件，没有相应的资质，企业只能站在市场外围望洋兴叹。拿下了铁路电气化工程专业一级资质，并不等于不需要其他资质了。市场就是汪洋大海，要想捕到更多的鱼，就需要下海更多的船。为抢占更多的市场，拓宽铁十一局电务工程处的发展空间，在郑斌的亲自指挥下，电务工程处又新申请到了送变电二级和工民建四级资质。

2001年，郑斌就任铁十一局电务工程处处长的第三年，该处拥有了电务一级、电气化一级、电信一级、送变电二级和工民建四级专业承包资质。他好不高兴，有了这些，他就有机会妙手绘蓝图，带着铁十一局电务工程处全面进军铁路“四电”市场了。

脱钩改制，向现代化企业迈进

在党委书记王久祥的办公室里，郑斌和王久祥坐在单人沙发上吞云吐雾，中间隔着一张茶几。

“听说铁道部要有大动作了，准备实行政企分开，将各个铁路工程局从铁道部剥离出去，消息确实吗？”王久祥问道。

“应该是真的，我从总公司何能金副总那儿了解了一些情况，正要跟您汇报呢！”

“如果是真的，那牵扯面就大了，咱们得早做打算啊！”

“您说得对，是得早做打算。不过，话说回来，这几十年铁路行业一直实行政企合一的管理体制，的确是有问题的。咱们这些工程局有时候根本就不像是企业，一点儿独立性都没有，很多时候，哪个局修哪条铁路，都是铁道部直接制订计划、下达任务。”

“铁道部的确管得太多、太细了，使得铁路企业不能自主行使经营权力，不能自由发挥内在活力。国家现在推行社会主义市场经济体制，有些行业主管部门已经将企业彻底推向市场，使它们真正成了独立的法人实体和市场竞争主体。铁道部是不是有点落后了啊？”

“听何副总说，此次改革，不仅仅是咱们这些工程局的事，还会涉及铁路工业和物资供销等非运输企业，力度挺大的。可能会要求各铁路工程局先从铁道部脱离出来，之后再建立现代企业制度，最后向大型企业集团模式发展。”

“既然消息确实，过几天总公司肯定会将铁道部的正式通知下发到局里的，你多盯着点。到时咱们再碰碰，商量下一步怎么走。”

果然，一周后，电务工程处就收到了铁十一局转发的铁道部于 1998 年 9 月 2 日颁发的《关于五大公司结构性调整的实施意见》(《实施意见》)。《实施意见》指出，由于传统的计划经济体制的影响，铁路工业、施工、物资供销等非运输企业还没有真正成为独立的法人实体和市场竞争主体，还不能适应社会主义市场经济发展的要求。《实施意见》决定根据党的十五大精神，按照国家对一般竞争性国有企业改革的要求，对铁路非运输企业进行战略性改组，使铁路非运输企业成为独立的法人实体和市场竞争主体；要求铁路工业、工程、建筑、物资、通信信号总公司 1998 年要以明晰产权为核心，迈出调整、重组的关键一步。

按时间推进，改制主要分为三步。

（1）1998 年，铁路工业、工程、建筑、物资、通信信号五大公司系统初步实现与运输系统的结构性分离。

（2）2000 年，推进结构调整、企业重组，实现减员增效、扭亏增盈的目标，骨干企业初步建立现代企业制度。

（3）2002 年，发展成为若干技术先进、管理科学、实力强大、独立参与市场竞争的大型企业集团。

按照《实施意见》，中国铁道建筑总公司向下属 10 个工程局下发了改制通知。铁十一局接到通知后立即行动，组建了专门的企业改制工作领导小组，并向下属各子企业传达了改制通知。

郑斌仔细研究完通知内容后，又和党委书记王久祥进行了详细沟通和安排。很快，电务工程处成立了企业改制工作领导小组，郑斌和王久祥担任组长，领导工作人员紧锣密鼓地整理和编制改制所需各项资料。

1999 年 12 月，铁十一局完成改制工作，与铁道部脱钩，随中国铁道建筑总公司整体先后归中央企业工委、国资委领导，并更名为中铁第十一工程局。电务工程处也相应地更名为中铁第十一工程局电务工程处（中铁十一局电务工程处）。

随后，中铁十一局电务工程处积极响应上级建立现代企业制度的号召，以最快速度完成了资产评估，拟定了公司章程、改制实施方案和职工出资配股方案，完成了注册登记等各项工作。同时，结合企业改制，对基层单位进行分公司改造。

2001 年 8 月 1 日，电务工程处与母公司中铁第十一工程局同步完成改制工作。中铁第十一工程局更名为中铁十一局集团有限公司（中铁十一局），电务工程处更名为中铁十一局集团电务工程有限公司（电务公司或中铁十一局电务公司），郑斌的职务相应改为董事长，王久祥仍为党委书记，苑芳亭受到中铁十一局提拔，担任电务公司总经理。

与此同时，中铁十一局电务公司适应三项制度改革，在人事管理上初步打造了干部能上能下、能进能出、优胜劣汰、竞争上岗的机制；分配上实现了工效挂钩、多劳多得、工资正常有序增长；对机关进行了改革，裁减职能机构，将科室压减为 17 个；压缩人员编制，以分流为主，将原来的 156 名工作人员压减为 118 人；改革养老保险、医疗和住房制度等，并逐步与地方接轨。在郑斌、王久祥和苑芳亭的实际带领下，中铁十一局电务公司日益向产权清晰、权责明确、管理科学的现代企业迈进。

第六章　舞龙头

升任中铁十一局副总经理

经过 4 年多的发展，中铁十一局电务公司不仅成了中铁十一局最富裕的子公司，而且是中国铁建范围内效益最好的工程公司。

辛勤的耕耘带来的是上级的肯定和职务的晋升，2002 年 6 月，郑斌再次受到提拔，被中国铁建任命为中铁十一局集团有限公司副总经理。

老铁道兵部队转过来的企业，讲究论资排辈。中铁十一局领导班子成员本应该是 13 人，但总工程师职位因原总工程师邹振华调入铁道部而暂时处于空缺状态，因此实际是 12 人。

44 岁的郑斌在 12 名集团领导中最年轻，是毫无争议的小字辈。除去董事长段昌炎、党委书记王国平、总经理孟乔然，排在他前面的还有 8 名集团副职领导，分别是党委副书记雷佳民，副总经理朱本林、徐凤奎、李玉棋、王桂林，纪委书记潘延凯，工会主席陈文举，总会计师陆凤鸣。他们在兵改工前都是铁道兵部队的军官。

郑斌明白自己正式上任后，工作能否干得顺畅，能否干出成绩，很大程度上有赖于和他同级别但资格又比他老得多的 8 名副职领导对他是否接纳和支持。在正式就任前，郑斌或者挨个登门，到这些老领导的办公室拜见，或者给他们打电话，真心实意地感谢他们对自己的培养和信任，并恳请他们今后继续指导和帮助自己。

郑斌的谦恭让老领导们很是欣赏，他们都爽朗地恭贺他高升，答应一定全力支持和配合他开展工作，也请他多支持和配合他们分管的工作。每句话都透着和谐、大度，充满着年长者对后进者的欢迎和鼓励，以及和衷共济、同谋企业发展的真诚。在上任的最初阶段，郑斌因此获益匪浅，很大程度上缩短了打开工作局面的时间。

鉴于郑斌在市场经营方面一贯出色的表现，孟乔然安排他与王桂林一起负责中铁十一局的市场经营工作。王桂林负责开拓铁路市场，郑斌则继续他的老本行，负责铁路外市场外加海外市场的开拓。

中铁十一局的副总经理虽然比电务公司的董事长官高一级，却没有后者那种身为一把手，担千金重担的巨大压力。突然间松了一口气，郑斌还真有点不习惯。不过，这未必不是一件好事。人不是机器，需要适时进行调整和休息。

初到局机关，又是领导班子成员中的小字辈，郑斌认为有必要放慢脚步，收敛锋芒，使自己在最短时间内融入新集体，为以后顺利开展工作打好基础。他一再告诫自己要多听、多看、多干、多汇报，切勿强出头和越位做决定。调整好心态后，他开始沉下心来了解局机关的工作方式、工作环境、工作程序，认真学习相关规章制度。

为尽快进入工作状态，郑斌调阅了中铁十一局历年的市场经营工作汇报材料，并就铁路外市场和海外市场经营的总体情况、困难和问题，分别详细询问了经营二处处长文金朝和海外处主持工作的副处长王建勇。随后，他带着文金朝、艾晓东、王卓华、付超等到各子公司调研市场经营情况，走访建设单位和合作伙伴。

扎实的基础工作使他很快理清了分管业务的工作思路，并找到了下手点。2002 年，在王桂林和郑斌的共同努力下，中铁十一局的承揽任务额突破了 50 亿元大关。上任仅半年，郑斌分管的铁路外工程就超额完成了年度任务指标，中标合同金额近 17 亿元，取得了优异的履职成绩。

国内国外市场经营一肩挑

2003 年，国务院国资委、铁道部再次推出改革措施，将铁道部部属的勘测设计院和铁路局的工程公司等企业从铁道部剥离出去，划入中国铁路工程总公司和中国铁道建筑总公司。

中国铁建按照《关于将铁道部部属勘测设计院等企业分别划入中国铁路工程总公司、中国铁道建筑总公司有关问题的通知》的要求，于 2003 年下半年组建了中铁二十五局集团有限公司，局机关设在广州市。因工作出色、业绩突出，王桂林被中国铁建提拔到中铁二十五局担任了总经理。

孟乔然对郑斌说："桂林高升走了，总公司暂时还没有明确由谁来补充他的位子。铁路市场是局里的支柱，全局 80% 以上的任务额来自铁路施工项目，保住了年度铁路工程订单量，就等于全局一万多人第二年的饭碗能是满的。铁路市场的重要性你是知道的，交给其他人我不放心。我已经和董事长、书记沟通好了，你就能者多劳，把他分管的那一摊子事也一并先挑起来吧。"

郑斌没有理由推托，一人分管了中铁十一局的全部市场经营工作。

铁路市场的竞争是残酷的，国家每年的铁路投资规模有限，米量一定，抢米下锅的企业却有几十家之多，今后可能还会增加。这几十家企业绝大多数来自两大铁路基建公司——中国铁道建筑总公司（中国铁建）和中国铁路工程总公司（中国中铁），它们的成立和发展都与铁道部息息相关。

脱离铁道部成立全民所有制企业后，中国铁建和中国中铁一直是双雄并立，称霸中国铁路基建领域。中国铁建下辖中铁十一局至二十五局等铁路施工单位，中国中铁下辖中铁一局至十局等铁路施工单位。除了二十多家铁路施工单位，中国铁建和中国中铁还分别有铁路勘察设计单位、设备制造单位等，它们也要在铁路市场找饭吃。多年来，这两大铁路基建巨头在铁路市场既竞争又合作，并在竞争合作中互相成就，就实力而言，很难分出伯仲。

和几十家企业争夺有限的铁路施工项目，难度可想而知。

郑斌再次像拧紧了的发条，一刻不停地忙碌起来。他和中铁十一局市场经营人员一起分析收集到的路内路外年度投资建设项目资料，拜访建设单位，到各区域指挥部和子、分公司调研，和他们一起分析面临的严峻形势，探讨最合适的市场经营模式、策略、手段以及提高中标率的有效途径。

凡重大项目的投标，在递交投标书的前几天，郑斌都会亲自到场把关指导。投标书递交前一晚，他更是和投标人员一起通宵检查、复核投标书内容，研究和确定最终投标报价。

为了拿项目，郑斌必须使出浑身解数。

公关工作必不可少，吃闭门羹是常有的事。有时，为了拜见某个关键人物，他一等就是好几天。有时，他在投宿的酒店和关键人物的办公楼之间冒着酷暑或严寒往返多趟，只为了确定该关键人物是否有空闲时间接见他。

不管是官员还是平头老百姓，只要生而为人，都会有自己解决不了的难事。为了增进与各建设单位和各评标委员之间的感情和信任，郑斌有时会多方调度，以朋友之心，积极主动地帮助相关人员解决燃眉之急。巨大的压力让他掉了无数根黑发，头顶已然成了溜冰场，剩下的一圈毛发不得不借用染发剂来呈现年轻的颜色；腰变粗了，啤酒肚起来了，体检出的不健康指标数越来越多；酒店成了常住地，家成了偶尔小住的旅店；和父母、妻儿的团聚越来越少，电话成了一家人联系彼此的重要工具……

不光是集团公司机关，下属各子公司同样如此，凡是经营部门的工作人员，他们待在办公室里的时间永远比待在家里的时间更长，和同事在一起的时间永远比跟家人在一起的时间更多。他们是机关加班最多、睡得最少、脸色最暗的群体，黑眼圈是他们的标配。

有什么办法呢？对于铁路施工企业来说，市场经营是企业的龙头，分管市场经营的集团领导相当于舞龙头的人，他要带领手下的市场经营工作人员步调一致地前进，这样才能将整条龙舞得生气勃勃。郑斌就是中铁十一局舞龙头的人，他经常对手下的市场经营人员说："我们都是十一局的舞龙人，现在铁路市场竞争这样激烈，不拿出拼命的勇气和精神，我们是不可能超越众多的舞龙队伍的，更别说拔得头筹了。"

经营一处原处长臧丹升任中铁二十五局副总经理后，接替他升任经营一处处长的江系贵说："郑副总，您说得对。如果我们不拼命，就没法拿到足够的项目；拿不到足够的项目，就没法完成年度承揽任务；完不成年度承揽任务，那我们在一万多名职工的眼里就是罪人了。"

经营二处处长文金朝也感慨道："是啊，没有项目，很多职工就会被迫息工回家。没有了稳定的收入来源，他们的家庭就有可能再次返贫，陷入困境。看来，拼命是我们市场经营人员的责任和义务啊，我们没得选择。"

"苦心人，天不负，卧薪尝胆，三千越甲可吞吴。" 2003 年，郑斌和他手下人的命没有白拼，中铁十一局的新签合同额达 70.28 亿元，比 2002 年上涨近 20 亿元，占到了年度计划的 163.44%，更有三个亮点值得庆贺：中标山西省阳高晋能新能源热电技改项目和左权电厂扩建工程，首次进入火电项目技术领域；中标广州地铁 4 号线，成功打入地铁市场；签订阿联酋桥梁分包合同，突破海外市场。

龙头受伤生去意

为了企业长远发展起见，中铁十一局的领导班子成员经过多番酝酿，打算将局机关从襄樊市搬到武汉市。中国铁建同意了中铁十一局的搬迁方案。2004 年 4 月，中铁十一局将局机关临时搬到了位于武汉市武昌区丁字桥的中铁十一局武汉办事处所在地。

团结协作，齐心共进，为职工谋幸福，为企业谋发展。中铁十一局领导班子信守了这一承诺，企业效益和职工收入年年增长。然而，不知道从何时起，部分领导在全集团所奏的抓经营、保生产、促发展的主流乐曲中插入了几个不和谐的音调，惊扰了全集团一贯保持的一致步调，给企业发展带来了一定程度的负面影响。中铁十一局的龙头——市场经营工作也因此受到了影响，舞龙头的郑斌很是苦闷和无奈。

说实话，郑斌对中铁十一局众多老资格的领导一直心存感激。他很清楚，自己从小小的副科长一跃成为电务工程处副处长，仅仅过了不到四年又从副处长升任电务工程处处长（电务公司董事长），从电务公司董事长到局副总经理也只用了四年时间，这样顺风顺水的晋升之路，单凭他个人的努力是根本不可能实现的，局领导的认可和推荐起了很大作用。

“人心齐，泰山移；人心散，搬米难。”对提携过自己的各位领导的感念曾经是郑斌努力工作的巨大动力之一，他以为报答领导们的知遇之恩的最好方式就是干出骄人的工作成绩。可是，随着时间的推移，郑斌感觉到自己在工作上的迂回空间越来越小。万般无奈之下他萌生了去意，暗中希望中国铁建能将他调离中铁十一局，派到一个能痛痛快快干工作的单位，哪怕是平调他也愿意。

愿望和现实之间总会存在差距，需要时间来缩短。虽然心有去意，但也不是一时半会儿能走的，郑斌只能公私兼顾，一边尽职尽责地忙本职工作，一边私下里寻找合适的新单位。不管怎样，即使心已不在曹营，但在位一日还是要谋事一日。因为工作受阻就撂挑子不干，这样不负责任的做派从来都不是郑斌的风格。作为共产党员以及公司领导班子成员，顾大局、识大体是最基本的素质，这一点他还是懂的。况且，市场经营工作关系到万余名职工的饭碗，他更不能因为受委屈、受打击就消极怠工甚至置之不理，否则，他会良心不安，觉得对不起企业和跟着自己受苦、受累、更受气的几十名市场经营人员。

继2004年5月招标后，新建铁路宜昌至万州段第二批外资标下半年还有两次招标工作。这条铁路位于地质复杂的喀斯特地貌山区，全线设计的桥梁和隧道总长度约278千米，有34座高风险的岩溶隧道，是当时全国修建难度最大、每千米造价最高、历时最长的铁路。

如果能中标成为宜万铁路的参建单位，中铁十一局将会大大提升自身的铁路施工技术能力和管理能力，甚至有可能借此开发出高难度的喀斯特隧道施工技术。机会难得，郑斌在5月份的那次招标中就使足了力气竞标，如愿为中铁十一局拿到了宜万铁路第二批土建27标，中标价2.42亿元。

他打算在接下来的两次招标中争取再拿回来一两个标段。

为了能实现目标，郑斌接连召开了几次投标专题会，总结5月份的投标经验，让经营处继续发扬上次做得好的地方，并争取更好；同时，吸取教训，补足上次做得不好的地方。他要求全体市场经营人员各司其职，密切关注招标文件发售时间；公关人员要提前谋划，想尽一切办法找对公关对象，全方位地服务好他们；标书编制人员要认真研读招标文件；商务人员要严格按要求提交商务资料，打印、封装投标文件时不能出任何差错；技术人员和报价人员要相互配合，编制出科学合理的施工组织设计和具有竞争力的报价；翻译人员要及时跟进中文标书的编制进展，定稿一部分就翻译一部分，投标报价务必翻译准确；后勤人员要安排好编标人员的伙食；等等。总之，各路人马都要井井有条，相互配合，不能打乱仗，要确保投标工作的质量，更要拿出志在必得的决心和干劲。

除了亲自部署、安排投标工作，随时听取下属对投标进展的汇报，做出相应的指示外，郑斌还不辞劳苦，北上北京、南下现场，亲自组织指挥投标工作。

功夫不负有心人，在8月份的招投标工作中，郑斌带着市场经营团队成功拿下宜万铁路第二批土建W21标，中标价1.57亿元，紧接着在12月份又拿下W24标，中标价1.50亿元。一年之中，中铁十一局连中宜万铁路三个标段，合同总金额近5.5亿元，是唯一一个连中宜万铁路三个标段的单位。

2004年，中铁十一局在市场经营工作上获得了空前的大丰收，全年承揽任务额达81.55亿元，创下了二十年来的历史最高纪录。憋着一肚子委屈和深感手脚被缚住的郑斌，用实际行动和业绩再次证明了自己还是当年那个“经营市场的能手”。不过，这并没有使他打消离开中铁十一局的念头。

“仰天大笑出门去，我辈岂是蓬蒿人。”在多年的市场经营工作中，郑斌因随时关注中国铁路的发展趋势，不知不觉萌生出了新的更大胆的设想和愿望——在中国高速铁路市场上建功立业，有所作为。如果总是屈居人下，他是无法实现自己的这一理想的，他需要更高的平台。

第三部
铁建电气化局乘风破浪
（2005—2019 年）

第一章 不遗余力协建新局并出任总经理

高铁梦的诞生

抢占了前沿阵地，才有把握打胜仗。

早在 1998 年 7 月，在国务院批准建设秦沈（秦皇岛—沈阳）客运专线，并将其列为国家重点建设工程时，时任铁十一局电务工程处处长的郑斌就意识到，高速铁路将成为我国铁路发展的未来趋势。他当即与处党委委员们进行研究，决定拨出专项课题开发基金，成立高铁科技开发小组，专门开发高速铁路“四电”施工技术，以争取在秦沈客专试验段和未来的京沪高铁建设中抢占一席之地。为此，电务工程处曾与中国铁道科学研究院通信信号研究所、北京邮电大学等进行了富有成效的技术开发合作，初步掌握了高铁“四电”施工技术。

秦沈客运专线于 1999 年 8 月 16 日全路段动工建设，历时两年多，在 2001 年 12 月迎来了第 1 次综合试验，神州号双层内燃动车组最高行驶速度为 210 千米 / 小时。2002 年 9 月，进行第 2 次综合试验，先锋号动车组最高行驶速度为 292 千米 / 小时；11 月，进行第 3 次综合试验，中华之星电力动车组最高行驶速度达 321.5 千米 / 小时。也许正是因为这一组组成功的数据、中国掌握自主知识产权的 200 千米 / 小时等级的客运专线成套技术装备在秦沈客专的成功应用，以及因建设秦沈客专而培养出的大批科研、设计和施工等技术人才，给了铁道部加快缩短与世界高铁先进技术水平的差距的勇气。

2003年3月，铁道部提出，先发展再改革，铁路现阶段的主要任务是引进国外高铁技术，实现铁路“跨越式”发展，以解决铁路运力不足的难题。

2004年1月，国务院常务会议讨论并原则通过了中国历史上第一个《中长期铁路网规划》。这份纲领性文件以大气魄描绘了截至2020年中国铁路建设的蓝图，即到2020年，全国铁路营业里程达到10万千米，主要繁忙干线实现客货分线，复线率和电气化率均达到50%，运输能力满足国民经济和社会发展需要，主要技术装备达到或接近国际先进水平。规划方案中与高铁有关的内容主要为：建设“四纵四横”铁路快速客运通道以及三个城际快速客运系统；建设客运专线1.2万千米以上，客车速度目标值超过200千米/小时。

“四纵”客运专线分别为：

北京—上海客运专线，贯通京津至长江三角洲东部沿海经济发达地区；

北京—武汉—广州—深圳客运专线，连接华北和华南地区；

北京—沈阳—哈尔滨（大连）客运专线，连接东北和关内地区；

杭州—宁波—福州—深圳客运专线，连接长江三角洲、珠江三角洲和东南沿海地区。

“四横”客运专线分别为：

徐州—郑州—兰州客运专线，连接西北和华东地区；

杭州—南昌—长沙客运专线，连接华中和华东地区；

青岛—石家庄—太原客运专线，连接华北和华东地区；

南京—武汉—重庆—成都客运专线，连接西南和华东地区。

三个城际客运系统指环渤海地区、长江三角洲地区和珠江三角洲地区城际客运系统。

一系列部级和国家级政策和文件的出台验证了郑斌的判断：中国不但将进入新一轮铁路大发展时期，而且即将迎来高铁时代。

如果说秦沈客运专线是中国第一条标准意义上的高速铁路，是中国高速铁路的起点的话，石家庄至太原客运专线（石太客专）就是中国开工最早的高速铁路。

石太客专是“四纵四横”客运专线中的“一横”——青岛—石家庄—太原客运专线的重要组成部分，总投资170多亿元，正线全长近190千米，全线采用双线、全封闭、全立交设计，使用电力牵引，目标时速为250千米。开通后的石太客专将承担石家庄与太原间的大部分客运量。

一直十分关注客运专线和高铁建设相关政策的郑斌了解到，客运专线的建设中，在招标模式、管理机构、设计、技术、检验标准等方方面面引入的都是全新理念。

对工作的热爱和对高铁建设的向往冲淡了郑斌对中铁十一局所奏的不和谐伴奏曲的无奈和不满，比起无谓的内耗和费尽心思的各方周旋，他有更值得做的大事业。

在得知石太客运专线有限责任公司（石太客专公司）将于2004年成立的消息后，郑斌要求中铁十一局全体市场经营人员密切跟踪石太客专的招标信息，互通有无，交流情况，尽全力认真做好客运专线标书的编制工作，尤其要在施工组织设计和报价上下功夫，同时做好公关工作。他多次带领中铁十一局经营一处处长江系贵、副处长姜军等人主动联系石太客专公司的主要领导，除向他们详细解说和推荐自己的方案外，还主动协助他们解决遇到的工作和生活难题，并诚恳地邀请他们到中铁十一局的施工现场进行考察，到局机关进行技术交流、检查指导工作等。

一系列精心策划的公关交流活动成效显著，石太客专公司对中铁十一局建设客运专线的能力经历了由最初的怀疑到犹豫再到最后的信赖的转变过程，这给了郑斌莫大的信心。他带着投标团队高质量地制作了全套投标书，编制了具有竞争力的投标报价和合理的施工组织设计。中铁十一局最终毫无悬念地一举夺得了石太客专太行山隧道 Z2 标段，中标价 3.28 亿元。

郑斌为中铁十一局赢得了第一个高速客运专线项目，也为自己实现高铁梦积累了宝贵的经验和资源。

创建新局争议多

人生有梦想，奋斗有动力。

郑斌心中一直藏着这样一个梦想——助力曾经的铁道兵通信信号工程一营、二营和三营的官兵们实现“营升团”的夙愿。他曾不止一次地听参加战友聚会的老铁道兵们谈到，希望兵改工时分别划归中国铁建旗下的中铁十一局、中铁十五局和中铁十八局电务公司的三营、二营和一营能有一天合并在一起，成立一个新的单位，这样，他们就能重新并肩战斗了。

中国徐徐拉开了高铁建设的序幕，这给了郑斌灵感。他要将自己的高铁梦和帮战友实现夙愿的梦想合二为一，即尽全力争取将分散各处的老铁道兵通信信号工程三个营整合到一起，成立一个新单位，进军高铁“四电”市场。

通常，一条铁路的建设大致包括土建工程、车辆制造和“四电”工程。

土建工程主要包括路基、桥涵、隧道、站场、轨道等工程，一般由中铁十一局这样的综合型工程企业承建。

车辆制造主要指铁路机车车辆的研发、制造、维修等，由车辆制造企业来完成。

“四电”工程是指通信、信号、电力、电气化四个工程，主要由中铁十一局电务公司这样的专业企业承建。

没有“四电”工程保驾护航，列车在铁道上就会寸步难行。

郑斌认为，全国只有一个铁路“四电”专业施工企业——中铁电气化局，这是不能满足需求的。一旦高铁建设全面铺开，中铁电气化局就算再强大，也不可能承担得了全部高速铁路“四电”系统的施工安装、装备供应、联调联试及运营维护等任务。他断定铁道部一定会要求再成立一个新的“四电”专业施工企业，他得提前做好充分的准备，抓住这千载难逢的机遇，尽最大努力争取实现离开中铁十一局、创建新企业、帮曾经的首长和战友圆梦的三重愿望。

果不其然，郑斌不久就从铁道部的朋友那里打听到了，铁道部已经在酝酿再成立一家铁路“四电”专业施工单位，并且已经向中国铁建征求过意见。他希望中国铁建能接受铁道部的意见，并积极行动起来，派专人着手落实铁道部的意见。

铁路“四电”工程专业性太强，很多人对高速铁路通信、信号、电力、电气化的概念和重要性认识不足，因此，铁道部的建议并未很快引起中国铁建高层的重视。

2005 年初，铁道部在西安召开全路建设工作会议。中国铁建参会的副总经理何能金，在会上得到了与会部领导传达的正式建议：由中国铁建组建一个电气化集团，参与铁路电气化工程施工，以适应国家高速铁路建设发展的需要，提升中国铁建的整体竞争力。

听了何能金的汇报后，中国铁建主要领导召开专题会议讨论和研究了铁道部的建议。有的领导说：“咱们系统内的电务公司除了一两家效益比较好外，绝大部分实力都很弱，有的甚至年年亏损，职工穷得都快吃不上饭了，怎么组建新集团？”有的说：“是啊是啊，都是一些效益不好的单位，就是整合在一起了，会不会也是乌合之众，成不了气候？”有的说：“成立一个新单位不是简单的事，会牵扯到方方面面的利害关系，搞得不好，甚至还会出乱子，得慎重。”有的说：“既然部里提出了让咱们成立新单位，还是应该好好考虑考虑，看将哪些电务公司整合在一起合适。”有的说："要不先成立一个工作组，到各集团走走，听听他们的意见。"……大家七嘴八舌，讨论来讨论去，也没有讨论出个所以然来。成立新单位的事就暂时搁在一边了。

郑斌因为负责市场经营工作的关系，需要经常向何能金汇报和请示，所以在中国铁建的领导中，他和何能金接触最多，关系相对最近。趁着汇报工作的间隙，他向何能金打听中国铁建领导们对成立新单位的意见。

何能金告诉他，大部分领导对成立新单位兴趣不是很大，对要不要成立、能不能成立、怎么成立等难以达成一致意见，主要领导也还在犹豫中，可能还需要等段时间。

郑斌一听是这样的结果，就急了。他说："何副总，您看我就是从铁路电务板块成长起来的。通信专业是我最拿手的，其他专业我也不陌生，毕竟我在中铁十一局电务公司干了18年，当过好几年的一把手。您也知道，中铁十一局电务公司是总公司系统内效益最好的三级子公司，也是所有电务公司中实力最强的，要是以它为基础组建新单位，就再好不过了。这几年，我一直在关注高铁建设方面的政策，铁道部在这个时候建议总公司成立一个新的电气化集团，肯定不是心血来潮。《中长期铁路网规划》肯定是要实施的，石太客专是第一个项目，接下来还会有第二个、第三个。现在国内能独立承担高铁"四电"施工的企业只有中铁电气化局，铁道部不可能将全部的活都交给它，那样的话就成了垄断了，再说它也不可能干得过来。反观咱们总公司，系统内的电务公司分散在各地，基本上都是不成规模的小企业，专而不全，就是能揽到高铁"四电"的活，也只能是小打小闹地干，没法做大做强。如果整合几个实力相对强点儿的电务公司，成立一个新企业，不但能将铁道部的建议落到实处，还能打破中铁电气化局一家独大的垄断局面，更可以从整体上提升咱们总公司的竞争力。您说，这不是一举多得的大好事吗？您要是同意的话，回头我先做个方案出来，到时候拿给您审核审核。您要是觉得可行，就再向总公司主要领导汇报汇报。"

何能金说："你说的这些有一定道理，我也同意，关键是总公司主要领导还没有从心理上接受这个事。我也考虑过了，铁道部的建议咱们不能置之不理，否则，咱们今后的市场经营工作可能会有点儿被动。但是吧，要想让总公司主要领导同意成立新企业，咱们得先拿出站得住脚的理由说服他们，让他们拍板拍得痛快。这样吧，你就辛苦点儿，利用一周的时间整个组建方案出来，到时我再向王总经理汇报汇报。"

郑斌觉得只要何能金能赞同自己的意见，成立新企业就差不多成功了一半。何能金也曾是铁道兵时期的首长，中等身材，国字脸，浓眉细眼，大嗓门，典型的炮筒子脾气，做事雷厉风行，发起火来的样子常常让人不寒而栗。

郑斌刚和何能金接触时，对他也很有点儿发怵，但时间长了，就体会到，其实何能金威严的外表下隐藏着一颗孝顺父母、呵护妻子、疼爱子女、关心下属的温柔心。和绝大多数建筑施工企业的领导一样，何能金因为常年在外工作，无法在父母身边尽孝，更无法时刻守在妻儿身边。他只能将对家人的愧疚藏在心里，偶尔在与郑斌这样级别的子公司下属聊天时才有所流露。因为性格急躁，要求严格，看到下属们做事拖沓、毛糙、犯低级错误等时，他就会气不打一处来，将他们一顿狠批。其实，他是看起来好像凛然不可侵犯，接触多了、熟悉了，下属们还是会发现他有许多可爱之处。他并不总是严厉，高兴时也会像孩子一样无拘无束地大笑，甚至会和下属开一些无伤大雅的玩笑；还会和下属拉家常，对他们嘘寒问暖，帮他们解决实际生活和工作困难。

郑斌总觉得和何能金有一种莫逆之感，他从心底敬佩何能金做事的魄力和认真劲儿，何能金分析问题时的独特视角总是会让他深受启发。

显然，在是否成立新企业上，何能金是持赞同态度的。作为中国铁建分管市场经营工作的副总经理，他对市场的敏感度比其他人要更强。或许铁道部通过他给中国铁建传递信息就是看重了这点，就是相信他有能力说服中国铁建主要领导采纳铁道部的建议。

于公来说，作为跟随何能金多年的子公司下属，郑斌觉得自己应该义不容辞地协助何能金完成铁道部的重托；于私来说，郑斌觉得自己有必要尽全力推动新企业的组建，重组整合中国铁建范围内专门从事铁路通信、信号、电力、电气化“四电”工程施工的三级企业，一方面帮铁道兵通信信号工程三个营的老首长和老战友们圆梦，另一方面也助自己跳上更高的平台，实现自己的高铁梦。

一举多得的建局方案

为方便推动新企业的组建，郑斌从中铁十一局位于五棵松饭店的驻京办事处搬到了中国铁建机关办公楼后面的斯达盛源酒店。

在铁路“四电”工程施工领域摸爬滚打了二十几年，郑斌的专业素养和职务级别都使他自然而然地成了中国铁建电务系统内有一定影响力的代表人物，他很熟悉各三级“四电”工程子公司的情况以及他们的掌门人。他的重组整合方案早已在心里成型：整合分属于中铁十一、十二、十五、十七和十八局五个局的五个电务公司，成立一个新的主营铁路“四电”工程施工的集团公司。他的理由如下：一是原铁道兵三个通信信号工程营的官兵基本上在中铁十一、十五和十八局所属的电务公司，部队传统好、施工能力强；二是分属于中铁十一、十二和十七局的三个电务公司均有电气化一级资质，号称中国铁建系统内的电务施工三强；三是将上述五个电务公司整合到一起，成立新企业，既能对内做到强强联合、以强带弱，又能对外形成合力，与最大的竞争对手和对标企业——中铁电气化局在铁路“四电”市场齐头并进，为中国走进高铁时代出一份大力。

为了做到心中有数，同时将整合方案做细、做扎实，郑斌经常和纳入整合方案中的几个电务公司的一把手电话交流意见和信息，他们也会有事没事地跑到他入住的斯达盛源酒店，和他当面商讨整合方案。背着各自集团的主要领导，几个人紧锣密鼓地按何能金的时间要求，草拟出了一份重组整合方案。

何能金肯定了郑斌的工作效率，说方案做得很全、很细，给出的重组整合理由也很充足、很有说服力，至于新企业的名称——中铁建电气化局有限公司，可能需要总公司开会明确。

两个人相谈甚欢，性急的何能金一高兴，对郑斌说："晚汇报不如早汇报，走，我带着你一起去王总经理那儿坐坐。我汇报，你补充，先给他打个预防针再说。"

真是个干实事的痛快人啊！跟在何能金身后，郑斌由衷地感叹，看来还是跟着痛快人做事好，效率高，还不累。

在何能金的努力下，中国铁建总经理王振侯和党委书记李国瑞终于打消了顾虑，并充分肯定了郑斌提交的重组整合方案。2005 年 3 月，王振侯和李国瑞指示何能金牵头策划组建电气化局。何能金在电话里告诉了郑斌中国铁建的决定，并要求郑斌全力协助筹划组建事宜。郑斌高兴地连声说："请何副总放心，我一定不辱使命。"想想这两个月来，为了引起中国铁建相关领导对建立新电气化局的关注和重视，自己一有时间就创造机会往中国铁建机关办公大楼里跑，找这个领导、那个领导汇报，向他们灌输铁道部的建议、高铁建设的前景、成立新电气化局的好处、建立新局对中国铁建的意义等，搞得有领导一见到他就开玩笑地说："哎呀，郑斌又来了，欢迎欢迎，这次又准备对谁开炮啊？"

好在努力没有白费，腿没有白跑，现在中国铁建既然发话了，新企业成立的事就算板上钉钉了。但是在随后的筹建过程中，阻力依然重重。中铁十一局和中铁十二局坚决不同意将他们的电务公司从各自的集团分离出去。

为了抵制整合方案，中铁十一局和中铁十二局的主要领导一前一后到了中国铁建机关，据理力争，说将他们的电务公司整合到新企业，等于是从他们身上割肉，请总公司领导收回成命，另选整合单位。中国铁建领导层对整合一事的态度本来就不是很坚决，加上这两个局的抵制态度又很坚定，就没做过多坚持，答应了他们的请求。

自己所想的并不一定是别人所要的，每个人所处的立场不同，思考问题的角度和得出的结论就会有差别，以郑斌为代表的重组整合赞同派在第一个回合败下阵来。

中铁十七局和中铁十八局的主要领导见中铁十一局和中铁十二局拒绝整合成功，也想效法他们，保住自己的电务公司，只不过采取了另外的抵制方式。

中铁十七局放出话来，说电务公司的职工都不愿意离开原单位，准备集体到中国铁建上访。

这样的鬼话，郑斌当然不会信，一线的职工怎么可能参与上层的决策，一定是有人背后搞鬼，撺掇他们，想拿他们当挡箭牌。再说中铁十七局电务公司的董事长冯学彬、总经理潘功书、总会计师栗喜明等本身就是坚定的重组整合赞同派，经常到斯达盛源酒店来商讨重组对策，他们会放任职工闹事？不信归不信，为保险起见，郑斌给冯学彬打了个电话，求证事情的真假。冯学彬听了，急得在电话那头嚷嚷起来："没有的事，一定是有人别有用心，不想将十七局的电务公司分离出去，故意传谣，郑总你可千万别相信。你就把心放在肚子里吧，我是电务公司的董事长，决不允许谣言变成现实。"郑斌向中国铁建主要领导汇报了有关情况，不久，中铁十七局的反对之音被压了下去。

中铁十八局最开始时也不同意，后来虽然不知出于何种考虑转变了态度，但是却突击将六七个始终得不到升职机会的局机关工作人员提拔为处级干部，塞到了下属电务公司。中铁十八局电务公司董事长田恒开拿着任职文件拨通了郑斌的电话，发牢骚说："中铁十八局真是欺人太甚，事先都不跟我打招呼，一下子塞过来六七个处级干部。这些人一看就是在局机关得不到提拔，想趁着这次整合的机会，浑水摸鱼地到新单位搞个官当当。现在红头文件已经摆在我办公桌上了，我也没辙，人我一个都不想要，也不能要，又没法退回局里，只能向郑总你求助了，无论如何你得想个办法帮我解决这个难题呀。”

郑斌能有什么办法，他又不能向中铁十八局直接下达命令，只能向中国铁建相关领导如实汇报事情始末，请他们出面主持局面。接到中国铁建主要领导的指示后，中铁十八局收回了全部任职命令。

反对和赞同从来都是你中有我、我中有你。在纳入筹建范围的几个局中，中铁十五局因为在发展上遇到了一些困难，下属电务公司的效益也不容乐观，所以最支持成立新企业，工作最为积极。

没有纳入筹建范围的工程局中，远在大西北的中铁二十一局倒是拥护重组整合，主动找中国铁建主要领导，请求将其旗下的电务公司纳入整合范围。但中国铁建的意见是，中铁二十一局电务公司实力虽然比不上中铁十一局电务公司和中铁十二局电气化公司，但也不算太弱，可以继续维持原状，将来和重组整合后独立出去的新企业共同参与铁路“四电”工程的施工和行业竞争。

铁建电气化局横空出世

中国铁建考虑，既要使重组整合后的新企业有足够的能力承担铁路尤其是高铁“四电”施工任务，又不能不留退路，一下子把所有好牌出尽，将效益较好的电务公司都整合进新企业。这样斟酌来斟酌去，一个多月的时间就过去了。郑斌急得隔三岔五地找何能金了解进展情况，有次碰巧王振侯办公室没有外人，他深吸一口气直接冲了进去。

年近花甲的王振侯知道郑斌对成立新企业的事最上心、最积极，对他的鲁莽倒没怎么在意，反而亲切地招呼他："小郑啊，你来得正好，快坐，快坐！"

谈完公事，王振侯告诉郑斌，重组整合的事马上要正式开始，到时候会有任务给他，让他做好打硬仗的心理准备。郑斌千盼万盼的其实就是这句话，心里的石头一下子落了地，脸上也抑制不住地乐开了花。他激动地说："感谢王总的信任，您能决定重组整合，真是太英明了。您放心，不管让我做什么，我都保证完成任务！"

2005 年 4 月中旬，中国铁建最终敲定了重组整合事宜，确定整合中铁十五局、中铁十七局、中铁十八局电务公司和中铁二十五局集团的电务工程有限公司电气化分公司、柳州铁路工程有限公司电务分公司成立新的电气化局。

中铁十五局电务公司更名为第一工程有限公司（一公司），中铁十七局电务公司更名为第二工程有限公司（二公司），中铁十八局电务公司更名为第三工程有限公司（三公司）。同时，从人员比较多的中铁十五局电务公司抽调出 700 多人充实到了人员较少的中铁二十五局电气化分公司和柳州电务分公司，两个公司各补充了 300 多人。中铁二十五局电气化分公司更名为第四工程有限公司（四公司），柳州电务分公司更名为第五工程有限公司（五公司）。

2005 年 4 月 13 日，中国铁建印发了《关于组建中铁建电气化工程集团有限公司的通知》（中铁建劳〔2005〕67 号）。通知将新企业的名称确定为中铁建电气化工程集团有限公司，机关设在北京，明确了划转单位、股权设置、重组原则、筹备组织、机构设置方案、机关设置原则、主要领导职数等事项。随即，正式申请报告被递交到了铁道部并很快得到了同意申请事项的批复。

郑斌终于盼来了最期望得到的结果。2005 年 5 月 19 日，中国铁建印发了关于新企业筹备组人员组成的通知，正式任命一个月前从中铁第四勘察设计院集团有限公司（铁四院）调入中国铁建担任副总经理的周志亮兼任筹备组组长，郑斌、中铁十五局副总经理张志才和中铁十八局财务部部长张国俊为成员，着手筹建新企业。

郑斌长长地松了口气，尽管未能如愿将中铁十一局电务公司和中铁十二局电气化公司纳入新企业，但重组整合赞同派也算打了个大胜仗。他坚信只要自己能入主新企业，这两个电务公司迟早都会被并进来，当务之急是尽快将新企业成立起来。

再也不用暗地里筹划离开中铁十一局了，郑斌开始光明正大地随同周志亮挨个走访涉及的中铁十五、十七、十八和二十五局，与这四个局的相关领导商讨资产划拨事宜，并牵头负责草拟新企业的公司章程，准备公司注册所需各项资料。

万事皆顺。仅仅历时一个多月，2005 年 6 月 27 日，中铁建电气化局有限公司（铁建电气化局）经北京市工商行政管理局核准，注册成立，正式成为中国铁建旗下的全资子公司之一。出于有利于新企业发展的考虑，既精通铁路“四电”主专业，又有较强的市场开拓能力，同时手握丰富社会资源的郑斌被王振侯推荐为出任铁建电气化局总经理的最佳人选。

郑斌已经对自己未来的职务心知肚明，于是开始有意无意地站在总经理的角度安排工作和思考问题，认为目前最迫切的是要解决铁建电气化局机关的办公场地问题。筹备组可以租用酒店客房临时办公，但是企业成立后出于形象考虑，就不能继续窝在酒店里，何况随着新企业成立大会筹备工作的加快推进，事务越来越多，筹备组人员也越来越多，现有的几间房已远远不能满足工作需要，得想办法尽快找到合适的固定场所。

铁建电气化局注册在了北京市石景山区，区长刚好和周志亮是大学同学。周志亮联系了区长，向她介绍了铁建电气化局的产生经过和发展前景。周志亮说：“老同学，我是这样想的，如果你能将铁建电气化局留在石景山区办公，不仅是增加了一个纳税大户，还能增强本区的经济活力，房地产、商超、餐饮、美容美发、健身等行业都会受到积极影响。这是双赢的大好事，你看你能不能在权限范围内，给铁建电气化局一些优惠政策，解决一下他们的办公场所问题，使他们能安心留在石景山区，为区里做点儿贡献。”区长说：“你说的这个情况，我回头了解一下，和其他区领导也商量商量，过两天再给你回话。”

两天后，区长给周志亮回话说，她想到解决铁建电气化局办公场所问题的办法了，区里新建的泽洋大厦，是专门用于招商引资的，刚投入使用不久，可以拿出其中的一个楼层免费借给铁建电气化局用作机关办公场所。

在急需办公场所的情况下得到如此优惠的政策，郑斌对周志亮的雪中送炭之举感激不尽。得到中国铁建的首肯后，铁建电气化局相关领导随同区政府领导到泽洋大厦楼上楼下转了一圈，最后挑中第 12 层作为局机关驻地，并立即着手装修工作。

2005 年 7 月 18 日，中国铁建印发了铁建电气化局高层人员的任职通知，一共 6 人，分别为：中铁十七局总经理薛之桂调任铁建电气化局董事长、张志才任党委书记、郑斌为总经理、冯学彬和田恒开为副总经理、张国俊为总会计师。

铁建电气化局成立大会的各项准备工作推进顺利。

2005 年 7 月 19 日，来自国家相关部委、北京市政府、石景山区政府、各铁路局等有关单位的领导和来宾共 530 余人出席大会，共同见证了铁建电气化局成立的历史时刻。7 月 26 日，铁建电气化局在北京市石景山区阜石路 166 号泽洋大厦揭牌并正式办公。

为扩大企业规模，整合各方资源，降低企业整体运营成本，提高银行授信额度，发挥“母合效应”，实现科学合理组合，以及提高工作效率、创新能力和综合竞争能力等，铁建电气化局决定采用中国铁建旗下其他工程局的集团化运作模式，将企业更名为局集团公司。

2005 年 12 月 1 日，中铁建电气化局有限公司更名为中铁建电气化局集团有限公司（2011 年 6 月再次更名为中国铁建电气化局集团有限公司，本书统一简称为铁建电气化局）；12 月 12 日，铁建电气化局更换了公司名称牌，中国铁建新任总经理金普庆亲临泽洋大厦为其揭牌。12 月 16 日至 20 日，集团所属一至五公司分别在河南洛阳、山西太原、河北高碑店、湖南长沙、广西柳州揭牌。自此，铁建电气化局“一母五子”管理模式成型，逐渐进入发展正轨。

47 岁的郑斌达成了个人心愿，踏上了建设铁建电气化局的新征程。

第二章　起步

西格线通过首场考试

中铁电气化局是借着新中国第一条电气化铁路——宝成电气化铁路的建设契机于1958年正式成立的。经过近五十年的发展，到2005年时，中铁电气化局在铁路、公路、土建工程、城市轨道交通、工民建工程等领域积累了雄厚的施工实力，成长为了集科研、设计、施工、器材生产、工程咨询、建设监理、运营维管、电信研究、物资供应等于一体的大型技术密集型综合集团企业，在业界声名显赫，被认为是当之无愧的中国铁路电气化建设的主力军和王牌部队。

铁建电气化局刚刚成立，连站都站不稳，更别说参与市场竞争了。如果说中铁电气化局是巨人的话，那铁建电气化局就是尚在襁褓中的婴儿。

郑斌并不认为弱小就是劣势，坐在宽敞明亮的现代化办公室里，他壮志满怀，自言自语道："铁建电气化局越是白纸一张，越是容易在上面画出最美丽的图画。凭借着中国铁路大发展的契机，现在的铁建电气化局有多幼小和寒酸，将来就会有多高大和光彩照人。我相信，时间会证明我的这一判断。从现在起，我要将中铁电气化局当作主要竞争对手和对标企业，带着铁建电气化局从零开始奋起直追，赶超这个老牌大企业。"

胸有凌云志，无高不可攀。郑斌打定主意，就算有人嘲笑铁建电气化局赶超中铁电气化局的雄心好比蚍蜉撼树、螳臂当车，他也不会有半点退缩。万丈高楼平地起，既然要从零开始，那就撸起袖子加油干，从普速铁路入手，积累资本。

青藏铁路格尔木至拉萨段开通在即，铁道部在安排运行图时，算来算去火车从北京开到拉萨都要超过 50 个小时，原因在于西宁至格尔木这一段车速太慢。为提高运行速度，缩短运行时间，实现铁道部向社会承诺的 2006 年 7 月 1 日 48 小时内从北京到拉萨的目标，2005 年 9 月，铁道部临时决定对西宁至格尔木段全长 800 多千米线路中的约 480 千米进行提速增建改造，并将按“四电”系统专业分别进行施工招标。

得到消息后，铁建电气化局领导班子成员当即召开会议，指示市场经营部部长卢涛务必组织好编标工作，全力竞标，并且只许成功，不许失败。为确保拿到企业成立后投标的第一个项目，实现开门红，鼓舞士气，铁建电气化局的领导班子成员几乎全部出动，向铁道部、建设单位和评标委员会极力推介铁建电气化局，希望能打消他们对这个新成立单位的施工能力的怀疑。

2005 年 9 月 24 日，在集团领导和编标人员的共同努力下，铁建电气化局成功拿到了成立后的第一单——改建铁路青藏线西宁至格尔木段（西格线）应急工程 XGTX-01 标段通信信号施工总承包项目。中标金额虽然只有 3 亿元，隐含的意义却很不一般。首先，从性质上来说，西格线应急改造工程被列为铁道部“天字号”重点工程，属于时间紧、任务重的政治项目，干好了会有利于打消铁道部部分领导尚未消除的对铁建电气化局能力的怀疑。其次，西格线应急改造工程是铁建电气化局成立后中标的第一个项目，如果能在最恶劣的自然条件下顺利完工，将有利于铁建电气化局树立起良好形象，从而打开市场大门，拿到更多后续订单。

铁道部于 2005 年 10 月 1 日宣布西格线应急改造工程站前站后同时开工，2006 年 7 月 1 日确保开通，理论工期 9 个月，要在一个完整的高原冬季进行施工。青藏高原即使在夏季也会给人冰火两重天的感觉，冬季更是会给人带来极度的恐惧感。在这样复杂的气候条件下施工，困难和危险可想而知。为了顺利通过铁道部对铁建电气化局的考验，打消铁道部对铁建电气化局能力的怀疑，铁建电气化局对即将走马上任担任西格线应急改造工程项目经理的寇震提出了这样的要求：组织上要“强”，行动上突出“快”，工作标准强调“高”。指挥部要抓关键工作，项目部要“见缝插针”做好施工准备，完成施工任务，灵活机动地管理项目。

郑斌对寇震说：“西格线是电气化局的起步项目，关系到我们以后能不能在铁路‘四电’行业站住脚，全局都很重视这个项目。局里把这个重担交给你，希望你能带着一公司、三公司、五公司的兄弟们，克服高原冬季施工的一切困难，按时完成全部施工任务，向业主展示出咱们不惧艰险、勇往直前的优良传统，向部里上交一份满分答卷。”

41 岁的寇震，毕业于兰州铁道学院通信工程专业，是一步步从施工一线走上中层领导岗位的铁路通信专业人才。经过 19 年的摸爬滚打，寇震积累了丰富的铁路通信信号项目施工管理经验，尤其是 2003—2004 年时，他曾担任过 300 多千米长胶济铁路电气化改造工程的项目经理，在工期仅一年的紧张情况下，圆满完成了施工任务。铁建电气化局的成立给了他更大的发挥才干的舞台，集团领导将他任命为集团副总工程师兼工程管理部部长，就是看重他踏实稳重、顽强拼搏、能吃苦的个人品质和过硬的专业技术能力，以及对应急工程的本质认识清楚，具备深入现场解决和协调特殊施工条件下各种新难问题的能力。他一边心怀感激，希望能有机会报答局领导对他的信任，一边也想通过做一些事情证明自己的能力，让自己能在新单位得到新同事的尊重。他对郑斌说：“请郑总放心，我一定坚决完成任务，不给电气化局丢脸。”

万事开头难，寇震没想到的是，他的难处堪比登天。承担施工任务的三个子公司以前揽到的最大项目不过几千万元，1 个亿的项目他们都从未经历过，何况 3 个亿的西格线应急改造工程项目。来自三个子公司项目分部的项目经理都不知道从哪里下手开始工作，寇震给他们鼓劲，说："以前没干过这么大的项目，咱们就边干边开动脑筋。我相信，只要大家齐心协力，就没有过不去的坎儿。"

正常情况下，在青藏高原上冬季是不安排工程施工的，但这次情况特殊，通信信号工程必须在冬季开工。广西柳州五公司的职工基本上都来自南方，从未去过寒冷地区，没想到加入铁建电气化局后上场的第一个项目居然在气候复杂、环境恶劣的青藏高原，而且要在最要命的冬天干活。刚开始时，职工们无法适应这种天寒地冻、狂风乱吹、缺氧严重的环境，加上缺吃少穿、居住条件差，很多人打起了退堂鼓。项目分部的项目经理将寇震请到职工们面前进行了一番热烈高亢的加油鼓劲和苦口婆心的思想教育后，职工们的畏难情绪才被压下来。

人的智慧是无穷的。为了克服寒冷天气对施工的影响，在每个车站需要盖信号楼的地方，职工们都会事先搭建好一座比信号楼稍高的工棚，然后在工棚中烧火加温，就这样大棚套小棚，层层保温地盖信号楼。为了将黏在一块的砌砖分开，职工们想出了将砌砖放在开水里煮的办法。另外，将砂子倒进烧得滚烫的铁锅里翻炒加热后再兑热水和水泥搅拌成砂浆，用于砌砖和抹墙。

鸟岛信号楼是一座新建信号楼，位于青海湖北侧，条件在全线最为艰苦，开工时整个区域已被大雪覆盖。先后有两家房建公司看过现场后都自动退出了，理由是他们没有在高原的冬天修建这种大密度钢筋混凝土房屋的经验，而且很难组织到合适的民工。经多方协商，鸟岛信号楼最终在零下20多摄氏度的11月初开工。驻地的吃喝用度及建筑材料全靠项目部从270千米外的西宁供应，8级以上卷裹着沙尘的寒风经常将职工驻地的帐篷吹翻。即使在这样恶劣的环境下，铁建电气化局仍然实现了信号楼在年底封顶，为信号设备的安装提供了条件。

察尔汗盐湖地段铁路俗称万丈盐桥，湖面常常凝结成20~30厘米的盐盖，盐盖下面又是深达 10~20 米的结晶盐和晶间卤水。为提高信号楼的安全性和平稳性，项目部房建工程师张玲多方请教专家，采用在盐湖上开挖基坑，降低地下卤水水位，然后抛石挤淤以及级配砂石封层夯填碾压的组合施工技术，提高了地基的透水性、抗腐蚀性及地基承载力。

冬天，即使在一般地区打桩柱、绑钢筋、开挖电缆沟、敷设电缆等都很困难，何况是在能冻死人的青藏高原。但是铁建电气化局的职工们即使在盐湖地带，也完成了这些工作。很多职工被冻伤了脸和手脚，但狂风没有吹跨他们的意志，极寒没有让他们的身体哆嗦，缺氧没有让他们退缩。

熬过了冬天、度过了春天、迎来了夏天，经过半年多的努力，铁建电气化局终于完成了建设任务。

2006 年 5 月，线路临近开通，由于展开施工的改造线路和新建线点较多，因而过渡和交叉较多，这给运输组织安排带来了难题。为解决这一困难，青藏铁路公司通知全线各标段指挥长和专业工程师集中在青藏铁路公司三楼会议室办公，朱明瑞局长亲自督战，青藏铁路公司运输、电务、工务、机务等各个部门的负责人全部到场。青藏铁路公司规定所有集中办公人员 24 小时不得离开会议室，共同排定开通行车计划表和处理全线存在的问题。所有人员由青藏铁路公司统一配送盒饭，晚上就在会议桌上打盹。铁建电气化局项目总工程师邵嘉声为集中办公人员之一，其间，他对每一站的信号开通都要提出可行方案，且需要和其他人员反复讨论，形成一致意见后才能执行。邵嘉声自工作以来第一次经历如此复杂和紧急的工作状态和形势。

2006 年 6 月 12 日，铁道部副部长、铁道部青藏铁路格拉段初验委员会主任卢春房到铁建电气化局三公司施工现场检查，当看到职工们在信号工程施工和安全管理方面的成果时，脸上露出了赞许和满意的微笑。他想起了自己初到青藏线在深受严重高原反应折磨时写下的自勉诗句："丹心一片报祖国，微命三尺献高原。他日列车飞驶过，观光谁知筑路难。"

卢春房对陪同检查的中国铁建副总经理赵广发和铁建电气化局董事长薛之桂说："想不到在这么恶劣的条件下，你们能把工程干得这么漂亮。看来铁道部将这个工程交给你们是交对了，铁道兵就是铁道兵，能打硬仗的作风一点儿都没变啊！"

"多谢卢部长对我们工作的认可。西格线是我们电气化局成立后中标的第一个项目，意义重大，所以，这一仗我们必须打赢！"薛之桂说。

"卢部长，听说您也是铁道兵出身？"寇震在一旁问道。

"是啊，我呢，是 1975 年 1 月入伍的，最初在铁道兵一师机械营当修理工。"

"告诉你们，卢部长当年可是铁一师的人才。1977 年恢复高考后，卢部长经部队推荐参加高考，以高分被西南交通大学录取了。别看卢部长在大学时学的是铁道工程，他可称得上是铁路全才。你们也看到了，刚才他谈起通信和信号电缆的敷设、接续来也是头头是道，对你们这个'四电'部分一点儿也不外行。你们要向卢部长学习，向全才发展！"同是铁道兵出身的赵广发环视一周后说道。

"听见了，听见了。我们一定将卢部长当成学习的楷模，不仅把自己本专业的技术练好，还要触类旁通，了解其他专业的门道。"

"好了，别扯远了。言归正传，还有半个月，西格线就要验收了，希望你们能一直保持这个干劲，按期保质保量交付工程，确保青藏线按计划开通运营。"

"请卢部长放心，我们保证完成任务，不让部领导失望。"

2006 年 6 月 30 日，西格线应急改造工程顺利通过了验收。7 月 1 日上午 9：00，沿线基本实现"无人化"管理的青藏铁路全线通车。铁建电气化局不仅通过了铁道部的首场考试，还得到了部领导的高度认可，寇震被中国施工企业管理协会评为 2006 年度铁路施工企业优秀项目经理。

在格尔木坚守过几年的郑斌，对青藏高原多变的天气和恶劣的自然环境有着切身感受，因而他对西格线应急改造工程能否顺利推进是捏了一把汗的。项目经理寇震虽说在技术上没问题，但毕竟是第一次管理几个亿的大项目，而且还面临非常规的施工条件，能否按期保质保量完成任务谁也不能打包票。没想到，恶劣的施工条件居然激发出了上至项目经理下至普通职工的潜能，他们不仅按时开了工，还在反复摸索中干得有声有色。

时不时电话询问寇震，跟踪工程进展的郑斌慢慢增强了信心，他认为只要这个工程能进展顺利，就意味着铁建电气化局稳稳地迈出了第一步，好运就会接二连三地降临铁建电气化局。

果不其然，西格线应急改造工程开工 1 个月多后，铁建电气化局在 2005 年 11 月又中标了总金额 4.42 亿元的改建铁路沪汉蓉通道武汉至襄樊段增建二线站后及部分站前工程施工总承包项目。加上零星中标的一些小项目，铁建电气化局在成立后的半年内一共承揽到了 13.81 亿元的任务额，超过了以前中国铁建整个电务系统的任务总和，这也证明了成立铁建电气化局的正确性。全局上下备受鼓舞，对未来更加充满了信心和希望。

郑斌（中）在工作之余与下属的合影，左起宋景奇、寇震，右起刘宝东、卢涛

人才引进和项目扶持带来喜人成绩

半年近 14 亿元的新签合同额固然足以鼓舞人心，也给刚刚组成一个大家庭的 5000 多名员工带来了对新单位的信心和对未来生活的期待，可是谁都明白，这点合同额不但对铁建电气化局来说只能是杯水车薪，更是连中铁电气化局的零头都没有。而且，铁建电气化局的在手项目中，除了西格线和武襄线合同额相对较大外，其他都是几百万元至几千万元不等的小工程，工期都不超过 1 年。

如果没有足够的后续项目，5 个子公司已经存在的青黄不接现象都将不同程度地持续。5 个子公司在当初重组整合时都被原所在局集团搞了个净身出户，有的还背负了划转过来的一大堆债务和人员安置负担，其中以一公司和五公司最为严重。划归铁建电气化局后，5 个子公司都存在不同程度的息工现象，人员和设备等不得不经常处于闲置状态，不但无法在短期内形成规模生产力，而且不利于积累和总结项目管理经验。

郑斌明白，铁建电气化局如果揽不到项目，动不动就息工，最后的结果只能是死路一条，那他费了九牛二虎之力促成铁建电气化局成立的功夫就等于白费了。就实际情况看，说 5 个子公司一贫如洗一点儿都不为过，人、财、物样样都缺，经验和能力都得从零开始积累。如果通过正常的市场投标竞争拿项目，铁建电气化局要等到猴年马月才能由弱变强呢？不但他等不起，5000 多名员工也等不起，铁道部和高铁建设更等不起！

据说竞争对手和对标企业中铁电气化局从一开始就不乐意中国铁建组建新的“四电”施工企业，一直虎视眈眈地盯着铁建电气化局。

越是身处绝境，越是有人要扼杀，就越是要拼命地向上生长。铁建电气化局就是那一粒无比顽强的种子，中国铁路发展的大好形势、上级的扶持、全体员工的努力就是令它蓬勃生长的养分。项目是种子能够发芽的基础，郑斌打算在着急等米下锅的情况下先走捷径拿项目。

在中国铁建总经理金普庆的办公室，郑斌先向金普庆简单汇报了铁建电气化局成立半年多以来的工作成绩，然后重点汇报了一下需要解决的几大困难。其中最迫切的，一是管理和技术人才不够，希望中国铁建能再给铁建电气化局配备几名领导班子成员，并同意铁建电气化局在社会上公开招聘一批铁路“四电”施工管理和技术人才；二是揽活压力大，如果中规中矩地按市场规则拿项目，不仅中标率不高，项目规模也不大，会严重影响铁建电气化局的发展速度和发展质量，也会影响到职工们对新单位的信心。他说希望总公司能尽快考虑一下人的问题，并希望金总经理能出面向铁道部要一些扶持铁建电气化局的政策，给几个大点儿的项目，让铁建电气化局能先站起来。

金普庆自升任中国铁建总经理以来，一直很关注铁建电气化局的发展。他知道自己的前任王振侯很欣赏郑斌的才干，正是因为看重他的能力，王振侯在成立铁建电气化局时才力荐郑斌出任总经理。对铁建电气化局的困难，金普庆早有耳闻，他对郑斌说：“这样吧，你回去后先内部商量一下，草拟一份人才需求和招聘计划，我也跟人力资源部打声招呼，让他们和你们对接这个事；至于项目嘛，我会尽快抽空去一趟铁道部，先和部领导沟通好，他们要是同意了，我再告诉你们下一步怎么办。你们呢，也别太着急，我会尽最大努力争取让部里给你们一些扶持性政策。”

铁道兵行事果断迅速，从不拖拉。

2006 年 4 月 10 日，中国铁建将公开招聘并经优中选优后最终确定的 5 名候选人调入了铁建电气化局。这 5 人分别是中铁十一局电务公司董事长万传军、中铁十二局副总经济师兼电务公司董事长李章锁、铁道部第一勘察设计院电气化处处长寇宗乾、铁道部第四勘察设计院电气化处处长李汝军和中铁电气化局二公司总经理郭志光。2006 年 6 月 28 日，李章锁、郭志光、李汝军被正式任命为铁建电气化局副总经理，寇宗乾为总工程师，万传军为总经济师。

与此同时，在中国铁建相关领导的争取下，铁道部主要领导在铁建电气化局递交的希望中国铁建和铁道部给予扶持的申请报告上批复了给予铁建电气化局适当扶持的意见。拿到批复文件后，郑斌分别找铁道部建设司有关领导和铁道部副部长卢春房请示汇报，并向他们讨教如何做才能配合落实好批复精神。

卢春房脑海中还留着对西格线应急改造工程通信信号工程的良好印象，他略加思考后对郑斌说："我知道你们现在急需要项目，也能理解你们的难处。但是拿项目还是要靠实力、凭本事，投标时要编制好施工组织设计和报价。希望你们能苦练基本功，内功练扎实了，就不愁没有项目。"

"卢部长，您说得对，我们一定谨记您的话。这次之所以向铁道部求助，实在是迫不得已，因为刚成立，几千职工都张着嘴等着吃饭。您放心，我们肯定会一步一个脚印把路走踏实了，按期保质保量完成每一个在手项目。"

在中国铁建和铁道部的支持下，铁建电气化局和铁道部第三勘察设计院集团有限公司（铁三院）、中铁十局集团有限公司组成联合体，于 2006 年 4 月 10 日中标徐连线，中标价为 11.47 亿元，其中，铁建电气化局承建的"四电"工程部分份额为 5.11 亿元。

郑斌明白，单靠铁道部的扶持是不长久的。事不过三，中国铁建和铁道部不可能长期扶持铁建电气化局，扶持一次、两次可以，第三次的可能性就微乎其微了，更别说次次了。总之，扶持是有期限和次数限制的，而且期限很短、次数很少。卢春房副部长说得对，发展最终还得靠自己。短期内铁建电气化局可以双管齐下，"上求扶持政策，下求自身努力"；长远来看，要想打出好铁，必须培养和打造自己的硬功夫。

郑斌又过上了上紧发条的生活，分别带着铁建电气化局负责市场经营的副总经理冯学彬和李汝军、总经济师万传军、总经理助理卢涛、市场经营部部长余柏华等拜访铁道部的相关领导和各区域的建设单位，向他们极力宣传铁建电气化局，希望能得到他们的认可和接纳。郑斌指示余柏华，不要放过任何一个投标机会，务必编好每一份投标书。此外，他还带着集团分管施工生产的副总经理李章锁和郭志光到各项目现场考察，给项目经理们加油，并亲自解决各项目指挥部面临的实际困难。

对内对外的一番努力结出的是令人振奋的硕果，2006 年铁建电气化局新签合同额为 28.78 亿元。与此同时，陆续开工的各个项目进展都很顺利，一大批现场管理和施工技术人员成长起来。

发展形势如此喜人，郑斌胸中涌起了“大鹏一日同风起，扶摇直上九万里”的豪情。

牵头受挫

“晓登云门山，直上一千尺”更多的是一种美好的愿望，顺利与挫折交织重叠才是人生和事业的常态。成立之后的第二年初，铁建电气化局就遭遇了当头一击。

2006 年 2 月，为全面建设中国铁路客运专线，实现铁路动车组商业运营，构造快速铁路客运网络，铁道部决定以京津城际铁路（京津城际）为试点，面向国内企业，以系统集成工程总承包的方式，公开招标采购包括运营调度系统、通信信号系统、牵引供电系统和客运服务系统在内的铁路客运专线系统集成工程，并依托采购全面引进国外铁路客运专线系统集成工程整体和各子系统集成技术。招标采购要求作为主体的国内企业，通过与国外的高铁技术成熟企业进行有效合作，实现技术引进、消化吸收和再创新，最后达到自主研发，打造中国自有品牌，构建中国铁路客运专线技术体系和装备体系的目的。这种全新的招标方式要求国内企业和个人克服经验主义，改变落后的观念，以全新的姿态把握机遇，迎接挑战。

铁建电气化局当然不会放过这个进入高铁“四电”工程承包市场的历史性机遇。虽然领导们心里都很清楚，成立还不到一年，铁建电气化局在人才、技术、经验、资源等各方面都很薄弱，要迎接并统筹如此高标准、高起点的投标工作，难度比登天还大，但他们仍然决定直面困难。领导班子成员开会达成一致意见后，郑斌向中国铁建和铁道部表达了参与竞标的愿望。

在中国铁建和铁道部的支持下，铁建电气化局成了国内最先响应这种全新招标模式的企业之一，着手同步与联合体合作方沟通和交流投标相关事宜、组建投标团队、租赁编标场地、购买招标文件等工作。

2006 年 2 月 27 日，铁建电气化局召开了京津城际“四电”系统集成投标工作动员大会。薛之桂、张志才、郑斌分别在大会上讲话，向全体投标人员传递了志在必得的决心和勇气。他们鼓励大家不要被眼前的困难所吓倒，要以饱满的热情和积极的态度直面一切，要大胆挑起中方联合体牵头人的重任。

为了做好投标工作，铁建电气化局几乎将所有的技术力量和编标能手都集中到了石景山路北侧的太阳岛宾馆。郑斌时不时会亲自坐镇投标现场，了解编标进展情况，随时为投标团队解决高层问题。投标总负责人冯学彬和其他副职领导也是雄心勃勃，积极筹划和组织编标事宜。商务组、报价组的负责人和各专业组技术负责人积极主动地与联合体成员方——铁道部第四勘察设计院（铁四院）派出的投标团队和法国阿尔斯通公司派出的投标团队进行商务谈判和技术交流，经常废寝忘食。

毕竟是由最一线的电务施工单位组合起来建立的企业，铁建电气化局的编标人员在各方面的素质还远未达到高端投标工作的严苛要求。虽然每个人都知道这是一次千载难逢的锻炼自己的好机会，都在努力工作，都想取得最好的工作成效，但还是在不知不觉中陷入了“乱”局。很多人都是

“拔剑四顾心茫然”，越来越不知道自己每天都在干什么和要干什么。失去了明确的工作方向，消极情绪随之而起，这样怎么可能产生好的工作效率和效果呢？更糟糕的是，因为专业技术素养悬殊，几次交战下来，铁四院的投标团队越来越失去了对铁建电气化局投标团队的尊重和耐心，代之而起的是对联合投标能否成功的担心和焦虑。

在铁四院看来，铁建电气化局的编标人员缺乏足够的中外合作所需的素质，无论是商务人员、报价人员还是技术人员，都需要借助翻译才能与法方人员进行相关交流，法方提供的任何书面参考资料都要先翻译成中文后，铁建电气化局才能开始学习和研究；铁建电气化局有什么问题，提交什么文字材料，都必须经由翻译；己方人员与法方人员在会上直接用流利的英文交换意见时，铁建电气化局的代表只能干瞪眼或低头不语。更让铁四院难以相信的是，铁建电气化局的技术人员似乎完全没有设计概念，跟他们谈“四电”系统设计好比给小学生上课，经常需要反复讲解，最后，他们还是一脸茫然。这样低下的工作效率和工作质量除了白白浪费宝贵的投标时间外，还会对投标结果产生不利影响。因此，铁四院认为铁建电气化局无论从哪一方面来说都没有能力领导如此高规格、高标准的投标工作。

铁四院的优秀与铁建电气化局的平庸形成了鲜明的对照。

铁四院的投标团队终于丧失了对中方合作伙伴的信心，对其编标人员的表现越来越不满。铁建电气化局的编标人员虽然内心确有自惭形秽之感，但是表面上仍不愿认输，并且用消极对抗的方式表达对铁四院的不满。

合作伙伴之间的矛盾由是日益加深，谈判桌上的代表们常常因言语不和而不欢而散，投标工作进展缓慢，双方的投标业务板块负责人向各自的投标工作总负责人甚至公司主要领导大告其状。铁四院的说，铁建电气化局的水平与投标要求不相符，不能胜任联合体牵头方，如果不及时更换，可能无法按期完成投标任务。铁建电气化局的说，铁四院仗着技术实力强，经常不配合或不服从安排，还时不时绕过我们与法方人员单独会谈，甚至擅自决定投标书中的商务和技术内容，请求局领导和铁四院的领导及时沟通，并请求铁道部领导出面协调。

中方合作伙伴由最初的团结协作变成了相互抱怨和指责，整个联合体的投标工作因此受到了严重影响。法国合作伙伴无法理解这种局面，向铁道部明确表达了对投标工作能否顺利推进的担忧。

经综合权衡后，铁道部最终做出了不利于铁建电气化局的决定：调整铁建电气化局与铁四院在联合体中的角色，将铁四院由联合体成员方变更为牵头方，将铁建电气化局由联合体牵头方变更为成员方。

地位和角色的颠倒严重打击了铁建电气化局的士气，导致投标团队在后半场的编标过程中更加处于被动地位，并且几乎完全丧失了话语权。

铁建电气化局本来希望借这次牵头投标为自己培养一批技术骨干，没想到投标工作进行到中途就发生了始料未及的变化，最终标落中铁电气化局联合体的结果更是与初心背道而驰了十万八千里之远。痛定思痛，铁建电气化局没有过多地责怪中途夺权的铁四院，更没有抱怨铁道部的中途变卦，而是决定从自身找原因。董事长薛之桂要求全体编标人员撰写编标总结，从自身角度深刻剖析投标失误的原因，提出改进建议和措施。

不得不承认，铁建电气化局此次牵头投标工作，的确有点操之过急。这种中外联合投标的国际技术层面上的合作在国内的铁路行业前所未有，连处于行业上游的设计院都是摸着石头过河地在组织投标工作，处于行业下游的施工单位更是会打乱仗，失误和无序在所难免。

铁建电气化局刚刚成立不到一年，怎么可能扛得起牵头人的重担？领导们太希望自己的企业能早日壮大起来，所以有点儿“拔苗助长”了。失去了牵头资格固然使人觉得脸上无光，没能中标固然让人心生惋惜，但并非一无所获，至少铁建电气化局深刻意识到了自己与国内外优秀企业之间的差距。要想缩短差距，铁建电气化局必须铆足了劲，奋起直追。投标人员也多多少少学会了开眼看世界，以国际化思维方式看待和思考问题。

布局产业链

京津城际“四电”系统集成投标工作结束后，铁建电气化局集团领导专门开会进行了研讨，在总结经验教训的过程中，还得到了颇多启发，其中一条是铁建电气化局如果想占据行业主导地位，最好拥有实力足够强的、属于自己的设计研究院。

企业在发展过程中要紧随国际国内形势，同时结合自身实际情况，制定出与国家政策和上级要求相适应的发展方向和战略目标。铁建电气化局在成立之初的发展目标是以铁路“四电”为主，同时发展相关配套铁路制品产业。

随着国家“十五”发展期的结束，“十一五”发展期的来临和中长期铁路网规划项目建设安排的出台，以及铁道部和中国铁建对铁建电气化局的期望越来越高，铁建电气化局成立初期时的小农意识式的发展规划越来越不合时宜。建立什么样的产业链以及如何完善产业链提上了集团领导的思考日程。

京津城际“四电”系统集成投标失败后，成立自己的设计研究院在铁建电气化局内部已成共识。薛之桂和郑斌曾多次向中国铁建总经理金普庆汇报成立铁建电气化局自己的铁路“四电”设计研究院的想法。

为长远计，铁建电气化局领导班子一致提出要围绕“四电”主业，同步打造包括设计咨询、科研开发、工业制造和运营维护等上下游关联板块的产业链，并逐一落实。

首先是设计咨询。

经过 3 个月左右的酝酿，并经中国铁建的批准，2006 年 6 月 28 日，铁建电气化局在北京注册成立了自己的铁路设计研究院——北京中铁建电气化设计研究院有限公司（设计院），并委派集团总工程师寇宗乾兼任设计院的院长、党委书记，着手进行人员的招聘和录用以及建章立制等筹建工作。

2007 年 5 月 28 日，铁建电气化局在泽洋大厦举行了设计院的揭牌仪式。

尽管受到了人才制约等因素的影响，设计院自成立起发展一直不是很顺利，但也通过承担和完成多项铁路改造工程的设计工作积累了一定的经验和业绩，如沈吉铁路和大郑铁路的自动闭塞改造工程、长荆线电气化改造工程、黎钦铁路扩能改造工程等。经过不断努力，设计院获得了铁道行业乙级和铁道行业通信信号、电气化专业甲级设计资质以及铁路专业和通信信息专业丙级咨询资质，可从事铁路工程设计、工程咨询、工程总承包，以及城市轨道交通的通信、信号、供电和机电系统设计、咨询等业务。多项设计成果在中国铁道学会、北京市、中国铁建获奖，并获得多项发明专利、实用新型专利和软件著作权。

从无到有创办企业、发展企业、做强做大企业是一个系统工程。

铁建电气化局怎么能在铁路施工这一棵树上吊死呢？中国的市场这么大，改革开放的政策这么好，此时正是企业高歌猛进的大好时期。这不，国家又放出了利好消息，到 2008 年，全国计划建设 1500 千米左右的城市轨道交通，总投资 4000 多亿元。所以，设计咨询要做，城市轨道交通的“四电”市场也要进，不但要进，还要“做专、做实、做优、做强”，使城轨市场成为铁建电气化局在铁路市场之外的另一个重要市场。

这是郑斌作为总经理的又一梦想，也是铁建电气化局领导班子成员的集体决定。在 2007 年 7 月 24 日的总经理办公会议上，成立城市轨道交通分公司（城轨分公司）的方案被与会人员一致通过。8 月 6 日，城轨分公司在北京正式成立。

随后的发展果然如郑斌所愿，尽管起步较晚，但赶上了好时代的城轨分公司没几年就弯道超车，成功进入了北京、天津、沈阳、长春、南京、宁波、青岛、合肥、福州、厦门等20多个城市的轨道交通市场，并实现了区域性滚动发展，更在青岛地铁11号线开中国地铁行业的先河，首次实现了“EPC+联调联试+动车实验”的全产业链建设模式。

铁路运营维护市场的开辟也在同步进行。

脱下军装的那一年，郑斌曾在格尔木电务段帮兰州铁路局培训过通信设备的维护人员。他很清楚铁路运营维护是一个很大的市场，每一条线路开通运营后，都需要一支维护队伍。

铁建电气化局如果能顺应铁路管理体制的改革，抓住全国铁路电气化建设发展的大好机会，成功地进入铁路“四电”运维市场，无疑会增加又一个新的经济增长点，也会使整体竞争力再上一个台阶。虽然给5个工程子公司的主要领导都下达了指令，要他们积极跟踪和投标维管项目，但各子公司均因缺乏相应的业绩和人才而被建设单位拒之门外，每次投标都无功而返。

负责西北区域市场经营的万传军传回了好消息。他向郑斌汇报说青藏铁路公司没有自己的电气化铁路维护管理队伍，想找一家合适的施工单位合作，组建一个电气化维护管理公司。郑斌敏锐地意识到铁建电气化局进入铁路运营维护市场的机会来了。他指示万传军，务必密切跟踪青藏铁路公司在这一领域的动作，积极与相关负责人联络，尽最大努力实现青藏铁路公司与铁建电气化局的合作。

万传军领命后，开始着手推进铁建电气化局与青藏铁路公司在铁路运维领域的合作事宜，经多次深入沟通交流后，圆满完成了任务。

2007年7月10日，铁建电气化局在西宁市城东区成立了青海维管公司，成功借力进入了铁路“四电”运营维护管理市场。

经过多年的探索和发展，铁建电气化局陆续维护管理了青藏铁路公司、乌鲁木齐铁路局和南宁铁路局管辖的部分线路，除培养出了数量可观的电气化铁路维管人才外，还总结出了一套维管业务发展模式和经验。铁建电气化局将维管业务从普速铁路“四电”维管拓展到了高铁“四电”维管领域，后来又向海外拓展，承担了沙特麦加轻轨铁路的运营维管任务。各子公司都先后在维管业务上有所突破，五公司在此领域发展最快，在最短时间内提升了其维管业务的专业化管理水平。2018年底，五公司率先引入接触网6C检测分析系统，将设备隐患检测推进到了“智能时代”。此接触网6C检测系统基本实现了数据化、智能化，检测水平在行业居于领先地位。

维管业务最终发展成了铁建电气化局稳定的经济增长点。

2007年，中铁电气化局与来自德国和意大利的相关企业签署了合资生产高速铁路和客运专线接触网零配件的合作合同，并且已将合资的宝鸡宝德利公司生产的产品送交铁道部进行技术鉴定。接触网导线和承力索的研发、生产及销售也已经在酝酿中。

如果铁建电气化局不能在高铁零部件制造市场上占有一席之地，就不可能做到铁路“四电”系统技术的集成，也就无法成长为真正的高铁“四电”企业。这不是郑斌想要的铁建电气化局，他心目中的铁建电气化局是最终要超过中铁电气化局的，而不是永远跟在它后面追赶它，甚至被它越甩越远。无论如何，他要想办法让铁建电气化局加快速度，抢抓机遇，在最短的时间内缩短与中铁电气化局在高速铁路电气化接触网零部件市场上的差距。

郑斌考虑后认为，铁建电气化局如果白手起家建立铁路产品制造厂，一是存在“三无”难题，即无经验、无技术、无人才；二是建立新厂费时、费财、费力，等到形成生产力，说不定铁路建设的高潮已经过去，建厂的意义就不复存在。如果与现有的成熟企业合作，就能借鸡生蛋，达到事半功倍的效果。他将自己的想法和薛之桂进行了交流，没想到与薛之桂英雄所见略同，两人都说得抓紧部署和行动。一个董事长、一个总经理，铁建电气化局两个最关键的领导算是在建立铁路工业企业这个大方向上达成了一致。

在领导班子成员和相关部门进行多次研讨后，铁建电气化局在筹建设计院的同时，另外派出了几路人马，到各地物色合适的铁路产品制造企业，与选定的合作方共同出资，先后在陕西省西安市设立了西安电气化制品有限公司（西安公司）、在河北省高碑店市设立了科技有限公司（科技公司）、在江苏省常州市雪堰镇设立了轨道交通器材有限公司（轨道公司）、在江苏省江阴市靖江工业园区设立了康远新材料有限公司（康远公司）。

西安公司的业务范围随着企业的发展，最终涵盖到了电气化铁道横腹式预应力混凝土支柱、环形等径预应力混凝土接触网支柱、环形电杆、水泥制品、铁路混凝土轨枕的制造和销售，铁路电气化通信器材、信号器材、电力器材的销售，高速铁路H型钢支柱、格构式钢支柱、钢管硬横跨、格构硬横跨、钢管柱、吊柱、腕臂柱的制造和销售。公司的部分产品后来不仅供应国内市场，还远销到了非洲，用在了亚吉铁路和阿尔及利亚的部分铁路上。

定位为科技型创新企业的科技公司打破常规，锐意进取，先后取得了房屋建筑工程施工总承包三级、钢结构专业承包三级、装饰装修工程专业承包三级、中央投资项目招标代理乙级资质，摘取了中国招投标协会会员单位、钢铝复合导电轨国家行业技术标准的合作起草和制定单位、省级高新技术企业，以及电气化铁路接触网钢结构柱、城市轨道交通钢铝复合导电轨、磁悬浮导电轨和化学锚栓的专业生产制造商等头衔。其磁悬浮系统中的磁悬浮C复合导电轨等获国家实用新型专利授权，多项技术成果获国家级奖项和中国铁建奖项，企业发展前景越来越好。

郑斌（左二）在科技公司检查工作时的照片，左一孙维星，右一白利军，后排为滕俊荣

在着力实现高铁接触网零部件制造技术国产化的同时，铁道部为满足中国高铁建设对高性能接触线的需求，决定开发研制时速 350 千米以上高速铁路新型接触线及相关零部件。在郑斌不遗余力的争取下，铁道部将这一课题交给了铁建电气化局。

为圆满完成任务，郑斌亲自挂帅，担任了课题领导小组组长，副组长由副总经理寇宗乾、万传军、孟宪浩和总会计师张国俊担任。经过 4 个多月的紧张工作，在以铁建电气化局引进的第一位博士李学斌为首的研发人员的努力下，2009 年 2 月，课题组取得了重大技术突破，试生产出了拥有完全自主知识产权的高速铁路新型接触线产品。

为将研究成果转化为实体产品运用于高铁，铁建电气化局在做好课题的同时，积极与有关导线生产企业进行合作谈判，最终决定与江苏江阴电工合金有限公司合作，由铁建电气化局出资 3027.87 万元收购后者投资的江苏康远新材料有限公司 51% 的股权，双方成立合资公司——中铁建电气化局集团康远新材料有限公司（康远公司）。出于战略发展需要，2013 年 5 月 23 日，铁建电气化局全资收购了康达投资所占股份，将康远公司变成了旗下全资子公司，并于2013年8月15日将康远公司的注册资本金增至1.2亿元。

康远公司也属于科创型企业，专门生产电气化接触网线材，主要从事时速300千米及以上高性能高速铁路接触线、承力索等高端产品的研发、生产、销售和技术服务。经过几年的成长积累后，康远公司研发生产的世界最高标准时速400千米及以上高铁超细晶强化型铜镁合金接触线和承力索，不仅通过了欧洲CE认证，还相继斩获了法国斯特拉斯堡国际发明展银奖、"全国用户满意产品"称号、中国施工企业管理协会科技创新成果一等奖、北京市科技成果一等奖、江苏省科学技术奖三等奖、中国铁道协会十大创新技术奖，拥有5项国家发明专利和40项实用新型专利。借助中国高铁建设的大潮，康远公司一跃成为中国生产高速铁路接触线和承力索的骨干企业，生产的高铁接触线的导电率超过了75%。公司产品除广泛用于国内高铁外，还出口并应用到了韩国、埃塞俄比亚等国家的铁路上。

2018年11月，调研康远公司时的合影，左起刘彬、栗喜明、王中平、赵德胜、郑斌、杨玉军、王远东、李学斌、黄祖成

轨道公司的起步和成长与外企和民企都有关联，虽然有过一些波折，但最终仍然回到了康庄大道上。

在成立后的五年内，铁建电气化局费尽周折终于布局形成了由设计、施工、产品制造和运营维护组成的完整的上下游产业链。随着时间的推移，各产业链相互融合得越来越紧密，基本上做到了协同发展。2017 年底，铁建电气化局又在集团机关增设了资本运营部，开始实质性向 PPP 项目领域进军。同时，积极开发适应城市地铁、有轨电车、云轨、磁悬浮和智慧城市综合地下管廊市场的产品和技术。

宝剑锋从磨砺出，梅花香自苦寒来。无论是个人还是集体，只要方向正确，付出的辛勤汗水终究会化为甜蜜的果实。铁建电气化局在产业结构上所做的布局、适时调整和逐步完善，大大提升了其综合竞争力，使其最终形成了优势互补、竞相发力、多点布局、跨界创新的全新业务板块格局，发展步伐因此越迈越大，发展道路因此越走越宽。

第三章　跻身国际一流高铁电气化零部件制造商

确定国外技术转让合作方

为使铁建电气化局能早日在工业产品板块全方位赶上中铁电气化局，并与其在中国高速铁路电气化接触网零部件制造和销售市场上双雄并立，郑斌打着实现铁道部“引进先进技术、联合设计生产、打造中国品牌”的总体要求的旗号，三番五次到铁道部运输局、客运专线技术部寻求政策支持，希望铁道部能同意铁建电气化局与西门子、阿尔斯通、菲斯特诺等国外知名企业接触，与其商谈高铁接触网零部件制造技术的转让合作事宜，使铁建电气化局也能作为市场主体之一，参与制造高铁零部件产品。

多次的努力终于换来了铁道部的首肯，董事长薛之桂、党委书记张志才、总经理郑斌分别亲自带队先后与西门子、阿尔斯通、菲斯特诺、力倍金具等欧洲公司商谈初步的合作意向，并随时向铁道部相关领导汇报谈判进展情况、各外国公司的合作态度和合作条件等。

除力倍金具外，其他几家公司的国际知名度都很大，虽然都想在中国高铁市场分得一杯羹，但又总是有中国缺了自己就不行的优越感，认为中国铁道部一定会答应他们的条件，中国的企业一定会求着与他们合作。然而，他们想错了，错在过于自信，从而忽略了中国铁道部的硬气和霸气：

谁不将核心制造技术全部转让给中国企业，铁道部就对谁关上中国高铁零部件制造市场的大门，这一条件几乎没有商量的余地。他们的高层仍然妄图鱼与熊掌兼得，轮番游说铁道部，试图让后者同意他们只转让部分技术或者答应他们开出的天价转让费。铁道部铁口不改，相关领导一边与西门子等公司谈判周旋，一边会见名气稍弱的力倍金具的高层，询问他们是否愿意参与中国高铁建设，并将核心制造技术转让给中国企业。

力倍金具位于宁静、美丽的德国小城斯瓦巴赫，是当地一家拥有近百年历史的家族企业，也是一家跨国公司。在电气化铁路兴起的早期，力倍金具就开始生产接触网零部件，积累了丰富的产品制造技术和管理经验。其高铁产品已用于时速 350 千米的高速铁路，主要供应德国本土和西班牙的高铁市场。力倍金具在中国的供货历史虽然较短，只有大约 9 年的时间，但市场认可度良好，铁道部对其印象也不错。受到美国次贷危机引发的国际金融危机的冲击，力倍金具的订单量锐减，公司发展严重受阻。中国铁道部在这个时候向其伸出橄榄枝，无疑是给了力倍金具一根救命的稻草。

2007 年的 7 月和 8 月，力倍金具的掌门人托马斯·丹还和全家在度假胜地惬意地避暑休闲。2008 年，一切都变了样，金融风暴刮灭了他的兴致，一家四口的度假计划也因此取消。7 月的骄阳火上浇油般地将他内心的焦虑越烤越旺，公司会议室里，空调温度调到了最低也无法让 40 岁出头的托马斯感到清凉，财务总监、销售总监、生产总监等公司高管汇报的数据像山一样压得他快喘不过气来了。归纳下来，他们的意见大致有以下几点。

一是公司财务状况持续恶化，如果公司要想继续存活下去，最好接受中国铁道部的建议，否则，随着金融危机的持续蔓延，公司可能不得不做最坏的打算。二是除了斯瓦巴赫的总厂和中国上海的分厂还有少量订单在生产外，其他地区的分厂情况都不乐观，有的已经停产，得赶紧想办法寻找出路。三是公司上半年的销售总额不到年度计划的一半，如果没有新的订单，年度计划将很难完成。四是将技术卖给中国就意味着“活下去”，封锁技术可能意味着“死亡”，技术是死的，人是活的，只要公司正常运转，技术人员就可以对已经转让的技术进行创新和升级，甚至开发出新的专利技术，而为保证公司将损失降到最低水平，最好提前设定好谈判底线和合作条件。在残酷现实的逼迫下，经过多次艰难的分析和讨论，托马斯最终选择了让力倍金具“活下去”。

西门子等企业被中国铁道部打了一个措手不及，备感震惊和不甘。在他们看来，中国铁道部理当选择与他们这样的大牌企业合作，而不是小作坊式的力倍金具。焦急地等待着铁道部相关领导指示的郑斌在第一时间得到了力倍金具将是铁建电气化局合作和谈判对象的消息。在回办公室的路上，郑斌就按捺不住地用手机将消息分别给了薛之桂和张志才。三个人在薛之桂的办公室里碰头商量了一下，一致决定事不宜迟，立即召开技术转让谈判专题会议，布置谈判相关事宜。

2008 年 8 月，铁建电气化局成立了高速铁路电气化接触网零部件制造技术转让谈判小组，由 1 个月前从中铁电气化局跳槽到铁建电气化局担任副总经理的孟宪浩兼任谈判小组组长。孟宪浩分管工业制造板块且英语较好，由其担任组长是最顺理成章的事情；副组长由董事会秘书汪友顺兼任；成员 2 人，分别为董事会秘书处副处长赵德胜和市场经营部部员兼英文翻译朱芙蓉。谈判小组全权负责整个谈判工作，组长孟宪浩要及时向集团主要领导汇报谈判进展情况。

郑斌要孟宪浩务必遵照铁道部高新技术引进政策的相关要求，服从铁道部运输局的谈判安排，制定好谈判计划和策略，稳扎稳打，力争实现谈判利益最大化。同时，在谈判间隙，还要做好国内高铁零部件生产制造合作企业的考察比选工作，即对外技术转让谈判和对内选择合作制造企业要同步进行，一旦对外谈判成功，就有现成的生产基地将谈判协议的成果落到实处。

国企和民企牵手合作

因为铁建电气化局的考察人员对产品制造业的知识有限，又有点急于求成，难免在企业的比选上过于仓促，所以最后发现有些合作对象并不理想，最典型的当属常州市民营企业 M 公司。

一个企业的决策，不管是哪个主要领导的意见占了上风，对错都是集体表决的结果，不能将任何决策失误仅加在个别领导身上，参与集体决策的所有高层领导和部门领导都有责任。

郑斌认为，虽然他没有参与 M 公司的比选工作，但在会议表决时他并没有提出反对意见，所以，如果将 M 公司的选择定性为决策失误的话，他也有推卸不掉的责任。

M 公司由老马创办，由于管理不善，加上金融危机影响了公司的进出口业务，公司陷入困境，急需找到合作伙伴渡过难关。为了挽救自己的心血，老马沙哑着嗓子，到处打听是否有潜在的合作企业。听说铁建电气化局正在江浙一带考察，想寻找合适的民营企业合资办厂生产高铁用产品后，他眼前一亮，再三恳请相关政府机构为他和铁建电气化局牵线搭桥。

不久，老马亲自拜见了铁建电气化局的相关领导，主动提出愿意与铁建电气化局合作，并说他的公司发展得如何如何好，产品已远销东南亚，还说他有现成的厂房，可以直接改造成高铁产品制造车间，欢迎铁建电气化局的领导们亲临他的公司考察指导，等等。老马的态度很积极，言辞很诚恳，信心很充足，M 公司被他描绘成了正处在蒸蒸日上的发展势头上，让人不得不动心，以为他是一个不可多得的合作对象。

老马糖衣炮弹式的进攻和掩盖了公司危机真相的虚假表面文章取得了完胜，上至有关部门，下至铁建电气化局，都被他的真诚和热情感动了。

铁建电气化局向上递交的决定与 M 公司合资办厂，生产高速铁路接触网零部件产品的报告很快获得了批准。

2008 年 9 月 25 日，铁建电气化局与 M 公司共同出资，在江苏省常州市雪堰镇注册成立了中铁建电气化局集团轨道交通器材有限公司（轨道公司），铁建电气化局以 52% 的股权比例控股。根据公司章程，合资公司董事长由铁建电气化局委派，总经理由 M 公司委派。经铁建电气化局同意，老马就任了轨道公司总经理一职。

铁建电气化局一方面考虑到对外技术转让谈判仍在进行当中，轨道公司的办公楼和厂房等还需要新建或改造，并未真正运转起来，另一方面出于对老马的信任，就暂未向合资公司派出董事长，而是全权委托老马打理筹建事宜，铁建电气化局副总经理孟宪浩负责督办和协调。这样的安排或许正中老马下怀，可能也正是他极力争取的结果吧，谁又说得清楚呢？

动机和目的皆不纯的合作对象带来的是两败俱伤甚至是灾难。成了轨道公司老大的老马，逐渐露出了部分民企老板说一不二、唯我独尊的做派。他的儿子和女婿都成了轨道公司的高级管理人员，儿媳妇则被安排担任了财务部出纳，还有一些亲戚和亲信也被安排在了轨道公司的关键岗位上。未经铁建电气化局同意，老马擅自做主以轨道公司的名义一口气新购置了近十台高级轿车。新厂房尚未完全建成，老马又以需要提前购买生产设备为由，在铁建电气化局与力倍金具的技术转让谈判尚未确定转让产品类型的情况下，自作主张以轨道公司的名义进口了一批价值昂贵的先进设备，包括锻造机、铸造机等。他美其名曰这是超前谋划，为轨道公司提前做投产准备，还打电话向铁建电气化局的主要领导邀功。

对老马的所作所为，郑斌是听说了的，不过他并没有太放在心上。身为铁建电气化局的总经理，他的主要精力都放在了生产经营上，说他不关心轨道公司的发展未免违心，只是他认为那不是他主导的事，他不便插手过问，以免引起不必要的内部矛盾和误会。

技术转让谈判尘埃落定

暂且不说老马如何在轨道公司一人独大，现在来看看发生在技术转让谈判桌上的事。

双方代表初次见面时，力倍金具的主谈——亚洲区业务总监 Joachim Schaefer（中文名：赛福）表现得极为谦恭、内敛，三名中外助手——力倍金具（上海）有限公司总经理 Martin Fritz（中文名：费马丁）、力倍金具北京代表处首席代表傅清、力倍金具（上海）有限公司技术支持邱兰兰也是彬彬有礼，给以孟宪浩为首的铁建电气化局的谈判小组人员留下了良好的第一印象。

友好的自我介绍后，双方明确了各自的谈判联络人和联络方式，并对谈判内容和进程进行了初步安排。

孟宪浩再次强调了铁道部对技术转让的要求，即力倍金具要毫无保留地将其全部高速铁路接触网零部件制造技术转让给铁建电气化局，并提供相应的技术支持，直至铁建电气化局完全掌握转让技术，能独立生产出合格的技术转让产品为止。

头上剃得锃光瓦亮的赛福微笑着说，请贵方放心，力倍金具一定会按照贵国铁道部的要求推进和完成技术转让工作，并且已经在着手整理相关产品和技术资料，会尽快提供给贵方审核。

孟宪浩提出，为方便沟通和交流，一方向另一方提供或发出的任何书面往来资料，均要采用中英文对照形式，且以中文为主。

赛福连说，可以可以，我们一定照做不误。

不得不表扬德国人的认真、严谨和诚实，他们明知道铁建电气化局没有一个人懂得高速铁路到底包括哪些接触网零部件，更不知道它们还要被细分成若干类别和若干系列，但是他们没有嘲笑，没有趁火打劫，更没有想要欺骗谈判对手。他们将分门别类整理好的力倍金具生产的全部六十多种高速铁路接触网零部件的中英文清单，提交给了以孟宪浩为代表的铁建电气化局的谈判小组，并向他们详细地解释每个产品的材质、用途、生产设备、加工方式等，甚至采用绘图的方式向他们解说产品的外形和安装位置。

确认了转让产品清单后，谈判的焦点集中在了转让费用上。双方互不相让，据理力争。有一次，汪友顺正在谈判桌上计算转让费用，神经绷得异常紧张，刚巧己方团队的一名工作人员因为转让费用谈得太久，发了一句牢骚。汪友顺一下子情绪失控，“啪”的一声将手中的铅笔扔在了会议桌上，冲着该名工作人员就是一通狠批，吓得该工作人员赶紧噤声，悄没声地溜出了会议室。汪友顺虽自知失态，但也过了相当一会儿才平复余怒，继续埋头计算转让费用。另有一次，力倍金具聘请的律师在谈判桌上咄咄逼人，甚至拉开了吵架的架势，将汪友顺气得吹胡子瞪眼，强烈要求力倍金具更换律师，否则就暂停谈判活动。

无论谈判桌上气氛如何紧张，赛福始终克制、礼貌，即使在相持最激烈的时候，他的语速和音量都保持着平和，他还会用沉默来等待中方对手冷静下来。在整个谈判期间，赛福的冷静或者冷处理方式对谈判工作的顺利推进起到了一定的积极作用。

在转让费用上，赛福有赛福的坚持，他说，我方的技术是经过了几十年积累的成熟技术，很多都有专利，我方报出的是经过销售人员和技术人员认真计算过的合理价格，铁建电气化局应该尊重我方的技术以及我方开发人员的劳动成果。

孟宪浩的任务是既要谈判成功，又要维护铁建电气化局的最大利益。他说，你方的转让费用与阿尔斯通和菲斯特诺相比，没有任何竞争力，如果你方诚心与铁建电气化局合作，诚心想在中国高铁市场有所发展，就请你方重新报出有竞争力的价格。

中铁电气化局早在 2008 年 3 月就在位于宝鸡的合资企业——宝德利公司建成投产了高速铁路接触网零配件生产项目。铁建电气化局和力倍金具如果在转让费用上互不相让，僵持太久，导致谈判破裂，双方不仅会在时间和经济上损失惨重，还会错过进入中国高铁接触网零部件制造市场的大好时机，铁建电气化局更是会失去追赶中铁电气化局的赛道。

虽然双方都不想放弃合作机会，都想尽快使合作协议尘埃落定，但又无法认同对方开出的转让价格，双方代表在谈判桌上一连僵持了近两周时间也未能达成一致。

关键时刻，铁道部出面了，运输局客运专线技术部的王祖峰处长亲自约谈了赛福和孟宪浩。最终，铁建电气化局和力倍金具相互妥协，各让一步，双方历时十个月的合作谈判以成功告终。

技术转让工作稳步实施

2009 年 5 月 5 日，首都北京天气宜人，钓鱼台国宾馆内景色优美，十几幢风格迥异的现代国宾接待楼和古建筑群相映生辉，亭阁、回廊、假山、溪流、池水、石桥、涌泉、幽径、绿草、松柏、垂柳及众多的名贵花木各成姿态，组合成了一幅精巧典雅的山水画，宛若仙境。

身沐春风的铁建电气化局工作人员正各司其职，迎接着陆续到来的中外贵宾，他们是应邀前来参加铁建电气化局与力倍金具的《高速铁路电气化接触网零部件制造技术转让协议》签约仪式的中国政府官员、企业高管、外国公司或政府驻华代表。

在 200 多人的见证下，铁建电气化局董事长薛之桂和力倍金具首席执行官 Dr. Walter Pfandl 郑重签署了技术转让协议书。

2009 年 5 月，郑斌在签约仪式上致辞

坐在观众席第一排的郑斌也很激动，虽然他没有主导国内合作伙伴的选择，但是与国外公司的技术转让合作却是他不遗余力地争取来的。他希望轨道公司通过技术转让合作成为中国最重要的高铁电气化接触网零部件生产基地和国际一流的高铁电气化接触网零部件制造商和供应商；轨道公司的产品将来不仅要全面供应国内高速铁路和普速铁路市场，还要向城轨市场拓展，甚至走出国门，用在国外的铁路项目上。

协议的签署意味着郑斌的希望已经播种，接下来就是正确地浇水、施肥，然后看着种子生根、发芽、长叶、开花、结果。

为了保证技术转让工作的顺利实施，铁建电气化局在协议签订后不久即成立了技术转让工作小组，由谈判小组的原班人马继续负责转让工作，以便于工作的衔接和协调。孟宪浩没有推托的理由，身为铁建电气化局分管工业制造板块的副总经理，他必须全力保证技术转让工作按协议约定圆满完成。他接受了铁建电气化局赋予的艰巨任务，担任了技术转让工作小组组长，副组长为汪友顺，赵德胜和朱芙蓉依然是成员。

技术转让工作小组除继续与力倍金具对接外，还要监督和检查技术转让承接方——轨道公司的厂房建设的进展情况。细节决定成败，转让技术的国内消化、吸收和应用要在轨道公司完成，厂房的建设质量、布局的合理性、设施设备与转让产品技术的符合性等都是关键因素，不能有丝毫马虎。

人更是决定成败的关键中的关键。考虑到赵德胜全程参与了技术转让谈判，不仅立了功，还熟悉协议内容和力倍金具的高层，与老马也成了老熟人，铁建电气化局决定将他官升一级，委派他到轨道公司担任董事长一职。

赵德胜的到来打破了老马在轨道公司一手遮天的局面，牵制了他的行为，使他不能再随心所欲地想干什么就干什么，想买什么就买什么，想安排什么人就安排什么人。当赵德胜先以铁建电气化局董事会秘书处副处长、后以工业系统管理部副部长身份到轨道公司公干时，老马对他是欢迎的；当赵德胜以董事长身份来执掌轨道公司时，老马不高兴了。他开始排挤和打压赵德胜，且渐渐地由暗到明，曾经的老熟人、老朋友变成了最不受待见的人。他对赵德胜处处掣肘，阻拦下属执行赵德胜的指令，故意缺席赵德胜主持和安排的会议，甚至还暗中派人更换了赵德胜办公室和宿舍的门锁，想逼他自行离开轨道公司。孤身从北京来到雪堰镇的赵德胜，本就是温文尔雅的谦谦君子，又初到轨道公司任董事长，势单力薄，怎么斗得过根深蒂固的老马呢？但是为了企业利益，他选择了隐忍，没有向集团领导诉苦和告状，而是背着老马无端地加在他身上的羞辱和委屈，坚定不移地按技术转让协议的约定时间表推进和落实实施工作。

在技术转让协议签署 3 个月后，铁建电气化局会同轨道公司分三批次分别于 2009 年 8 月 4 日、8 月 20 日和 10 月 23 日接收了力倍金具提交的书面技术文件，包括产品的设计图纸、制造图纸、工艺文件、质量控制文件、技术标准、安装说明书等资料，并按技术转让要求完成了车间的生产布局，包括金加工生产车间、锻造车间、铸造车间、装配车间、模具车间

5 个技术转让产品相关车间和 3 个其他业务相关车间。轨道公司还按力倍金具技术转让的要求，建成了一个国内先进的专业试验室，分为光谱试验室、常规静强度试验室、疲劳试验室、三坐标测量实验室、振动试验场、化学实验室。

2009 年 7 月，力倍金具派技术专家 Frank Schobert 到轨道公司进行首次技术交流，Schobert 详细讲解了各种设备的要求及性能指标，并按照产品的生产工艺特点对生产布局进行了讲解。

由于老马提前购买的制造设备的性能和参数与力倍金具技术转让产品的要求不匹配，因而无法使用，只能弃置一旁，给轨道公司造成了很大的财务损失。轨道公司在认真理解了力倍金具的技术讲解后，迅速进行部署，重新组织设备的招标采购。

2009 年 9 月 10 日，力倍金具总工程师瓦夫勒来到常州，对轨道公司员工进行首次技术转让理论培训。之后，力倍金具又按技术转让协议推进表先后派出了生产总监、质量总监、锻造专家、铸造产品专家、机械加工专家等到轨道公司进行技术培训。轨道公司也分批次外派管理和技术人员赴德国力倍金具总部和生产车间接受现场培训。

在和力倍金具来华专家的闲聊中，铁建电气化局了解到，力倍金具的绝大多数员工从未到过中国，对中国的印象还停留在上个世纪，认为中国贫穷落后，野蛮不开化。当赛福要求公司按协议约定的时间派人到中国，对轨道公司的管理和技术人员进行技术转让相关理论培训时，居然没有人愿意到中国来，因为他们都害怕到中国后，人身安全没有保障。赛福哭笑不得，不得已手拿在中国拍的现代感十足的照片，挨个找相关技术人员做思想工作，跟他们讲自己在中国的见闻和经历，这才动员起稍微见多识广的瓦夫勒和性格活泼的小老头扬麦尔、帕普等人。到了中国当然由中国人说了算。除了 8 小时的理论培训的讲台由德国人做主外，其余的时间，他们就属于轨道公司远道而来的客人了。

中国人的热情和好客被轨道公司发挥到了极致，江南的美食、美酒、美烟、美景、香茶、丝绸、珍珠等让初到中国的力倍金具的专家们差点惊掉了下巴。如此富庶繁华、比法兰克福还现代化的中国超出了他们的想象。他们为自己先前对中国刻板的认知感到惭愧，近乎奢靡的接待让他们乐不思蜀了。力倍金具的专家们无比留恋地离开了中国，回到了小城斯瓦巴赫，齿间还留着中国江南的美食、佳酿、香茗的余味，旅行包里装满了从中国带回来的新奇而精致的礼物。在中国大开眼界的瓦夫勒、帕普、扬麦尔等人成了力倍金具的明星，赛福再也不愁没有技术人员愿意到中国去提供培训服务了。

看来耳听为虚，眼见为实还是有道理的，亲身体验比口头劝说更有效啊！力倍金具的技术人员由被动来中国转为了主动要求来中国，来了一次的还想来第二次、第三次，没有来过的，希望自己也能被上帝选中，到中国来当一回培训专家。

实现高铁零部件产品自主制造

路遥知马力，日久见人心。

合作的初衷是获得双赢甚至多赢，然而，现实的困难击碎了美好的愿望。身为国有企业的铁建电气化局与民营企业 M 公司的管理人员在管理理念、处事方式等方面存在着明显的差异。出于这样那样的原因，他们未能有效地融合在一起。除了在德国人面前表现得一团和气外，其余大部分时间，轨道公司中来自铁建电气化局和来自 M 公司的高级管理人员基本上处于针锋相对中，没有人还记得“和气生财”这四个字。对于还处在技术转让实施阶段、尚未形成生产能力、只出不进的轨道公司而言，这无疑是雪上加霜，公司亏损日益严重。

看着一次比一次差的财务数据，郑斌再也坐不住了，这哪里是他要的一流制造商？这就是个烧钱的无底洞、败家子！

“董事长，老马那小子把轨道公司搅得乌烟瘴气不说，还把轨道公司搞得亏得一塌糊涂，再这样亏下去，我看厂子迟早得完蛋！”

“郑总啊，这几天我也一直在考虑这件事。前面的事就不扯了，当务之急是看怎么解决这个矛盾，你有什么想法没有？”

“要不把张书记请过来，我们三个先一起研究一下，看怎么处理最好。”

董事长、党委书记、总经理，铁建电气化局的三位一把手，一边吞云吐雾，一边苦思良策，最后达成一致意见：一是赵德胜回局机关工作，改派他人担任轨道公司董事长；二是老马退出轨道公司，由铁建电气化局全权负责经营和管理轨道公司，具体谈判工作由孟宪浩负责。

“亡羊而补牢，未为迟也。”

多次谈判后，尽管铁建电气化局答应了老马苛刻的退出条件，但好歹让他退出了轨道公司。老马离开轨道公司时，将其当初从M公司带到轨道公司的管理和技术人员又尽数带回了M公司；同时让人将存储在轨道公司电脑中的技术转让资料全部进行了格式化；还威胁部分不愿意离开轨道公司的前下属，迫使他们陆续从轨道公司辞职，重新回到了M公司。有这样的胸怀和做事方式，老马从白手起家到呼风唤雨再到几年后最终走向败落，也算是情理之中的事了。

完全归铁建电气化局经营和管理的轨道公司总算走上了正轨，并逐渐恢复了元气。几年后，在改派的董事长卫明博和总经理冯晓河的共同努力下，轨道公司终于实现了转亏为盈。

技术转让工作也在力倍金具技术人员的悉心帮助下圆满按期完成。轨道公司不仅掌握了全部引进的8大类35个系列66种产品的制造技术，形成了自主生产能力和供货能力，而且还有所创新，自行改进、改型了十多种产品。所有产品均通过了铁道部和力倍金具的双重检测，并先后取得了产品市场供应所需的各种许可、认证证书，包括铁道部的行政许可证和欧盟 CE 认证等。铁建电气化局在高铁电气化接触网零部件制造和供货市场不仅不再是白纸一张，还对市场竞争格局起到了积极的平衡作用。

2011 年 3 月技术转让工作结束后，轨道公司就为京石客专提供了 100 正线千米的零部件，全部为技术转让产品。几年后，轨道公司的产品不仅全面供应高速铁路、普速铁路市场，而且向城轨市场拓展，并走出国门，用在了埃塞俄比亚的米埃索至达瓦利铁路和亚的斯亚贝巴至吉布提铁路等海外铁路项目上。

轨道公司终于变成了郑斌心目中的中国最重要的高铁电气化接触网零部件生产基地、国际一流的高铁电气化接触网零部件制造商和供应商。

铁建电气化局不仅在铁路产品制造板块追上了中铁电气化局，与其形成了双雄并立的态势，还使自己的产业链上又多了一个经济增长点，企业竞争力、系统集成能力和综合发展能力也因此得到了很大增强。

第四章　从行业追随者到佼佼者

胶济客专“四电”系统集成施工实现开门红

铁建电气化局组建初期实施的均为普速铁路项目，很多属于升级改造工程，技术含量不大。中铁电气化局在2006年就从京津城际项目开始涉足铁路客运专线“四电”系统集成领域，铁道部也正是从京津城际铁路开始，将铁路尤其是高铁“四电”系统集成施工日益常态化。铁建电气化局组建两年多了，却连高铁的边都还未沾上，这未免与其集团公司的身份和体量太不相符。

要想尽快从普速铁路步入高、大、上的高速铁路，积累高铁施工管理经验，培养高铁施工技术力量，早日在高铁“四电”系统集成施工市场占得半壁江山，郑斌自知凭着铁建电气化局的现有实力是无法实现的，只能找上层要扶持政策。他再次代表铁建电气化局向中国铁建和铁道部伸出了求助的双手。

郑斌带着愁容和敬畏之意敲开了铁道部副部长卢春房的办公室，他脑海里还回响着卢春房之前对他说的不能总想着让上级帮忙，要苦练内功，凭本事拿标的话。

“郑斌来了，过来坐！”身材瘦高、平易近人的卢春房热情地招呼道。他对老乡兼老部下的郑斌很少见外，看郑斌苦着脸，就知道他准是又遇到难题了。没等郑斌开口，他就打趣地问道：“无事不登三宝殿，说吧，什么事？”

郑斌嘿嘿笑了两声，以此掩饰自己的尴尬。“卢部长，您是大忙人，我看外面还有好多人等着向您汇报工作，我就长话短说，不耽误您太多时间了。这个，您也知道铁建电气化局成立两年多了，一直干的都是普速铁路和改建铁路的活，部里招标的几条高铁线路，我们要么没赶上，要么根本中不了标，主要是没有业绩做支撑。您一直要求我们练好基本功，凭自己的本事拿项目，但是高铁对我们来说，是新领域，单靠我们自己拿标，太难了。我们已经向中国铁建的主要领导申请过，让系统内实力比较强的局和我们组成联合体一起参与投标。部里最近要有新的客专项目招标，我们希望得到一些支持，让我们积累点儿资本，以后投标能有像样的高铁业绩。”

“我就知道你是为了项目，不过，我还是那句话：打铁还需自身硬。你们不能老想着找部里要扶持，一定要想办法提升自己的能力才行。市场还是靠实力说话的，你们搞联合投标，符合政策规定，我是支持的。”

2007年8月7日，在中国铁建和铁道部的再次支持下，铁建电气化局牵头与中铁十一局和中铁十二局组成联合体，中标济南—青岛客运专线（胶济客专）“四电”系统集成施工总承包工程，中标金额为9.29亿元，铁建电气化局的份额为6.5亿元。

胶济客专正线全长362.5千米，设计时速250千米，是中国首次在动车组开行条件下进行工程改造的干线项目，也是2008年北京奥运会的保障性工程，重要性可想而知。“4·28”胶济铁路特大交通事故后，铁道部将全路有名的作风强悍人物——铁道部副总工程师耿志修派到济南铁路局兼任局长就是为了确保胶济客专能按期开通运营。

胶济客专首次采用“四电”系统集成施工，工程范围包括既有线利旧改造和新建线路。施工过程中，区间内新建客运专线与既有胶济铁路多次换边，实行“四线”并行，以满足客运、货运行车分流，这给施工增加了前所未有的难度。

这条客专是铁建电气化局参建的第一条客运专线，关系到其是否能在高铁“四电”系统集成施工领域站稳脚跟。为此，铁建电气化局早在投标期间就组建了胶济客专“四电”工程指挥部，由集团副总经理郭志光任指挥长、黄国胜任常务副指挥长、何明海任党工委书记、廖军华任总工程师，负责全线“四电”系统集成工程施工的组织和管理，下属一公司、二公司、三公司分别组建了第一、第二和第三项目分部。

指挥部没有一个人有过“四线”并行的施工经历，不知道如何做才能满足这种施工要求。方案做了一个又一个，因都不能达到要求而被否定了。郭志光多次召集黄国胜、廖军华还有工程技术部的技术人员研讨，也没有能拿出可行的施工方案。工程进展异常缓慢，现场人员从上到下一筹莫展。铁建电气化局应业主要求，先后换派了几拨技术督导组，但收效甚微。

工作要求高、作风强硬、临危受命来到济南铁路局的耿志修对铁建电气化局的施工进度极为不满，眼见他们迟迟拿不出真章，实在坐不住了，亲自跑到施工现场视察，想搞清楚到底是什么原因导致项目进展如此缓慢，工期滞后了这么久。他多次催促郭志光尽快拿出方案，将拖延的工期抢回来。郭志光每次都是愁眉苦脸地说，正在研讨方案，请耿局长和济南铁路局再给我们几天时间。

心急如焚的耿志修好几次对郑斌提出了不满和警告：“老郑，你们到底行不行啊，不行的话，我就叫刘志远来干了。”刘志远时任中铁电气化局总经理。

耿志修的不信任、不满意、责备和警告使郑斌如芒在背、忐忑不安。胶济客专项目是铁建电气化局的希望，关系到其以后在中国高铁市场的命运。无论如何郑斌都不能让铁建电气化局在这个项目上栽跟头，更不能让济南铁路局以能力不行为由，在中途将项目改由中铁电气化局实施。否则，铁建电气化局不但会颜面扫地，还会辜负中国铁建和铁道部相关领导的关心和期望，甚至会从此失去在中国高铁市场竞争的机会。果真这样，铁建电气化局就失去了成立和存在的意义，郑斌的高铁梦也会成为泡影。他决不能让这样的事情发生，决定亲自上阵。

郑斌非常理解业主、耿志修和济南铁路局的担忧和不满，项目如果不能如期交付使用，就会影响铁道部事先的运行规划，更会因 2008 年奥运会引发国际影响，这是谁都承担不起的责任。他将办公室临时搬到了铁建电气化局驻在潍坊的胶济客专指挥部，一连几个月在那儿坐镇指挥，向上协调济南铁路局、胶济客专建设指挥部和设计院，对下制定施工方案，深入现场检查督导。在这期间，连铁建电气化局的总经理办公会议都是在潍坊的指挥部召开的。

为了解决多次换边施工的技术难题，郑斌放下总经理的身段，把自己当成一名普通的施工技术人员。他又变成了多年前那个在施工一线奔忙的“拼命三郎”，顶着烈日跑现场，观察换边过程，记录换边时间，苦思冥想换边施工方法，参与编写施工方案并多次赴济南铁路局汇报和讲解施工方案。他成天穿着被汗水湿透的衣服，脸、胳膊、手都快被晒成黑炭，连耿志修都打趣地说：“老郑啊，你这个样子，哪里还是个集团总经理，分明像个老农民嘛！”

郑斌不惜变成“老农民”也要攻克难关的韧劲感动了老天爷。2008 年 7 月 20 日，铁建电气化局圆满完成了临淄站大驳接，实现了即墨至淄博间客货分线运输的目标，新客线及新建货线顺利开通。

为了顺利完成此次大驳接，铁道部动用了几千人，在多个地方同时动作，副部长卢春房亲自来到施工现场督导，急得嗓音都嘶哑了。郑斌陪同他顶着烈日在线路上来回巡查，确保不留一个隐患。直到大驳接顺利完成，卢春房紧锁的眉头才舒展开来。

2008 年 11 月 20 日，铁建电气化局又圆满完成了济南东站大驳接，做到了不出一事、不伤一人、不延一分，实现了淄博至济南间客货分线运输的目标。

从最初的无从下手，到啃下硬骨头，解决“四线”并行施工难题，铁建电气化局最终安全、优质、高效地完成了胶济客专“四电”系统集成施工总承包任务，工程质量合格率为100%，优良率在96%以上，向业主和济南铁路局圆满兑现了合同承诺。凝聚了铁建电气化局参建人员心血和智慧的“四线”驳接信号施工技术获得了中国铁建科学进步奖一等奖。

胶济客专项目的成功实施为铁建电气化局赢得了行业口碑和来自铁道部的信任，随后实施完成的西格铁路“四电”系统集成施工项目再次向铁路行业和铁道部证明铁建电气化局已经成长为了铁路“四电”系统集成施工领域的生力军，完全有能力、有实力实施好高铁“四电”系统集成施工项目。

成功完成时速350千米郑西高铁“四电”系统集成施工

早在2006年12月21日，铁建电气化局就以牵头方的身份与中铁十一局集团电务工程有限公司、中铁十二局集团电气化工程有限公司和铁道部第五勘察设计院组成第2联合体投标团队，递交了新建铁路郑州至西安客运专线下的通信、信号及牵引供电子系统集成施工总承包项目（郑西客专）的投标书。同时递交投标书的还有中铁电气化局与中国铁路通信信号集团公司（中国通信信号）等单位组成的第1联合体投标团队以及中铁二局、中铁三局和中铁四局等单位组成的第3联合体投标团队。

经过漫长的评标过程，2007年9月17日，业主将中标通知书授予了以铁建电气化局为首的第2联合体投标团队。2007年10月，铁建电气化局组建了郑西客专“四电”工程项目部，由集团副总经理郭志光任项目经理、刘实任常务副经理、张汉波任总工程师，负责全线“四电”（通信系统、信号系统、牵引供电系统、电力供电系统）工程施工的组织和管理，下属一公司、二公司、三公司，以及中铁十一局电务公司和中铁十二局电气化公司分别组建了项目分部，李长波、冯晓河、盛存银、陈宝军、童贯山（后改为董建林）为各项目分部的经理。

▲ 2008 年 5 月，郑斌去郑西客专检查工作时的合影（横排右为刘兴晨）

郑西客专全长 505 千米，设计时速 350 千米，初期运营时速 300 千米，是《中长期铁路网规划（2008 年调整）》中国家高速铁路网“四纵四横”之中的一横——“徐兰客运专线”的中段，是徐兰客运专线最先开工、最先建成通车的一段，是世界上首条修建在大面积湿陷性黄土地区的高速铁路。

铁建电气化局虽然在胶济客专上积累了时速 250 千米高铁“四电”系统集成施工的经验，但是和时速 350 千米的高速铁路相比，其管理和技术难度都不可同日而语。

此时，中国高速铁路列车运行控制系统主要划分为 CTCS-2 级和 CTCS-3 级，新建时速 200~250 千米客运专线采用 CTCS-2 级列控系统，时速 300~350 千米客运专线和高速铁路的列控系统采用 CTCS-3 级，兼容 CTCS-2 级功能。郑西高铁采用 CTCS-3 级列车运行控制系统，这对铁建电气化局来说是需要攻克的特大难题。

2008 年 3 月 1 日，郑西高铁“四电”系统集成工程开工后，铁建电气化局就组织信号技术团队研究高铁信号列控技术，并于 9 月成立了郑西高铁 CTCS–3 项目组。项目组在铁道部 CTCS–3 攻关组的领导下进行郑西客专 CTCS–3 系统技术攻关，经过多次模拟和仿真试验，最终成功研制出了当时世界上最为先进的 CTCS–3 级列车运行控制系统，并推广应用，确保了时速 300 千米高速动车组列车的快速、安全、平稳运行。另外，技术人员还针对 CTCS–3 列控需求，创新研发了列控安全数据通信闭环监测及故障分析诊断系统，使 GSM–R 终端设备完全实现了国产化。

高速铁路牵引供电系统由牵引变电所、牵引网（由馈电线、接触网、钢轨和回流线组成）、电力机车等组成。铁建电气化局在郑西高铁牵引供电系统上首次实施系统集成，自行设计，自行施工，并在牵引变电所采用 330 千伏供电方式，这在国内属首次。

2008 年 10 月 9 日，召开郑西客专站后“四电”集成技术及管理专题会议

接触网是又一个技术大难点。2009 年 3 月 24 日，铁建电气化局通过国际招标确定由德国保富公司（Balfour Beatty Rail）担任高速接触网施工

督导技术服务方。2009 年 5 月 20 日，铁建电气化局在国内首次采用额定恒张力接触线架设技术并取得成功。铁建电气化局又在正线两端荥阳南及临潼东站首次采用 41 号道岔与联络线衔接，通过时速 160 千米，其接触网首次采用第三线辅助悬挂方式，信号道岔转辙设备首次采用 12 台转辙机多极牵引模式。接触网关键设备的设计、制造、安装、调试均具有自主知识产权，实现了 100% 的国产化，对进一步完善中国高速铁路自主创新体系具有重大意义。

辛勤的耕耘带来了可喜的收获。2009 年 7 月 30 日，铁建电气化局按期完成了郑西客专供电、电力、通信、信号“四电”工程的施工。8 月 22 日，郑西客专试验段（郑州西至洛阳龙门段）通过了铁道部专家组的静态验收评审，铁建电气化局开始进行联调联试。9 月 13 日，联调联试动车组时速达 358 千米，创造了中国电气化铁路运行实验速度的新纪录。12 月 11 日，郑西客运专线“和谐号”高速动车组单组试验最高时速达到 394.2 千米。

一帆风顺的事既不可遇也不可求，郑西客专在联调联试期间就出了一场事故。正在高速行驶的列车的受电弓被突然掉落下来的电连接线夹砸烂了，联调联试被迫中断。铁道部领导当即给郑斌打电话，把他狠批了一通，让他立即赶赴现场查明原因，尽快解决问题。接电话时，郑斌正在广东番禺，准备在那儿主持召开铁建电气化局的年度经营工作会。当时，很多单位都将内部大型会议选在旅游胜地或度假村召开，借着开会的名义让大家出去玩一玩，放松放松紧张的神经。

郑斌听说番禺香江野生动物世界很出名，是中国最具国际水准的国家级野生动物园、亚洲最大的野生动物主题公园，就指示市场经营部部长余柏华下发通知，让各单位主管领导、分管市场经营工作的副职领导和市场经营部负责人等到番禺参加铁建电气化局 2009 年度经营工作会，会后组织忙碌了大半年的参会人员到番禺香江野生动物世界游玩半天。结果，参会人员都已经齐聚在了番禺，准备第二天早上 8：30 准时参加会议的，哪知道半路杀出个程咬金，郑西客专出了事故。会议被迫取消，参会人员只得快快返程。

挨了铁道部一顿臭骂的郑斌，不知道现场情况到底有多严重，又担心事故会影响铁建电气化局的未来发展，急得出了一身汗。铁道部责令铁建电气化局对全线安装的接触网零部件来一次大排查，不得留下一个隐患，对排查出的问题零部件全部予以更换。

郑斌心急火燎、马不停蹄地赶到郑州。在入住的酒店的会议室里，他在部署善后整改措施前，没忍住怒火，将几个参会人员劈头盖脸训了一顿，质问他们为什么不在联调联试前做好充分的检查工作。

幸好，事故有惊无险。在按铁道部要求完成整改工作后，铁建电气化局顺利完成了郑西客专的联调联试工作。2009 年 11 月 28 日试车开始，第一天时速为 200 千米，以后每天逐次递增，到 12 月 3 日时速已超过 300 千米，试车运行情况正常。

2010 年 1 月 28 日，郑西客专“和谐号”高速动车组从西安站至郑州站载客试验用时 1 小时 48 分，中途最高时速达 352 千米。陪同铁道部主要领导坐在车头的郑斌，只觉得车窗外的景物和沿线职工们的身影如风驰电掣般一闪就到了身后。一个小时平均跑 30 多万米，这是什么样的速度啊！郑斌没有作为郑西客专首批试乘人员的喜悦，反而提心吊胆，生怕列车在运行过程中出什么意外。他心情紧张地盯着前方的轨道，一个劲地默念着“千万别出事，千万别出事”。列车每通过一个站点，沿线的职工们就爆发出一阵欢呼声，郑斌就会接到同在队伍中的陈宝军、李长波、冯晓河、董建林、盛存银等打来的报喜电话，听得出来，他们的“顺利通过了！顺利通过了！”的话语声中充溢着喜悦和自豪。每接到一个报喜电话，郑斌的心就会放松一次，直到列车安全平稳地到达郑州站。

2010 年 2 月 6 日，郑西客专正式投入商业运营，成为中国中西部地区第一条投入运营的时速 350 千米的高铁。

3 年的建设期中，铁建电气化局科学组织、精心施工，攻克了众多前所未有的难题，最终按期使列车安全、高速、平稳地运行在了郑西客专线路上，取得了工程质量合格率 100%、优良率 96% 以上的好成绩，撰写的《郑西客专“四电”系统集成技术研究》获得中国施工企业管理协会科技成果一等奖，项目部荣获中华全国铁路总工会火车头奖。

郑西客专的成功运营，不仅为铁建电气化局赢得了良好的社会声誉，还使其得到了社会各方的高度关注。更值得载入企业史册的是，铁建电气化局在实施项目的过程中，将最初的合作伙伴中铁十一局电务公司和中铁十二局电气化公司分别变成了自己的下属子公司南方公司和北方公司，将项目由三个单位合作建设变成了由自己一家来完成。可以说，铁建电气化局是郑西客专“四电”系统集成施工项目的最大赢家之一。

铁道部领导在郑西客运建设现场总结会议上这样评价：“郑西客运专线的工程质量是可靠的，技术是先进的，安全是保障的。”

二次重组使企业如虎添翼

在郑西客专施工过程中，铁建电气化局还完成了一件企业发展史上的大事——将中铁十一局电务公司和中铁十二局电气化公司纳入铁建电气化局。郑斌也因促成了此事而圆了将原铁道兵通信信号工程三个营的老首长和老战友们齐聚到一个单位的夙愿。

每个企业都会根据发展情况调整奋斗目标。中铁电气化局历史悠久，各方面基础都牢固，又赶上了铁路发展的大好时代，因此信心满满地宣称要在成立第 50 年的 2008 年，将营业收入突破 100 亿元，而且说到做到了。铁建电气化局虽然在 2008 年时新签合同额突破了 100 亿元，但是营业收入却只有不到 44 亿元，与中铁电气化局的骄人数据相比，实在差得太远。

得想办法缩小这个差距。郑斌紧皱眉头，心想：从哪里下手呢？

从2005年到2008年的市场经营数据来看，铁建电气化局迎来了发展的春天，2005年下半年新签合同额13.81亿元，2006年28.78亿元，2007年突破了50亿元大关，2008年再上一个大台阶，一下子冲过了100亿元，呈现出明显的蛙跳式增长态势。

这种蹑影追风式的发展速度是铁建电气化局全体人员甚至所有业内人士都始料未及的。根据中国的铁路建设规划，可以预计，铁建电气化局今后的年新签合同额不仅不会减少，还会继续上涨。其组建初期成立的五个工程子公司，经过几年的积累，在人、财、物、管理和技术等方面的实力虽然都得到了很大提升，但是照这样的订单额增长势头，势必无力完成施工生产任务，难以跟上时代的前进步伐。铁建电气化局要想真正与中铁电气化局在中国高铁市场上平分秋色，甚至超过中铁电气化局，就必须输入新鲜血液。

郑西客专“四电”系统集成工程看起来是一个项目，实际上被分割成了三块，铁建电气化局、中铁十一局电务公司和中铁十二局电气化公司各自负责自身合同份额内的施工任务。铁建电气化局作为联合体牵头方，需要对上联系业主，对下管理和协调几个项目分部。下属一、二、三公司的项目分部还好管理，中铁十一局电务公司和中铁十二局电气化公司的项目分部管理和协调起来就不是那么顺畅，一定程度上会影响工程进展。如果把它们都变成自己的项目分部，很多推诿扯皮的事就会迎刃而解，甚至根本不会发生，项目进展会更顺利，铁建电气化局的施工管理和技术能力也会大大增强。

原铁道兵通信信号工程三营的官兵多在中铁十一局电务公司，原一营和二营的官兵已经于四年前随着铁建电气化局的创建变成了一家人，就差原三营的官兵了。只要将中铁十一局电务公司并入铁建电气化局，原三个营的官兵齐聚一家的愿望就能彻底实现。

一举多得的好事此时不做更待何时。于是，将中铁十一局电务公司和中铁十二局电气化公司并入铁建电气化局的初衷又提上了郑斌的工作日程。他决定不遗余力地弥补 2005 年的遗憾，尽最大努力，采取各种有效方法，建议并说服中国铁建赞同对铁建电气化局进行二次重组。

曾经强烈反对重组的中铁十一局和中铁十二局的主要领导都已经退休，可以说 2005 年时重组最大的反对派已经或多或少地失去了话语权和影响力。接替中国铁建总经理金普庆担任中国铁建总裁的赵广发也是原铁道兵部队的首长，虽然身材不高，却话语铿锵、行事果断，极有魄力。

为了能真正做大做强铁建电气化局，郑斌亲自组织草拟了将中铁十一局电务公司和中铁十二局电气化公司并入铁建电气化局的二次重组方案。他几次三番向中国铁建总裁赵广发和党委书记李国瑞汇报自己的重组理由和重组方案。

郑斌的重组理由，概括起来就是，没有中铁十一局电务公司和中铁十二局电气化公司的加入，铁建电气化局根本不可能做大做强，铁道部建议中国铁建组建铁建电气化局的初衷也就难以实现，而且铁建电气化局很可能变成中国铁建的鸡肋。如果能将中铁十一局电务公司和中铁十二局电气化公司移交给铁建电气化局，则一切问题都可迎刃而解。铁建电气化局有望成为中国铁建效益最好的子公司之一，甚至能助力中国铁建打造自己的高铁“四电”系统品牌……

赵广发和李国瑞经过深思熟虑和反复商讨后，觉得从中国铁建的整体利益和长远发展出发，对铁建电气化局进行二次重组利大于弊，准备接受重组建议。不过，在中国铁建征求中铁十一局和中铁十二局的意见时，仍然受到了抵制，在和他们进行多轮沟通和商量后，中国铁建确定了最终的重组方案。

虽然中国铁建没有全盘照搬铁建电气化局的重组方案，但好歹同意了重组建议，郑斌满怀期待地等待着进一步的消息。佳音如期而至，2009 年

7 月 14 日，中国铁建召开了第六次总裁办公会议。会议研究决定，将中铁十一局电务公司、中铁十二局电气化公司的主体划转至铁建电气化局。会后，中国铁建正式印发了划转通知，明确了划转交接的相关事宜。

所谓主体划转，是指中铁十一局和中铁十二局只需要将各自所属的电务公司的大部分人员划转至铁建电气化局，其他如企业名称、企业资质、企业业绩、企业财务、档案等仍归属中铁十一局和中铁十二局。换句话说，就是铁建电气化局在这次划转中除了接收过来 2000 多名新员工外，其余一概为零。

这样的划转方案让铁建电气化局有点难以接受和哭笑不得，左盼右盼的重组，结果是重组进来了 2000 多人，这是嫌铁建电气化局的员工数量不够多、负担不够重，要铁建电气化局替其他集团背上卸下来的包袱吗？

郑斌内心里对这个最终版重组方案也挺有意见，觉得中国铁建每次做重组决定都不能彻底，每次都想两边做好人，搞得每次重组都是四不像。几年了，中铁十一局和中铁十二局也没长进多少，仍然看不清大形势，不知道以大局为重，表面上看是同意了重组，实际上是给铁建电气化局来了个“铁公鸡一毛不拔”，还顺带着丢给了铁建电气化局两个大包袱。

这个时候的郑斌，他所考虑的主要是如何实现铁建电气化局的利益最大化，没有做到换位思考，体谅他人的心思和难处。

不管怎么样，就算只给了 2000 多人，也比什么都不给强。事情已成定局，铁建电气化局不可能改变，郑斌更不可能改变。

上面下了命令，下面赶紧执行才为上策。接到中国铁建的正式通知后，铁建电气化局快刀斩乱麻。从 2009 年 7 月 19 日起，在中国铁建副总裁周志亮和相关部门的带领下，铁建电气化局的薛之桂、张志才、郑斌、张国俊、姜晋南、李如东（时任工会主席）、王中平（时任董事会秘书处处长）、栗喜明（时任财务部部长）、滕俊荣（时任人力资源部 / 党委干部部部长）等到中铁十一局和中铁十二局商讨移交工作细节。

在商讨办公场地问题时，中铁十一局坚持只能将现有的办公楼所在区域划给铁建电气化局，办公楼以外的大片空地和设施仍属中铁十一局，这一点没有商量的余地，否则其他事情也免谈。中铁十一局拖得起，铁建电气化局拖不起，只好同意了中铁十一局的条件，接受了人员和一栋空空如也的 6 层办公楼。中铁十二局说可以将现有的办公楼交给铁建电气化局使用，但土地的使用权仍归属中铁十二局。

无论是中铁十一局还是中铁十二局，二者都是带着不满情绪与铁建电气化局商讨划转事宜的。按他们的想法，铁建电气化局好比土匪，要生生地抢走他们效益最好的子公司。自己没有能力明抢，就借用中国铁建的威势逼迫他们拱手相让，实在是不地道，可恼可恨。自己苦心经营了二十几年的企业凭什么要让铁建电气化局白捡，所以下定了决心，能不给的就不给，能留下的尽量留下，最好将一个空壳扔给铁建电气化局。在这样的思想指引下，中铁十一局划给了铁建电气化局一栋办公楼和 1000 多人；中铁十二局将自认为是精英的主要管理和技术人员、财务人员全部留在了本局，将自认为多余的 1000 多人划给了铁建电气化局，外加一栋只有产权没有土地使用权的办公楼。

毕竟有点儿横刀夺爱的意味，铁建电气化局为避免夜长梦多，全盘接受了所有划转条件。因此，仅仅花费了 1 个月时间，三个兄弟单位就全面完成了划转移交的主要工作。2009 年 8 月 18 日，以中铁十一局电务公司划转过来的人员为基础组建的中国铁建电气化局集团南方工程有限公司（南方公司）和以中铁十二局电气化公司划转过来的人员为基础组建的中国铁建电气化局集团北方工程有限公司（北方公司）分别在湖北省武汉市和山西省太原市揭牌。

郑斌接受了既定事实，不再抱怨中铁十一局和中铁十二局的小家子气和不为大局着想。换位思考，如果自己是那两个集团的主要领导，也一样会舍不得将自己的下属企业划出去给其他单位。只有人就只有人吧，反正事情都是人干出来的，有人就有拥有一切的可能。好在，自己终于通过这次重组实现了将原铁道兵通信信号工程一、二、三营重聚到一个大集体中的想法，圆了原铁道兵通信信号工程营首长和战友的梦想。

南方公司和北方公司虽然除了人以外，其他都是零，但是因为这两个公司原是中国铁建电务系统内的实力最强者，人员综合素质整体较高，所以，加入铁建电气化局后，划转过来的人员不但没有气馁，反而被激发出了更大的潜能。两个公司很快重新申请了企业发展所需要的资质证书，又逐步培养出了更多的复合型人才，没过多久就恢复了在电务工程板块上的优势，在市场经营和施工生产上取得了一个又一个优异成绩。

强者恒强，谁说后来的就一定要当小字辈和小跟班呢？

南方公司和北方公司虽然在时间上比一至五公司晚了四年加入铁建电气化局，但其本身的历史却和前者不相上下，在铁路“四电”工程的施工管理和技术上的积累甚至能将前者甩开几里路之遥。一至五公司眼睁睁地看着这两个后来的兄弟没过两年就超过了自己，继而又将自己远远甩在了后面，只能望洋兴叹、甘拜下风。南方公司和北方公司借着铁建电气化局的发展势头，一路高歌猛进。两个公司不仅在经济效益上平分秋色，还双双变成了铁建电气化局全部 15 个子（分）公司的领头羊。

铁建电气化局因南方公司和北方公司的加入而如虎添翼，发展势头愈发锐不可当。更重要的是，通过这次划转重组，铁建电气化局综合实力大增，仅营业收入一项，就由 2008 年的不到 44 亿元变成了 2010 年的 162 亿元。从这点来看，可以说，铁建电气化局仅用 5 年时间就不仅赶上而且远远超过了中铁电气化局在成立第 50 年时的营业收入目标值——100 亿元。

南方公司和北方公司的加入大大增强了铁建电气化局的施工能力，2009 年至 2018 年底，铁建电气化局陆续实施完成了近 70 条高速铁路和快速铁路的“四电”系统集成施工，最终超越中铁电气化局，成了中国唯一一家不需要和其他单位联合就能独立完成高速铁路“四电”系统集成施工的总承包商和中国铁建系统内工程板块中经济效益最好的集团之一。到2018 年底时，由铁建电气化局完成“四电”系统集成施工并开通运营的高速铁路约占中国高铁运营总里程的一半、世界高铁运营总里程的三分之一。在十多年的成长过程中，铁建电气化局还做到了项目承揽无中介、工程施工无转包、项目管理无亏损、安全生产无事故、工程质量无隐患、企业无银行贷款、合同无法律纠纷、员工工资无拖欠。谁都明白，现有环境下，企业即使费了九牛二虎之力也不一定能做到这样的“八无”，铁建电气化局不但做到了，成了凤凰的羽毛、麒麟的角，还连续保持了十几年之久，也许还会继续保持下去。

“春风得意马蹄疾，一日看尽长安花。”想到那个曾经弱如婴儿的铁建电气化局，短短十几年就发展成了铁路“四电”行业的巨人，不仅与当年的主要竞争对手和对标企业中铁电气化局齐头并进，甚至在某些领域还超过了后者，郑斌能不觉得志得意满吗？！

第五章 走出国门，扬名海外

“清包工”打开国际工程承包市场的大门

国内普速铁路、高速铁路、提速改造铁路、城市轨道交通等市场虽然捷报频传，佳绩喜人，但对于铁建电气化局来说，毕竟属于单腿独跳，还得将另一条腿——海外铁路“四电”工程施工市场支起来。双腿共迈，企业才能做强做大，走得长远。

郑斌想起了2002年自己升任中铁十一局副总经理，分管海外市场经营工作时，为中铁十一局在海外市场上摘掉零分帽子的经历。

迈入21世纪后，国内建筑市场竞争愈演愈烈，利润空间越来越小，残酷的现实迫使国内大型建筑企业开始向海外寻求发展之路。国家也出台了很多优惠政策，鼓励施工企业到国外发展。

中铁十一局是土生土长的“铁老帽”，出过国的人用手指头都能数得过来。去国外揽活和施工，对绝大部分人来说，堪比天方夜谭。但是国家在号召企业“走出去”，中国铁建在要求下属各子公司尽快“走出去”，中铁十一局哪怕不能身先士卒，也不能光嘴上说响应号召和要求，而没有实际行动。集团主要领导要郑斌将这个重担挑起来，他再一筹莫展，也得绞尽脑汁在石头缝里找路。

通过电话咨询、登门请教，郑斌开始和一些在海外工程承包领域先行一步的国有企业建立了联系，希望能借他们的“大船”，“出海”一游，打开局面。跟着中国铁建组织的出国项目考察团组，他先后去了越南、印度尼西亚、文莱等国，虽说见了世面，了解了点儿海外市场开拓的皮毛知识，但是落脚点究竟选在哪里，他依然毫无头绪。

转折点在第二年。

2003 年上半年，郑斌有次在北京出差时，接到了一个陌生电话，他开口问了句："喂，哪位？"对方在手机另一端连确认他身份的询问都没有，就直接说开了："郑总，您好啊！我是阿联酋国峰贸易公司总经理谢金平。听中铁十八局的朋友说，你们中铁十一局也想去国外发展，我这里正好有些项目信息，想跟您聊一聊。您看，您什么时候有空，我去拜访您一下吧。"

郑斌心想："这家伙可够爽快、够直接的，面都没见过，就热情得跟老熟人似的，看来是个江湖老油条。下午正好有空闲时间，管他是骗子还是真神，聊聊也无妨。"略微寒暄了几句后，他就跟对方约了下午 3 点钟在五棵松饭店见面。

下午 3 点整，郑斌听到了敲门声。

"嗯，真够准时的，看来合作愿望很强烈啊！"郑斌心里翻腾了一下，打开了房门。

"哎呀，郑总，您好！早就听说您的大名了，今天终于有幸见到您本人了！"进门的一个身穿深蓝色西服套装的大高个儿一边向郑斌伸出了右手，一边爽朗地问候道。他身后跟着个穿粉色西服套裙、留着波浪长发的年轻姑娘，想必是谢金平的秘书。年轻姑娘向郑斌甜甜地一笑，轻启朱唇，连问候带自我介绍地说："郑总，您好！我叫王悦，是谢总公司的秘书，很高兴见到您，还请您多指教。"

"请坐，请坐。"郑斌一边让座，一边指示中铁十一局经营一处处长江系贵泡茶，做记录。

"郑总，这是我的名片。是这样的，我呢，在阿联酋开了这个国峰贸易公司，公司在北京设了个办事处。王悦就是北京办事处的秘书，负责北京和阿联酋的工作联系。阿联酋虽然是中东地区的一个小国，但是因为有石油，所以很富有。当地政府现在推出了好多建设项目，公路和房建都有，海湾铁路项目也在计划中。很多中资公司都在阿联酋有项目，像中土公司、中铁十八局、徐工机械等，都做得风生水起的。前几天，我跟中铁十八局阿联酋分公司的王总吃饭时，他说起了您，说您是一个有魄力、喜欢干实事的人，正好分管中铁十一局的海外市场开拓工作，让我要是有合适的项目，可以找机会向您推荐推荐。我昨天下午刚从迪拜回的北京，今天上午就赶紧给您打了个电话。有点唐突了，还请您不要见怪。”

“没事，没事。我呢，这两天刚好来北京出差，之前，我们海外处的王建勇向我提起过你，我还想着哪天请你一起坐一坐呢，就接到了你的电话。正好我开完会了，下午有点儿空闲时间，咱俩可以好好聊聊。”

谢金平就向郑斌详细介绍了阿联酋工程承包市场的一些情况，建议他亲自带人过去考察一下当地市场，还说到时会安排他们与一些当地大公司进行面谈。

末了，谢金平提议说：“郑总，您看，要不这样，后续咱们两边可能还会有很多细节要沟通，为方便联系，咱们是不是各指定一名联络人更好一些？我这边呢，就安排王悦。”

“可以，我回去后就安排海外处的王建勇和你们联系。”

电话、电子邮件来来往往了一两个月，郑斌觉得真真假假，还是要派人到现场实际看了才知道。汇报、审批、办护照和签证、买机票、准备行装，一切就绪后，2003 年 7 月 22 日，中铁十一局施工技术处处长张丕界、海外处副处长王建勇、海外处工程师兼英文翻译朱芙蓉登上了飞往迪拜的飞机。

7 月的中东沙漠小国阿联酋，用毒辣的太阳迎接了中铁十一局的外派人员。刚出机舱门，扑面而来的热浪就让他们几乎透不过气来，热汗直涌而出，很快湿透了外衣。钻进谢金平派来接他们的小轿车，王建勇开玩笑地说：“谢总，我真要对你们说声‘佩服’了，这么热的天，可够你们受的！从机场出来，这才几分钟，我浑身就已经湿透了。”

“习惯了就好！这里是沙漠气候，早晚温差比较大。别看白天热得跟火焰山似的，晚上还是挺凉快的。您几位先休息休息，倒倒时差，改天晚上我带你们到海边抓螃蟹去。”

“抓螃蟹！？这里还有螃蟹抓？”

“是啊！当地阿拉伯人都不吃螃蟹，来这里的印巴劳工也不吃螃蟹，只有咱们中国人吃。一到晚上，中国人就都到海边抓螃蟹去了，热闹得很。过两天带你们去体验体验，你们就知道了。”

“是嘛，这可是新鲜事！有时间了，一定去抓几只螃蟹试试，了解了解当地的生活情形。”

“肯定会有时间的。另外，今天晚上，我约了中铁十八局的王总、徐工机械的戚总、阿联酋总统的保健医生易卜拉欣博士和中国资源公司的樊女士一起给你们接风，顺便说一下这几天的安排。”

“好的，让谢总费心了。我们初来乍到，东南西北都分不清楚，接下来的几天，我们就交给你们安排了，希望能有所收获。”

“几位放心，肯定不会让你们失望的。这边项目多得是，就看你们对哪个感兴趣了，有没有决心在这里干下去。”

因为只有一周的时间，为了尽量多和几家当地公司商谈，并拜访中国驻阿联酋大使馆经参处的领导，去中资公司的阿联酋分公司取经，所以每天的日程都安排得满满当当的。谢金平本来想抽一天时间带张丕界等三人去参观迪拜的地标性建筑——闻名世界的七星级帆船酒店和人工填海棕榈岛，但被他们婉言谢绝了，说时间太紧张了，还是以工作为重，谢金平就派人开车带他们在外围远观了一下。

几天下来，被黄沙和海水包围的石油国家阿联酋给张丕界等三人留下了深刻印象。七个酋长国各有特色，彼此之间贫富差距巨大。迪拜的富裕和奢靡超出了他们的想象；绿树如荫的阿布扎比好似热带雨林国家，你无法相信它是建在沙漠上的；地处边境的阿治曼是阿联酋最小的酋长国，也是最穷的酋长国，年年要吃阿布扎比的救济。

和他们面谈的有三家当地公司，合作项目有大有小，合作条件各有不同，张丕界和王建勇没有立即表态是否与他们合作，只说需要回国后向公司高层领导汇报。

通过几天的考察和交流沟通，张丕界等人大致了解了阿联酋工程承包市场的发展情况、市场准入条件、与当地公司的合作模式等。

回国后，张丕界和王建勇拿着详细的考察报告一起向郑斌汇报了在阿联酋一周左右的考察收获和进入当地工程承包市场的建议。

王建勇说："阿联酋现在确实有很多项目，但能否落地还不知道。外国公司要进入当地市场主要有三种方式：一是直接进行工程总承包，但要和当地代理合作成立公司，且由当地公司控股；二是进行工程分包；三是采用'清包工'形式，也就是劳务分包，分包单位只需要派出管理人员、技术人员和工人，其他的都由总包单位负责，比如生活驻地、办公室、往返驻地和工地的交通什么的，都由总包提供，分包单位只负责出力干活。"

张丕界说："咱们局从未在国外干过活，对国外项目的管理模式一窍不通，如果真准备去阿联酋，建议还是稳妥起见，一步一步慢慢来。先找个小项目试试，一边干一边学习和了解当地工程承包市场的运作方式，积累国外项目管理经验。"

王建勇说："我和张处长分析了一下，觉得'清包工'比较适合咱们局的实际情况。谈了几家公司，最有希望的是 Darwish Engineering Emirates（达威士）公司，他们刚中标了一条公路，有几座桥梁他们想分包出去。修桥是咱们手到擒来的事，您看要不要继续和他们谈下去。"

郑斌说："你们的这个考察报告很详细，很有参考价值。'走出去'是局里的发展方向，建勇，你继续和谢总联系着，看看这个达威士公司是不是真想和咱们合作。如果可行的话，过段时间你们再过去和他们具体商谈细节问题。”

和达威士公司接触了几次后，中铁十一局经过商量和权衡，为稳妥起见，决定以劳务分包的方式与其合作，等积累一定的管理和施工经验后，再考虑是否采用工程分包模式。双方于2003年12月27日签订了沙迦至拉斯海马公路项目第二合同段下的四座桥梁的施工劳务分包合同，合同金额为461万迪拉姆，约合人民币1050万元，完工日期为2004年11月30日。合同金额虽小，但意义重大，它是中铁十一局有史以来的第一份海外合同，宣告中铁十一局从此要向海外市场进军了。

“不积跬步，无以至千里。”中铁十一局正是从阿联酋项目劳务分包开始，逐步摸索，积累经验，慢慢地开辟出了自己“走向世界”的路子，成为中国铁建系统内海外市场经营相对较好的单位之一。

初识麦加轻轨项目

铁建电气化局国内发展形势喜人，但是在国外市场开拓方面，一个像样的大项目都没有，全是合同额几百万元人民币的小项目。怎么样才能在海外市场打出名气，使海外项目的业主认可和接纳铁建电气化局，将其作为可信赖的合作伙伴呢？

郑斌将集团分管海外业务的副总经理寇宗乾请到了办公室。

“老寇，找你来，是想跟你商量一下海外市场经营的事。我琢磨着，咱们不能老是小打小闹地搞，几百万的活，照样得派整套人马，漂洋过海的，最后连机票钱都不知道能不能赚回来，没啥意思。咱们得想办法干一票大的，打出点名声才行，你有什么高招没有？”

“郑总，您说得对，集团现在国内发展形势大好，是该向海外市场进军了。但是吧，有个很现实的问题，铁路‘四电’属站后工程，在海外项目投标中的局限性较大，像我们这样的专业局很少有单独投标的机会，只能作为分包商，跟着总包商一起去投标。现在，总公司系统内有很多‘四电’专业三级子公司，他们也在跟我们争夺投标机会。所以，可能还得麻烦您亲自出马，找总公司要政策，让总公司在统筹安排海外项目投标时能对电气化局有所倾斜。简单说，就是今后凡以总公司名义投标的海外总承包项目，都明确由我们电气化局参与‘四电’系统工程的招投标工作和中标后的实施工作；总公司两大外经单位在从事海外项目的招投标工作时，凡涉及站后‘四电’项目的，均优先与我们电气化局合作。”

“好，你说的这个情况，我知道了。最近有什么项目在跟踪吗？进展怎么样？”

“有倒是有一些，但大都是以前项目的延续，像阿尔及利亚东西铁路项目、以色列铁路电气化改造项目、印度德里机场快线项目等，小段他们一直跟踪着的。进展最快的应该算土耳其安伊高铁，小段他们正在和中土集团商谈接触网及牵引变电工程的分包协议，不出意外的话，今年 10 月份应该能签下来。另外，总公司刚签了一个 18 亿美元的轻轨项目，可能是总承包，我已经让小段去打听进一步的消息了。”

“挺好！土耳其的事要抓紧，争取签约成功。总公司签的这个轻轨项目，要尽快摸清情况，争取分包点活过来干干。”

三天后，寇宗乾带着市场经营部分管海外业务的副部长段鹏建来到了郑斌的办公室。

“郑总，这是上次说的那个轻轨项目的书面汇报材料，我先跟您口头汇报一下大致情况吧。”

郑斌一边翻看着书面材料，一边听寇宗乾汇报。

“小段他们向总公司打听过了，这个轻轨项目在麦加，是中东地区的沙特阿拉伯为缓解每年穆斯林朝觐期间的交通压力而决定修建的。线路全长 18.25 千米，其中有 14.3 千米是高架线路。项目建成后将是沙特第一条轻轨。

“据说项目从提出到立项就花了十多年时间，正式国际公开招标时，美国、英国、日本、德国、法国等发达国家的企业都参与了投标。不过，他们的报价普遍过高，有的甚至报出了 50 亿美元的高价。沙特政府难以接受，就取消了公开招标，改成了议标。

“先前参与投标的外国公司可能考虑到沙漠地区气候条件太恶劣，项目工期太短，不好干吧，都主动退出了议标。咱们总公司是唯一参加议标的外国公司，合同总价 17.8 亿美元。业主和总公司在今年 1 月 6 日正式签署了 EPC+O&M 总承包合同，也就是项目的设计、采购、施工、运营和维护都由总公司负责。

“项目目前虽然只有概念设计，但是业主要求必须在 22 个月内交付使用。这个工期确实短得离谱，而且七扣八扣，算下来的实际施工时间可能只有 16 个月。在咱们国内，按照惯例，同等规模的轻轨项目，从设计到运营最少也需要 3 年时间。如果是西方发达国家，需要的建设期会更长，十年八年才建好都有可能。我担心总公司够呛能在这么短的时间内完工。”

段鹏建补充道：“郑总，是这样的，我们打听过了，麦加轻轨项目的建设标准非常高，不是美国标准就是欧洲标准。咱们总公司以前就没干过这样的项目，真要实施起来，肯定会有很多困难，风险也大。不过，总公司已经在准备上场的事了，总公司海外部正在为出国人员办理护照和签证。”

“是吗？风险这么大，总公司为什么还要出头揽这个活呢？万一干不下来，岂不是麻烦大了！”

“是啊！您担心得对，我们也有这个疑虑。所以，不建议咱们集团去找总公司要这个项目的活。一是咱们集团刚成立不久，没有干这个活的人；二是项目都是欧美标准，咱们集团没接触过，恐怕干不了；三是工期太短，潜在风险太多，咱们集团没经验，也没经历过，就算签了分包协议，也极有可能违约。”

“嗯，那就先放一放，看看总公司的进展再说。你们先盯着土耳其的项目吧。说起来这个项目还是中国公司第一次去海外建设高铁，要是咱们能签下来分包合同，仅在业绩上就要超过好多国内企业。”

三个人讨论、分析了半天，最终放弃了分包麦加轻轨项目的想法。但是有关这个项目的传言却时不时地流入郑斌的耳朵，而且基本上都是不利消息。

第一个传言是关于合同总价的。有人说中国铁建属于超低价中标，合同总价与项目工程量和难度极不匹配。

第二个传言是关于劳务签证的。中国铁建外派的第一批劳务，签证怎么也办不下来，无法到达施工现场。年初签的总承包合同，第一批上场人员的签证到7月份才陆续办完。劳务工不能及时上场，该干的活没人干，工期已经受到了很大影响。

第三个传言是关于拆迁进度的。项目沿线涉及很多拆迁工程，中国铁建作为外国公司无法协调，拆迁工作进展非常缓慢，导致施工进度滞后。

第四个传言是关于业主变更要求的。合同签订时，项目只有概念设计，开工后，业主却强行提出各种不合理的变更要求。土建工程中桥梁跨越道路的形式、桥梁本身的结构形式，还有车站面积、设备参数、功能需求等，只要业主能想到的，统统做了变更。新的功能需求不仅大大增加了工程量，还导致了总成本的增加。

第五个传言是关于设备和材料的审批的。据说业主代表无比认真，事无巨细，连房间墙壁的颜色都要亲自选定。如此一来，很多通过正常流程就可以办好的事情，要反复多次才能得到批复。审批难、批复滞后，设备和材料就不能按时进场，真是急死人没商量。

第六个传言是关于分包商的。据说根据合同，只要分包金额超过约 900 万元人民币，就要业主批准。由于项目执行的是欧美标准，所以关键环节的分包商都是业主指定的欧美公司，数量还多。这些分包商根本不听从中国铁建的调遣，加上接口复杂，因此，分包商基本上处于各自为政的状态，现场管理濒于失控。

凡此种种，都无法使郑斌不产生悲观的预感——中国铁建在麦加轻轨项目上可能不好收场。

领命参加大会战

转眼到了第二年 5 月，风传麦加轻轨项目举步维艰，中国铁建面临违约风险。

按照合同规定的阶段进度要求，2010 年 3 月底桥梁工程要全部完工，4 月底全部建筑物主体要完工，5 月中旬铺轨要全部完工，6 月中旬要高压送电，7 月中旬要完成所有系统安装过程，开始调试。现在整个工程进度落后了 2 个多月，建设成本已大大超过了合同金额。

业主急得如热锅上的蚂蚁，多次对中国铁建提出强烈不满和抗议，甚至状告到了中国政府那里。中央领导多次过问项目情况，专门批示要求铁道部和商务部支持中国铁建克服困难，按期保质完成任务。

2010 年 5 月 20 日，铁道部主要领导专程赶到麦加轻轨项目现场视察督导，发现剩余工程量巨大，施工力量及各种资源严重不足，根本无法按期完成合同规定的建设任务，当即要求中国铁建主要领导留在项目现场任总指挥，组织大会战。

本来，按照商业惯例，中国铁建如果经过详细测算后，确认了继续执行合同对其造成的经济损失要大于提前中止合同造成的经济损失，就可以选择提前中止合同，付出的代价是放弃履约保证金。但考虑到项目的国际影响力和政治影响力，中国铁建放弃了提前中止合同止损的打算，决定为了国家信誉和企业信誉，咬牙坚持，不惜一切代价继续执行合同任务。

为确保按期完工，中国铁建总裁赵广发留在了沙特，亲自担任了项目总指挥。与此同时，中国铁建下发通知，要求所属15个工程子公司火速抽调管理、技术和劳务人员赴沙特参加麦加轻轨项目大会战，其主要领导人员要先期赶到沙特，亲自到施工现场督战。

郑斌虽然预感到铁建电气化局也会被抽调到沙特参加会战，但是没想到会来得这么快。

2010年5月23日，郑斌正在参加北京至武汉高铁郑州段的开工典礼，突然接到了中国铁建办公室打来的电话，说赵广发总裁要他放下国内一切工作，立刻赶赴沙特听从安排。幸好提前办好了护照和签证，可以说走就走。24日上午，郑斌和薛之桂、张志才开了个简单的碰头会，交接了一下工作，下午就收拾好了行装。25日一大早，他就带着寇宗乾及其他几名先遣人员登上了飞往沙特的国际航班。

到现场后，郑斌被任命为项目系统和土建接口协调组组长。当天，他就不顾飞行劳累和时差不适，主动向中国铁建沙特麦加轻轨项目管理公司的有关人员了解项目进展、施工条件等方方面面的情况。做到心中有数后，他和寇宗乾等人开始昼夜研究对策。

几天下来，他了解到中国铁建虽然是项目总承包方，但监理单位来自德国，项目管理咨询单位为中国香港铁路公司，设计分包单位来自法国，土建工程由中铁十八局负责施工，系统工程中来自德国的西门子负责牵引供电系统的设计和施工、来自法国的泰雷兹负责通信信号系统的设计和施工、来自日本的西屋公司负责屏蔽门、来自中国的北方车辆厂负责车辆的制造与供应、来自美国的奥第斯负责电梯与扶梯、来自英国的阿特金斯负责机电工程。

项目管理公司下设前方指挥部和系统部，其中系统部主要由中国香港铁路公司的人员组成，主要负责“四电”、机电等系统的实施。为加强管理，协助完成好项目建设，铁道部在现场成立了沙特项目专家组。

整个项目建设期划分为两个阶段：第一阶段的安排为 2009 年 1 月开工，2010 年 11 月 12 日交付使用，要求完成大部分土建工程，同时系统功能须保障 35% 的运营能力，系统开通运营。原来这就是先前说的 22 个月但实际只有 16 个月的工期。第二阶段的安排为 2011 年 5 月完成所有调试，运能达到 100%。

2010 年 5 月，麦加轻轨项目工期已滞后 2 个多月，负责“四电”工程的外国公司感觉自己已经无力回天了，不想承担责任，就找理由，指责中国铁建在站前土建工程上未能按时提供条件，影响了“四电”工程的工期，他们要索赔。明眼人一看就明白，这是要开脱责任，想中途撂挑子。外国公司看到郑斌要带着铁建电气化局接替他们赶工期，坚决不同意。中国铁建协调了多次，他们就是不松口，还威胁说，如果中国铁建不答应他们的索赔条件，他们就不让铁建电气化局插手，不将图纸和设备材料等移交给铁建电气化局。

郑斌气得差点吐血。没办法，人在屋檐下，不得不低头。现在外国公司掌握着主动权，自己处于被动地位。如果外国公司一根筋地要索赔，迟迟不让铁建电气化局上场施工，那么拖得越久，中国铁建损失就越大，弄得不好，还会产生国际影响。郑斌不想看到这样的结果发生，他没有找外国公司的负责人吵架，而是选择了“忍”，和和气气地挨个找他们沟通和商量，甚至跟他们说只要能让铁建电气化局先把活干起来，所有费用由铁建电气化局承担，不要他们出一分钱。

铁建电气化局选派到沙特参加麦加轻轨项目抢工的人员陆续到场后，郑斌带着他们首先督导和配合了穆兹 1 车站至车辆段间轨道行车、电力供电、电缆通道（简称“三通”）的施工。

麦加轻轨项目地处炎热干旱和特大风沙区，常年温度在 40 ~ 50 摄氏度，最高能超过 60 摄氏度。恶劣的自然环境不仅对各类设备在耐高温和防风沙方面提出了更高的要求，对人的生理和心理素质也是极为严峻的考验。铁建电气化局的员工刚开始极不适应，经常有人中暑。但是他们不顾施工条件的艰苦，坚守岗位，使穆兹 1 车站至车辆段在 2010 年 6 月 15 日得以胜利打通，完成了“四电”工程的第一个节点目标，为系统分包商进场施工赢得了时间。铁建电气化局因此受到了铁道部专家组、督导组和中国铁建的一致认可和表扬。郑斌和寇宗乾在当天现场举行的首列列车落地揭幕仪式上，还受到了沙特曼苏尔亲王的亲切接见。

麦加轻轨项目设计单向高峰每小时输送 7.2 万人，列车最小追踪间隔 70 秒。这样一条目前世界上设计运能最大的轻轨铁路，几乎抓住了全世界的目光。

发达国家断言中国铁建肯定不能按期完工，因为他们都无法完成的任务，中国公司更不可能完成。

沙特政府心急如焚，他们已经向全世界的穆斯林保证过，要在 2010 年的朝觐开始前完工，让虔诚的伊斯兰教教徒们坐着崭新的轻轨列车奔向心灵的圣地。

中国铁建 30 多万名员工在密切关注着。外派到沙特参加项目抢工的 1 万多人中有他们的同事和亲朋好友，他们希望这些外派人员能平平安安。

铁道部的领导也对麦加轻轨项目牵肠挂肚，中央领导几次过问，要求他们务必协助中国铁建按期完工。为了完成中央领导的嘱托，铁道部主要领导甚至亲自到项目现场坐镇指挥。

2010 年 6 月下旬，铁道部副部长卢春房赶赴沙特，亲临麦加轻轨项目施工现场检查指导，了解工程进展情况。21 日，郑斌和寇宗乾与其他相关人员一起，陪同卢春房，全程徒步，检查了车辆段至皇宫门 8 站 9 区间共

16 千米线路的施工情况。卢春房表示对铁建电气化局工作组前期所做的工作感到非常满意。

会战大捷，好评如潮

救急如救火。为赶工期，郑斌带着铁建电气化局的参建人员在沙漠中往来奔波，50 多摄氏度的高温逼得他们透不过气来，防晒霜喷了一次又一次，身上的皮仿佛要被晒脱，衣服被汗水湿透又被太阳烤干，每个人都快被烤成黑炭了。铁建电气化局的男儿们真是好样的，没有一个人叫苦喊累，没有一个人打退堂鼓。

功夫不负有心人，2010 年 6 月 30 日，在郑斌的亲自指挥下，铁建电气化局的施工人员在车辆段立下了接触网的第一杆，全体人员发出了阵阵欢呼。

看着眼前笔直的电线杆，郑斌脸上露出了自到沙特以来的第一个发自内心的笑容。这根电线杆的竖立标志着铁建电气化局正式介入了麦加轻轨项目“四电”系统的施工，他希望后面的工作会越来越顺。

铁建电气化局高效过硬的工作作风得到了中国铁建总裁赵广发的高度评价。在 2010 年 7 月 3 日召开的麦加轻轨项目生产调度会上，赵广发一扫脸上的阴霾，高兴地当众表扬郑斌，说铁建电气化局“领导作用好、情况清楚、工作不等不靠”，并称“电气化局是我们打赢这一仗的法宝”。

铁道部有关领导也对铁建电气化局的工作高度认可，在 2010 年 7 月 7 日召开的麦加轻轨项目指挥部调度会上，项目专家组组长朱明瑞点明表扬了郑斌，赞许地说，铁建电气化局“上手快，准备充分，为推动系统分包商谈判起了很大作用”。

上级的表扬和认可犹如沙漠中偶然洒下的甘露，郑斌向铁建电气化局的参建人员传达了上级领导对他们的鼓励和表扬。他号召大家保持干劲，拿出铁道兵不畏艰险、勇攀高峰的勇气和智慧，把活干得漂漂亮亮的，好给那些中途撂挑子不干的外国公司看。

在郑斌身体力行的带领下，铁建电气化局的参建人员加紧赶工的动力更足了。2010年7月8日起，他们开始敷设麦加轻轨项目第一条通信光缆和第一条信号电缆；7月23日起，又开始担负起了全线供电环网电缆的敷设任务。

为了给参建人员鼓劲打气，增强他们战胜困难的信心和决心，郑斌和寇宗乾等人商量后，决定8月1日在铁建电气化局位于阿尔法特1站的项目部驻地召开铁建电气化局参建人员誓师动员大会。郑斌特意邀请了铁道部项目专家组组长朱明瑞、督导组组长米隆以及中国铁建麦加轻轨项目管理公司党总支书记赵佃龙出席大会。

看着整齐地站在眼前的四百多名职工，郑斌不由得心潮澎湃。他动情地说："同志们，我们背井离乡、抛家舍业，来到这个能热死人的地方，是为了什么？是为了完成中央领导的嘱托，让中央领导放心；是为了让部领导放心，让总公司领导放心；是为了证明我们铁建电气化局是好样的，我们每个人是好样的。我们要让外国公司明白，中国人的'四电'施工技术一点儿不比他们差，甚至比他们还要强！他们被困难吓跑了，我们来了，我们要拿出自己的实力，证明给他们看，我们能做到他们做不到的事。同志们，我们铁建电气化局是在部领导和总公司领导的关心和支持下成立的，我们是中央企业的员工，要有大局意识，要肩负起中央企业的责任和使命。麦加轻轨项目'四电'系统工程的施工已经到了攻坚克难的阶段，我希望大家能提高认识、统一思想。从今天起，我们要迅速掀起施工会战的高潮，科学组织、背水一战，确保8月底'四电'安装施工达到联调联试条件。大家有没有信心和决心？"

会场上空响起了震耳欲聋的"有、有"的回答声。

为了完成誓师大会上定下的“8 月底‘四电’安装施工达到联调联试条件”的节点目标，郑斌又拿出了“拼命三郎”的精神。他废寝忘食地和寇宗乾，还有指挥长邵汉军、电气化专业组组长陈宪祖、信号专业组组长左三良、通信专业组组长李长波、电力专业组组长张绍全等人商讨、研究和制定各专业施工方案；汗流浃背地来回视察项目全线，一旦发现问题，就亲自过问问题的症结在哪儿；不能当场解决的难题，他就带回办公室，召集各专业组组长一起商讨解决办法。在全体参建人员的共同努力下，铁建电气化局提前 6 天，在 8 月 25 日完成了誓师大会上定下的节点目标，兑现了承诺。

2010 年 8 月，郑斌在麦加轻轨项目现场向朱明瑞（左）汇报工作时的照片，中为赵伟

为此，铁道部副部长卢春房在 8 月 27 日召开的中国铁建麦加轻轨项目指挥部各参建单位负责人会议上，表扬铁建电气化局说：“在国内听到的信息和在现场看到的情况及项目公司、部机关同志反映的情况是一致的，大家一致评价‘如果没有铁建电气化局，想开通是根本不可能的’。”

接二连三的表扬是对铁建电气化局的肯定和鼓励。作为铁建电气化局的总经理和铁建电气化局麦加轻轨项目参建人员的领头人，郑斌很清楚，上级领导的表扬里同样包含着对铁建电气化局的厚望，希望铁建电气化局能扛起保证麦加轻轨顺利按期开通的重担。作为中央企业子企业的负责人之一，郑斌明白，此时自己肩上的责任比泰山还重，他没有任何理由减轻这份重担。

沙特政府虽然对中国铁建的不满态度有所缓和，但对轻轨能否如期开通依然忧心忡忡，言谈之中流露出的对中国公司能力的怀疑和不信任，深深刺痛了郑斌。已经年过半百的郑斌，骨子里不服输的倔强劲儿再次被激发了。他几乎每天都会给参建的四百多名职工鼓劲，要他们拿出铁道兵精神和干劲，勇往直前，打一场漂亮的沙漠攻坚战，让业主和外国公司心服口服地朝中国铁建和铁建电气化局竖起大拇指。

既有上级领导的鞭策，又憋足了为国争光、为企业争光的干劲，铁建电气化局很快就在 2010 年 9 月 23 日架设完了加马拉地区最后一段承导线，项目接触网得以全线拉通。

中国铁建副总裁刘汝臣赞道："电气化局不是见缝插针，也不是找缝插针，而是凿缝插针，在不具备施工条件的情况下，率先实现接触网拉通，为全线通车立下了头功。你们创造了历史。"

2010 年 9 月 28 日，首列轻轨列车开进了加马拉车站，标志着麦加轻轨项目的抢工会战取得了重大阶段性胜利。随着项目"四电"系统工程施工接近尾声，心系国内市场经营和施工生产任务的郑斌打算先行回国，而将麦加轻轨项目的收尾工作交给寇宗乾全权负责。

郑斌对寇宗乾说："现在国内市场经营和施工任务形势严峻，麦加轻轨项目就剩收尾工程了，我过几天要先回国，这边就交给你了。"

郑斌和寇宗乾等人商量，决定在他回国前，召开一个铁建电气化局项目部麦加轻轨铁路"四电"施工会战总结表彰大会，对整个会战工作情况进行总结，并对表现突出人员予以表彰。

表彰大会定在了 2010 年 10 月 11 日。会上，指挥长邵汉军首先对铁建电气化局参加麦加轻轨项目会战 4 个多月以来的情况做了简要总结，党总支书记何明海紧接着宣读了关于表彰麦加轻轨铁路项目“建设功臣”、“管理标兵”和“岗位能手”的决定，李长波等 4 人被授予“建设功臣”荣誉称号，李文亮等 12 人获得“管理标兵”荣誉称号，张营等 15 人获得“岗位能手”荣誉称号，另有 10 名优秀青年被批准火线入党。之后，受到表彰的先进代表在会上做了简短发言。

郑斌做最后讲话，他代表铁建电气化局对 460 多名参建人员表示了衷心的感谢，充分肯定了他们所取得的成绩。他说：“麦加轻轨项目是中沙两国元首共同见证签约的特殊工程项目，项目建设过程中两国领导及两国政府相关部门高度关注。股份公司赵广发总裁、刘汝臣副总裁现场指挥，率领全系统近万人参加会战。工程的难度和复杂程度前所未有，我们电气化局更是承担了最关键、最重要的施工任务。面对如此困难和压力，全体参战人员同心协力，负重奋进，以超凡的毅力、超常的措施，啃下了一个又一个硬骨头，打赢了一场又一场攻坚战，创造了一个又一个新纪录。在 4 个多月的施工中，全体参战人员不怕疲劳，连续作战，发起了一轮又一轮冲锋。我们圆满完成了上级交给的光荣而艰巨的任务，受到了各级领导和兄弟单位的一致好评，在铁道部沙特麦加轻轨铁路工程信用评价考核小组和股份公司指挥部联合发布的中间考核评价中名列前茅，并荣获股份公司指挥部‘五比’劳动竞赛第 3 名 3 次、第 2 名 2 次、第 1 名 1 次，获得‘为中沙友谊添光彩’先进集体称号，特别是得到了铁道部施工投标加分奖励，这是铁道部第一次对海外项目做出如此高的认可与评价。

“在整个施工大会战中，我们全体参战人员几乎每天都要高强度工作十几个小时，有的作业队连续施工甚至超过 20 个小时。无论是我们多年的老本行——通信、信号、电力、电气化‘四电’专业，还是临危领命的低压配电、灯具安装工作，都以质量好、工艺精一次成功，赢得了广泛赞誉。铁道部专家组组长朱明瑞说：‘只有电气化局才能完成如此艰巨的任务，换了其他任何一支队伍都不可能。’

“同志们，现在可以说我们已经取得了成功、创造了奇迹，这是我们每个人的财富，更是我们企业的财富，让我们携手并肩，追求永恒，为集团的建设发展再创辉煌。同时，我们要站好最后一班岗，继续做好剩余工程的施工管理，做到思想不松、干劲不减，再接再厉、一鼓作气，全面夺取麦加轻轨项目建设的最终胜利！”

表彰大会结束后，郑斌将留守沙特的寇宗乾、邵汉军和各专业组组长召集起来，开了个简短的告别会，嘱咐他们看重责任，一定要不折不扣地完成好国家相关部门和中国铁建交给的任务，带领好、照顾好、关心好在沙特的每一名职工，10 月中下旬起，要分批将职工们安全地送上飞往国内的航班。

启程回国时，郑斌又对送行的职工说：“同志们，希望你们能继续服从安排，坚守岗位，有始有终地干完手中的活，向业主、国家有关部门和总公司交出一份满意的答卷。等你们胜利归国时，我将亲自到北京首都国际机场迎接你们。这个地方是穆斯林世界，不能喝酒。我知道你们中的很多人早就开始馋酒了，你们放心，等你们回国后，我一定将欠你们的酒补回来，让你们喝个够、喝个饱。”

“高峡出平湖。神女应无恙，当惊世界殊。”麦加轻轨项目同样做到了“当惊世界殊”。这个曾经深陷泥潭，被外国公司看死、令业主寝食不安、惊动中国政府高层的项目，在中国铁建一切以国家利益为重的央企担当下，在来自二十多个国家的两万多名施工人员的勠力奋战下，最终按期完工了。中国铁建“挽狂澜于既倒，扶大厦之将倾”，完成了外国分包商断言的“不可能完成的任务”。

2010 年 12 月 6 日，中国铁建在北京召开了麦加轻轨铁路建设先进集体和个人表彰大会，铁建电气化局因为出色的表现和突出的贡献，受到了表彰。郑斌被指定代表受表彰单位在大会上做经验介绍，他动情地说：“在沙特麦加轻轨铁路项目会战中，铁建电气化局作为中国铁建系统内唯一一支铁路‘四电’专业队伍，承担了全线最关键最重要的通信、信号、电力和电气化等施工任务，负责全线的动力和控制系统施工。集团机关成立了以董事长、党委书记为组长的后勤保障组，负责为施工一线提供各种服务保障，全力支持一线工作。

“我们以高度的政治责任感和使命感，全面落实股份公司赵广发总裁提出的‘讲政治、讲大局、讲纪律，不讲条件、不讲困难、不讲客观’的总体要求，发扬攻坚克难、敢于胜利的铁军精神，战高温、斗酷暑，突出工期第一目标，超前谋划，主动上手，强化安全质量，加强文明施工。在全线首战——阿拉法特1站穿缆施工中，我们仅用5天就完成了在西门子看来至少要15天才能完成的任务。为了解决全线各站通信信号设备联调联试的用电问题，我们集思广益，自行设计、自行采购、自行施工，昼夜奋战，仅用5天时间就解决了这一困扰系统全面推进的技术难题，为系统调试和顺利开通赢得了宝贵时间。在全线最后一个车站——加马拉车站的决战中，我们按照‘零工期，轨通即网通’的目标，克服时间紧、任务重以及与站前、系统其他各专业交叉施工等诸多困难，充分发挥主观能动性，寻找战机，集中突击。接触网专业用不足5天时间，就完成了9个锚段近12千米的承导线架设；信号专业仅用3天时间，就完成了40余千米67根电缆的突击施工；供电专业利用4天多的时间，就完成了37根高压电缆的敷设与引入；该站所有通信、信号和供电设备在2天内即全部安装完毕。

“在确保按期开通运营的目标指引下，全体参战职工战高温斗酷暑，舍小家顾大家，顽强拼搏，无私奉献，铸就了最终的辉煌。集团副总经理、总工程师寇宗乾，发着高烧依然不下火线，孩子高考也无暇顾及，在施工现场一待就是6个月，不知疲倦地协调解决现场各种难题，确保每一个节点目标都能按期实现。项目指挥长邵汉军总是将手表拨快两个小时，为的是能多干会儿活。副指挥长陈宪祖腹泻得走路都腿脚打战，但从未缺席哪怕一次和外方的谈判。工程部部长许斌总是利用晚上的休息时间研究图纸和技术标准，连夜制订第二天的施工计划。母亲病故，通信班班长谢自强只能通过国际长途安排后事，然后，爬上10多米高的升降梯，在艰难的桥下穿缆工作中化解悲痛，直到半夜12点……

“对中国铁建电气化局来说，麦加轻轨项目既是一场空前绝后的施工大决战，又是一堂精彩绝伦的项目实践课。我们将不断提高施工管理水平，为股份公司‘走出去’实施‘大海外’战略、实现又快又好发展做出更大贡献！”

对“走出去”的思考

麦加轻轨开通运营后，受到了沙特社会各界和世界各地穆斯林的广泛赞誉和一致好评。铁建电气化局在参建项目时的表现和施工质量征服了项目各参与方，中国铁建因此选定由铁建电气化局配合北京铁路局完成总承包合同中约定的2010—2012年三年的运营维护工作。这样不通过招标，直接指定由铁建电气化局承担如此艰巨的任务，是中国铁建对铁建电气化局莫大的信任和支持，也是铁建电气化局凭自己的实力赢来的。郑斌要求具体实施运维工作的南方公司务必竭尽全力，不辱使命，圆满完成中国铁建赋予的这一光荣任务。后来，南方公司又作为分包商，在2013年和2014年连续两年中标，承担了麦加轻轨的运营维护工作。

郑斌本无意让铁建电气化局参与麦加轻轨项目的建设，但中国铁建在危急的形势下破釜沉舟，将包括铁建电气化局在内的十几个子公司的一把手都召到了沙特，要求他们亲自带领各自公司的参建人员，发扬“讲政治、讲大局、讲纪律，不讲条件、不讲困难、不讲客观”的央企担当精神，抢工会战，按期交付工程。铁建电气化局虽然是被动参建，没想到潜力却被最大限度地激发了出来，不但令中国铁建和一众外国同行心服口服，还为企业赢得了声誉和后续订单，更无意中锻炼出了一批国际工程施工方面的管理和技术人才，为铁建电气化局开拓海外市场打下了一定的基础，增添了实实在在的重要业绩。这才叫“无心插柳柳成荫”。

对郑斌来说，带队圆满完成麦加轻轨项目参建任务，既是一次奇特的个人经历，又使他对铁建电气化局如何走出国门有了新的认识。

“走出去”是包括铁建电气化局在内的中国企业坚定不移的发展战略。几年来，铁建电气化局已在海外市场开拓上投入了不少人力、物力、财力。沙特的经历使郑斌了解到，很多国家出于保护本国承包商利益、提高本国就业率等原因，在项目招标文件上往往明确规定，凡本国承包商能独立完成的工程均由本国承包商实施，外国总承包商对项目只能派出少量管理和技术人员。总的来说，目前，在铁路“四电”和轨道铺设两个专业上中国企业具有专有优势，因为至今还没有哪个外国公司能独立完成这两个专业的施工任务。因此，如果中国企业中标国外的某铁路项目，能整体输出国外的只有“四电”和铺轨两个专业，也就是说，这两个专业除了可以外派必要的管理和技术人员外，还能成建制地外派施工劳务。

铁建电气化局作为专业施工企业，假以时日，必能在海外铁路“四电”系统工程施工中大展身手。到2010年底，除了胶济客专外，铁建电气化局还完成了中国西部第一条时速350千米高铁——郑西客专的“四电”系统集成工程施工，正在实施京石武、宁杭、厦深、盘锦等高速铁路“四电”系统集成工程，还承建了为数可观的铁路扩能改造工程和城市轨道交通工程的“四电”专业施工项目。铁建电气化局正在打基础、强能力、积经验、树业绩的路上越走越稳，越稳越远。

郑斌相信，铁建电气化局在不久的将来定能成长为国内首屈一指的铁路“四电”系统集成施工承包商，如果可能的话，还将助力中国铁建在海外市场打造中国的高铁“四电”品牌。

第六章　走出寒冬，迎来三年三胜

2005年以来，铁路投资逐年增长。2008年9月，国际金融危机全面爆发，国内经济增速回落，出口出现负增长，大批农民工返乡，经济面临硬着陆的风险。为应对危局，我国于2008年11月推出了进一步扩大内需、促进经济平稳较快增长的十项措施。初步计算，实施这十大措施，到2010年底需投资约4万亿元。铁道部将从这4万亿元救市计划中获得的1.5万亿元资金支持投入到了高铁建设中，铁路建设成了拉动内需的“火车头”。

2008年10月，国务院批准了《中长期铁路网规划》调整方案。根据规划，到2020年，中国将新建约4万千米铁路，铁路建设投资总规模将突破5万亿元，届时铁路营业里程将超过12万千米；客运专线及城际铁路建设目标由1.2万千米调整为1.6万千米以上，规划期末快速客运网总里程将超过5万千米；规划建设新线由1.6万千米调高到4.1万千米；铁路复线率、电气化率将分别提高到50%和60%。从2009年起，铁路投资每年均在7000亿元以上。到2015年底时，全国铁路营业里程已达12.1万千米，其中高速铁路1.9万千米，提前超额实现原规划目标。

铁建电气化局赶上了发展的黄金机遇期，人人摩拳擦掌，攒足了往前冲的干劲。分析铁建电气化局从2005年到2009年间每年的新签合同额——从13.81亿元、28.78亿元、50.2亿元、100亿元一直到245.33亿元——就能看出它的发展几乎是处于直线上升状态。大约因为冲得实在太猛，或者大约因为身为总经理的郑斌被抽调去了沙特，又或者根本原因在于大环境的改变，总之，铁建电气化局在2010年时放缓了奔跑的步伐，只拿到了169.59亿元的订单。

2010年，大规模铁路建设从高潮期逐步进入收获期，铁路完成基建投资7091亿元，一批重点项目建成投产，举世瞩目的京沪高铁全线铺通，投产新线4986千米，全国铁路营业里程达到9.1万千米。

从沙特回到北京的郑斌准备再次撸起袖子加油干，在2011年打个漂亮的翻身仗，将新签合同额重新提高到2009年的水平。

7月的北京，白天的温度一点儿不输南方。郑斌的办公室在正阳面，温度比别的房间更高，吹着16摄氏度的空调也不觉得凉快。市场经营部部长余柏华正在向郑斌汇报近阶段的市场经营工作情况。余柏华说，由于前几年铁路项目上得太快，暴露出了很多问题，比如，设计不合理、工程质量不过关、产品质量不达标等，导致了一些行车事故，加上铁路融资出现了困难，铁道部年初计划的今年内招标的一些项目可能要被取消或推迟到明年。电气化局干的是站后工程，如果铁道部果真修改年初计划，电气化局今年极有可能完不成年度承揽任务指标。

形势严峻，郑斌和余柏华两人的表情都很严肃。郑斌眉间的"川"字更是越来越深，他一口接一口地吐着烟圈。

2011年，因为很多计划招标或开工的铁路项目被取消，铁建电气化局全年的中标项目总额出现了断崖式下滑。看着不到67.4亿元的新签合同额，郑斌的心沉到了海底，这点任务额怎么养活近万名职工和他们的家庭？看来，这个寒冬要勒紧裤带过日子了啊！但愿明年能重现晴天吧。

所有的铁路施工企业都在翘首企盼着2012年能重新迎来铁路建设的曙光。3月份，铁道部终于发布了2012年的铁路建设计划，全年总投资规模为4060亿元，其中用于大中型项目4050亿元、小型项目10亿元，全年安排国家及合资铁路大中型项目249个。

铁建电气化局决定深挖自身潜力，全方位提升综合实力，将2012年作为新起点，再次开启向上攀登的发展势头。郑斌要求市场经营部部长余柏华务必编制好每一份投标书，确保该中的标一个不丢，没有把握中标的要将可能性提高到最大，能争取的尽量争取。在建工程方面，他要求各项目经理务必稳扎稳打，按时交付，不得出任何安全和质量事故，不得出现亏损情况。京石高铁、石武高铁、汉宜高铁、哈大客专、宁杭高铁、兰新电化、厦深高铁、盘营高铁、拉日铁路、湘桂扩能改造等项目必须按业主要求在年内完工。海外项目方面，要确保麦加轻轨项目运营维护不出任何问题，土耳其安伊高铁项目要与中土集团和五院充分沟通，务必按合同要求完成好分包的接触网及牵引变电工程。

在经历了2011年的寒冬后，铁建电气化局在2012年施工任务量不饱和的情况下，精耕细作每一个在建工程，力求将它们打造成精品，从而大大提升了施工管理和技术能力。在建设北京—石家庄、石家庄—武汉高铁的过程中，实现了高速铁路设备全部国产化，交付的石武高铁“四电”工程被评为了国家优质工程。这一年，铁建电气化局的新签合同额比上一年增加了一倍多，将近142亿元，但是仍不能满足全集团的施工需求。

2012年12月31日，铁道部主要领导在召开的新年电视电话会议上表示，2013年将保持铁路建设加快推进的态势。郑斌不知道这是否预示着铁路投资将稳定增长，但他希望是这样，如此，铁建电气化局就又会迎来新的发展高潮。

预计2013年至2015年，一批新的重大高速铁路项目将开工建设。开工建设时速200千米以上高速铁路4500千米，预计总投资达5000亿元。具体包括沪通、郑徐、西成、石济、黔张常、商合杭、黄杭、亳宿、庐铜、合安、宿淮徐、六安景等铁路。这对铁建电气化局来说，无异于起死回生的天大好消息。

郑斌脸上终于又露出了发自内心的微笑，他想，在接下来的几年里，应该再也不会有职工因为任务不饱满而息工回家了。他拿定主意，一定要抓住这个阶段的铁路发展高潮，让每一个职工都有活干，都有钱赚。

通过群策群力、精心谋划，铁建电气化局几乎拿到了近半数计划开工的高铁项目的“四电”系统集成施工权，郑徐、西成、商合杭、合安等高铁项目都被铁建电气化局收入了囊中。2013 年、2014 年、2015 年分别对应着 255.81 亿元、345.05 亿元、257.08 亿元的新签合同额；交付的每一项工程都受到了业主的称赞，很多工程收获了国家优质工程奖，甚至鲁班奖。

郑斌在为企业、为职工奔忙的同时，紧跟时代步伐，始终保持着自我学习的良好习惯。上天不会忘记每一个辛勤劳作的人，在企业再次大踏步向前发展的过程中，郑斌也收获了众多个人荣誉和头衔：国家科技部入库专家、享受国务院政府特殊津贴专家、全国设备管理优秀工作者、全国优秀施工企业家、中国铁道安全网理事会理事、中小商业企业协会特邀咨询委员等；同时还获得了一项发明专利，以及中国铁道学会科学技术奖二等奖一次、北京市科学技术奖一等奖一次。

2012 年 9 月，郑斌陪同建设单位相关领导在京石武客专夜间施工现场视察时的照片，中间戴帽子的为范钦爱

第七章　任职铁建电气化局董事长

费心促成“三驾马车”管理模式

在铁建电气化局任职4年董事长兼党委书记的王汉林即将光荣退休，如何搭建铁建电气化局新的主要领导班子，中国铁建迟迟做不了决定。

铁建电气化局有铁建电气化局的特殊性，虽然发展势头好，职工收入年年上涨，看起来一派和谐，但是因为子成员单位来自不同的集团，所以员工多多少少会存在选边站队的问题。

另外，每个子成员单位的员工身上都或多或少地带着原属企业的烙印，工作作风和办事风格迥然不同：有的坚持“实干兴邦”，做事有条有理、有始有终，不打折扣；有的透着一股霸气，做事力求“稳、准、狠”；有的心思缜密、精于谋划；有的懒散有余、进取不足；有的偏安一隅，满足于小富即安；等等。

铁建电气化局还处于文化大杂烩阶段，虽然制定了统一的企业文化理念，但是多数人并没有自觉地将大杂烩调制成美味的羹汤。企业文化和企业员工基本上处于皮是皮、毛是毛的分离状态。

郑斌希望能尽快改变这种现状，让铁建电气化局实现真正的团结与和谐，为此他需要董事长的职位平台来施行他的主张。

当然，要管理好一个有着万余名员工的大企业不是一件容易事，要做到让万余名员工步调一致、认同同一种文化更不是三两天就能做到的。企业发展的快慢和好坏，企业的主要领导有至关重要的影响。他们好比企业的舵手，在选择谁来担任这个舵手时，需要慎之又慎。选错了，企业会被带得偏离航道，甚至产生不可估量的后果；选对了，一个濒临破产的企业都有可能起死回生，重新扬帆远航。

郑斌知道，多年前，中国铁建就在各子企业采用了“两驾马车”模式，即每个子企业配备两名主要领导，其中一人任董事长、党委书记，另一人任总经理。张志才退休后，中国铁建在铁建电气化局也套用了这种模式，没有任命新的党委书记，而是由董事长王汉林兼任党委书记，与总经理郑斌一起掌管铁建电气化局。如果没有特殊理由，中国铁建仍然会外甥打灯笼——照舅（旧），在铁建电气化局采取“两驾马车”模式。

郑斌很清楚，中国铁建会首选沿用“两驾马车”模式，但他不想这样，他希望能回到从前的“三驾马车”模式，也就是说，董事长、党委书记、总经理分别由不同的人担任，而且这三个人都必须从铁建电气化局内部产生。他有他的理由，像中铁十一局等成立了几十年的兄弟单位，大都已经在企业文化、企业管理和技术等方面有了很好的沉淀和积累，而铁建电气化局到2015年才刚满十岁，正处在成长的关键期，需要以稳为主。中铁十一局等兄弟单位属于综合型施工企业，主要领导可以不必精于某个具体专业，而铁建电气化局却是从事通信、信号、电力、电气化工程施工的专业性超强的施工企业，如果主要领导不懂或不熟悉这些专业，是无法做到真正掌控企业发展方向的。

铁建电气化局的成立与郑斌的努力分不开，他将这个企业当成自己的又一个孩子那样倾注了心血和智慧。他希望铁建电气化局能在以自己为首的领导班子的带领下健康茁壮地长成一棵参天大树。如果他能被任命为董事长或董事长、党委书记，他希望和他搭档的是和他一样懂“四电”专业且又能与他心意相通的人。他希望这个搭档能从铁建电气化局的副总经理中产生，而不是由中国铁建从其他单位选人空降过来。

在他心目中，铁建电气化局的副总经理们都很优秀，工作业绩都很突出，都为企业发展做出了重大贡献。特别是冯学彬和万传军，两人长期在经营战线上工作，为铁建电气化局开疆拓土立下了汗马功劳。比较起来，其他副总经理的优势恐怕都要略逊于冯学彬和万传军，在民主投票选举时，得票率恐怕都要在他俩之下。

冯学彬和郑斌同是铁路通信专业出身，因为工作关系，认识几十年了。十年前，当郑斌谋划组建铁建电气化局时，冯学彬帮了不少忙，也出了不少力，并随着组建成功而官升一级，被中国铁建任命为了铁建电气化局的副总经理。他比郑斌小半岁，来自天府之国，人如其名，文质彬彬，做事认真、喜欢钻研。另外，几十年的交往让两人之间建立起了颇为深厚的感情和默契。

万传军足智多谋，从零起步开辟出了京津冀区域和东北区域，使铁建电气化局在这两个片区的高铁市场站稳了脚跟，获得了滚动发展。当年在铁十一局时，郑斌就和万传军同在电务工程处经营计划科共事，两人经常一起参加投标工作和出差。那时的万传军，20 岁出头，身材颀长，面皮白净，宛然一位翩翩佳公子。郑斌对万传军欣赏有加，在他看来，万传军是个上进心强、有干事创业野心的年轻人。果不其然，由于凡事肯动脑筋、做事脚踏实地、心地善良、为人诚恳，万传军很快脱颖而出，30 岁出头就被提拔为了中铁十一局电务公司的副职领导。郑斌到铁建电气化局任总经理后没多久，万传军就被提拔为了中铁十一局电务公司的董事长。因业绩突出，万传军名声在外，40 岁时，他应聘成功，加入铁建电气化局任职总经济师，后改为副总经理。

可以说，将近十年，冯学彬和万传军两人一直是郑斌在铁建电气化局的左膀右臂。论苦劳和功劳，他俩和其他副总经理比起来，只有过之而无不及。如果能和他俩搭档，郑斌不仅放心，而且有信心将铁建电气化局建设得越来越强大，越来越美好。

郑斌知道冯学彬和万传军两人也在为升任总经理一职暗中较劲，他担心的是，如果他俩因为竞争想压制对方而互相拆台的话，即使两人都才高八斗，都有很好的群众基础，也有可能在民主投票程序中双双折戟，而让总经理一职旁落他人，而这个“他人”极有可能来自铁建电气化局之外，这是郑斌最不想要的结果。他思来想去，为今之计，最好是自己只担任董事长，而推荐冯学彬担任党委书记、万传军担任总经理，只有这样，才能稳住局面，最大限度地做到让大多数人满意，铁建电气化局的两大超级功臣也才能继续尽心尽力地团结协作，和自己一起推进企业的发展。

为了达成目标，郑斌可谓煞费苦心，一趟一趟地往中国铁建跑，向主要领导汇报铁建电气化局的实际状况，为什么不建议中国铁建再空降主要领导到铁建电气化局，以及铁建电气化局为什么在现阶段更适合“三驾马车”模式。

铁建电气化局的主业是铁路通信、信号、电力、电气化工程的施工，专业性极强，如果总经理完全外行，不从内部产生，将非常不利于这个成立不到十年的新企业进一步成长和发展。铁建电气化局从年新签合同额不到14亿元到2014年的345亿元，离不开十来位副总经理的付出，他们都很优秀，都为铁建电气化局的发展做出了巨大贡献。冯学彬和万传军更是从“四电”工程项目施工一线成长起来的既懂专业又懂管理的优秀企业领导，为铁建电气化局开拓市场将近十年，可以说是铁建电气化局的大功臣。如果这样的功臣得不到提拔，势必打击后进者干事创业的士气和积极性。

另外，从年龄结构上看，由郑斌任董事长、冯学彬任党委书记、万传军任总经理也比较合理，有利于铁建电气化局的良性发展。郑斌和冯学彬年龄相仿，万传军则比他俩小了将近8岁。等到郑斌和冯学彬前后脚退休时，万传军已在总经理位置上掌管铁建电气化局近4年，完全能一肩双挑，转任董事长、党委书记，和新晋升的总经理搭档，共同执掌铁建电气化局。这样的过渡会使将来的“两驾马车”模式运转得更顺畅。

中国铁建经过再三斟酌考量，决定以稳为主，在铁建电气化局重新采用“三驾马车”模式，由郑斌接替王汉林出任董事长，冯学彬任党委书记，万传军任总经理。中国铁建党委书记齐晓飞在和铁建电气化局的三位新任主要领导进行集体谈话时说：“郑斌大局意识很强啊，主动向总公司提出来要让出党委书记的职务，只当董事长，这种精神值得大家学习！”

履新之年业绩喜人

站在宽敞明亮的董事长办公室里，郑斌长长地吐了口气。他使劲闭了闭眼，再睁开时，将目光定定地对准了办公桌后面的黑色皮质转椅，嘴角露出了一抹浅浅的胜利者的微笑：“这把铁建电气化局的第一交椅，我可是要对得起你呀，铁建电气化局好比我的第二条生命，我要在退休前的几年里让你一年比一年光彩耀人！”

担任了十年的总经理，郑斌对铁建电气化局的方方面面了如指掌，手下没有一个新面孔，都是知根知底的老熟人，门生故旧更是一抓一大把。他没有“新官上任三把火”的必要，也不需要过渡时间来熟悉企业情况，他所要做的就是转变角色和工作重心，当好舵手，而这对他来说根本就不算个事儿。如何当好一名合格的董事长，他早已在内心演练过无数次。他打定了主意，要放手让万传军全面负责铁建电气化局的施工生产和经营工作，让冯学彬一心一意抓好党务和干部建设工作。对他们两人，他将本着“非必要不干涉”的原则，只在他们遇到棘手问题，确实需要他协助时才出面。现在，他要做的是集中精力研究如何在剩下的半年时间内，圆满完成2015年的各项年度任务指标，并将铁建电气化局的“十二五”规划完美收官。

但凡履新总免不了要经受一些考验。2015 年，中国铁路招标项目同比大幅下滑，下半年招标项目更是屈指可数。铁建电气化局也因在手储备任务不足，顺利完成年度目标受到了严重影响。

郑斌客观冷静地分析了存在的矛盾和问题，重新梳理了铁建电气化局的优势和劣势，和以万传军为首的经理层采取了一系列对症下药的措施，主要有：充分发挥各级经营主体的积极性，将重点放在下半年最有希望中标的项目上；狠抓全产业链经营，紧跟“一带一路”项目，积极开拓海外市场，鼓励工业企业面向国际国内、路内路外全方位开展市场营销，提升设计研究院的自我发展能力；建立集团和子公司两级风险内控体系，切实发挥好内控风险、审计监督、法律合规、纪检监察等职能部门的联动作用，从而严防安全生产风险和决策风险；加强工程公司建设，不折不扣地落实各项经济管理政策，进一步优化项目管理体制，规范和加强工程公司项目考核制度，积极培育差异化竞争能力，着力提升专项施工能力；积极推进“互联网 +”，不断提升管理水平；改进集团公司机关工作作风；等等。同时，在上半年的基础上，继续不断完善内控制度，积极推进资质就位、信息化、营改增、物资集采、专业化作业队建设、工程公司项目考核等工作，努力探索二次经营、物资经营创效新模式，从严控制经营决策、经济运行、安全生产、法律诉讼等风险。

铁建电气化局方方面面的工作能够不断跃上新台阶，很大程度上归功于制度措施能够在各层面得到有效执行和落实。

2015 年下半年，在全体员工的共同努力下，铁建电气化局扭转了经营的不利局面，较好地完成了年度各项任务。全年新签合同额 257.1 亿元，完成营业收入 213.8 亿元，实现净利润 11.3 亿元，净现金流量 29.4 亿元，均超额完成了铁建电气化局本身和中国铁建下达的年度计划任务；货币资金存量 82.5 亿元，职工人均收入同比增长 6.6%。

或许是高估了铁建电气化局的发展势头和能力，郑斌未能如愿完成铁建电气化局在“十二五”规划中制定的全部目标，主要输在了海外市场的占有率上。未能实现目标是主客观因素双重叠加造成的，郑斌做过详细分析。接下来，他要做的是带着铁建电气化局各级领导人员认真总结经验、补足短板、调整策略，在接下来的“十三五”规划期间，将铁建电气化局打造得更具行业竞争力。

“十三五”开局获胜

2016 年 7 月 13 日，国家发展和改革委、交通运输部、中国铁路总公司联合发布了《中长期铁路网规划》，期限为 2016—2025 年，远期展望到 2030 年。按照规划，到 2020 年，铁路网规模将达到 15 万千米，其中高速铁路 3 万千米，覆盖 80% 以上的大城市；到 2025 年，铁路网规模将达到 17.5 万千米左右，其中高速铁路 3.8 万千米左右；展望到 2030 年，基本实现内外互联互通、区际多路畅通、省会高铁连通、地市快速通达、县域基本覆盖。

该规划勾画了新时期“八纵八横”高速铁路网的宏大蓝图，其中：“八纵”通道包括沿海通道、京沪通道、京港（台）通道、京哈—京港澳通道、呼南通道、京昆通道、包（银）海通道、兰（西）广通道；“八横”通道包括绥满通道、京兰通道、青银通道、陆桥通道、沿江通道、沪昆通道、厦渝通道、广昆通道。规划实现后，远期铁路网规模将达到 20 万千米左右，其中高速铁路 4.5 万千米左右。全国铁路网全面连接 20 万人口以上城市，高速铁路网基本连接省会城市和其他 50 万人口以上大中城市，实现相邻大中城市间 1 ~ 4 小时交通圈，城市群内 0.5 ~ 2 小时交通圈。

这对铁路施工企业无疑是重大利好消息，加上“一带一路”倡议的深入实施、反腐败“零容忍”和中央巡视工作带来的越来越清明的政治生态环境等，企业发展将更具活力，竞争环境将更加公平合理。这些都将为铁建电气化局的长期生存发展提供良好的政策性和政治性保障。

铁建电气化局按照国家铁路网规划，根据国际国内新形势，反复讨论修改自己的“十三五”规划，力求定稿的规划符合铁建电气化局实际发展需要，即在 2016—2020 年，以“四电”为本，适度多元，内外并举，转型升级，把铁建电气化局发展成为经济实力行业领先、技术实力行业领先、竞争实力行业领先，具有高价值创造力的大型专业化企业集团。

在规划尚未编制出台时，郑斌就在 2016 年初提出，铁建电气化局要在 2016 年做好五大工作，包括：围绕“一个目标”，即保增长，实现新签合同额 300 亿元以上、营业收入 236 亿元以上、净利润 10 亿元以上；狠抓“两个任务”，即结构调整和产业升级；拓宽“三个市场”，即铁路市场、路外市场和海外市场；做强“四个板块”，即工程承包、工业制造、设计咨询和运营维管；提升“五个能力”，即市场开发能力、管理创效能力、创新驱动能力、安全发展能力、和谐保障能力。只要按期实现了这五大工作目标，就必然会为“十三五”规划落地打一个漂亮的启动战，为企业持续健康快速发展保驾护航。

为了实现铁建电气化局确定的总基调和总目标，郑斌与冯学彬、万传军，以及十多位副总经理，齐心协力，带领全集团上下及时调整步伐，适应新常态，接受新挑战，把握新机遇，最终取得了企业发展质量再度提升、综合实力进一步增强、企业影响力持续扩大、各项工作取得良好成绩的战果。

2016 年、2017 年铁建电气化局连续两年取得了超额完成年度目标任务的好成绩，新签合同额分别达到了 285.10 亿元和 221.19 亿元，净利润分别实现了 11.49 亿元和 16.01 亿元。最难能可贵的是，铁建电气化局的净货币资金存量在 2017 年达到了 144.94 亿元，为集团成立以来的最高点，职工人均收入突破了 10 万元大关，同比增长 6.4%。很多经济指标都超过了中国铁建下达的年度计划任务。这些数据看起来亮眼、振奋人心，但其实来之不易，它们是郑斌更是铁建电气化局所有干部、职工的心血和汗水的结晶。如此良好的发展势头为铁建电气化局“十三五”战略规划的实施打下了坚实的基础。

打造世界一流企业目标可期

“会当凌绝顶，一览众山小。”看着报送上来的一串串喜人的企业发展数据，郑斌壮心难抑。眼看还有一年就该解甲归田了，他想着，在位一日就要谋事一日。国家经济发展平稳、政治生态海晏河清、《中长期铁路网规划》和铁建电气化局“十三五”规划的可行性都给了他信心和勇气。

2018 年初，郑斌毅然在全集团提出了“打造具有全球竞争力的世界一流企业”的宏伟目标，也就是到 2020 年，铁建电气化局将再次向前迈进一大步，从强劲上升到卓越，成为具有全球竞争力的世界一流企业。

要实现这一目标阻力重重。首先，来自政策方面的挑战就不容忽视。2013 年 3 月，根据第十二届全国人民代表大会第一次会议审议的《国务院关于提请审议国务院机构改革和职能转变方案的议案》，铁道部实行铁路政企分开。将铁道部拟定铁路发展规划和政策的行政职责划入交通运输部；组建国家铁路局，由交通运输部管理，承担铁道部的其他行政职责；组建中国铁路总公司，承担铁道部的企业职责；不再保留铁道部。从此，铁道部成为历史。

铁路政企分开后在最初几年对铁建电气化局的影响并不是十分明显，除 2015 年因铁路基建项目放缓，新签合同额低于 2014 年外，营业收入和净利润等指标都实现了逐年攀升。然而，随着中国铁路总公司企业化运作越来越规范，铁建电气化局的压力也越来越大。

早在 2016 年，铁路招标模式就发生了重大变革。中国铁路总公司将之前几十亿投资规模作为一个标段进行招标的项目划分为若干个投资额仅几个亿的小标段进行招标，不仅增加了铁建电气化局投标和中标的难度，而且弱化了铁建电气化局在“四电”工程项目施工集成上的优势。

2017 年 6 月，中国铁路总公司又下发了《关于印发铁路建设项目“四电”系统集成甲供物资目录的通知》（铁总物资〔2017〕156 号），要求对中国铁路总公司发包的铁路“四电”（通信工程、信号工程、电力工程、电气化工程）集成项目按目录所列的材料设备，统一由中国铁路总公司物资管理部组织建设单位进行联合采购，实行甲供物资管理。这一政策调整打破了多年来铁路“四电”物资由施工总承包企业采购的供应模式，对包括铁建电气化局在内的“四电”施工企业的新签合同额、营业收入、利润、综合税负、经营性净现金流、货币资金等经济指标以及研发项目开展和管理均带来了巨大影响。

其次，市场竞争越来越激烈。除老牌的中铁电气化局外，先后组建的中铁武汉电气化局集团有限公司、中国通信信号（郑州）电气化局集团有限公司以及挤进铁路市场的中国交建、中国电建、中国建筑等对市场的瓜分，都使得铁建电气化局的生存空间越变越窄，市场经营难度越来越大。另外，铁路“四电”市场规模总量的逐年减少，全球性配置资源、全产业链经营、全价值链控制等国际化经营能力的不足，都是企业发展道路上的拦路虎，需要一一清除。

壮志既定，就当奋力向前，哪怕千难万险亦无所畏惧。2018 年是实现“十三五”规划承上启下的关键一年，更是打造全球一流企业的奠基之年。因此，做好 2018 年的各项工作就显得格外重要。

圆满收官

考虑到2018年铁路、城轨、公路等基建市场仍是国家投资的重点（2018年，中国铁路总公司安排的全国铁路固定资产投资为7320亿元，其中国家铁路7020亿元，投产新线4000千米，其中高铁3500千米），大数据、智慧城市、智能制造等新兴市场也将在这一年快速发展，郑斌将铁建电气化局在2018年的发展总体思路定为：以习近平新时代中国特色社会主义思想为指引，深入贯彻党的十九大精神和中央经济工作会议精神，全面落实中国铁建各项决策部署，以高质量发展为根本，以全产业链、全价值链发展为方向，提升战略高度，加快改革创新，争创“五个一流”，为打造具有全球竞争力的世界一流企业而努力奋斗。根据这一总体思路，他将本年度的主要工作目标定为：新签合同额355亿元以上，营业收入244亿元以上，净利润16.5亿元以上；减少一般事故，杜绝较大事故。

为实现这些工作目标，郑斌在年初工作会上提出，铁建电气化局务必着力实现“八个一流”，即：抢占建造技术制高点，打造一流的产品和服务；抢占新兴产业制高点，打造一流的新业态和新优势；抢占开放经营制高点，打造一流的经营和能力；抢占高质量发展制高点，打造一流的品牌和形象；抢占管理和信息技术制高点，打造一流的管理和效率；抢占人才发展制高点，打造一流的人才和团队；抢占安全发展制高点，打造一流的保障和基础；抢占深化改革制高点，打造一流的机制和体制。此外，他还在4月底和5月初举办的学习贯彻党的十九大精神第二期和第三期干部培训班上，亲自为参加培训的全集团副处级及以上领导干部详细阐述了将铁建电气化局打造为世界一流企业的底气所在、差距和问题所在以及如何做才能实现这一宏伟目标。

2018年上半年，铁建电气化局虽然保持了平稳健康的发展态势，但整体经济运行情况不容乐观，所属各单位发展差距较大。为动员全体员工群策群力，在下半年尽快扭转疲软的经济运行局面，全面完成年度各项目标任务，为打造世界一流企业开好头、起好步，在 8 月初召开的集团年中工作会上，郑斌再次提出要落实好“三保一控”四个方面的工作，即保目标、保市场、保安全、控风险。为此，他要求各单位做好找差距、抓落实、挖潜力三项工作，全力以赴，在年底前务必完成年度新签合同额、营业收入、净利润等经济任务指标；在保持强烈危机意识的同时，增强发展信心，完善经营机制、优化经营市场、注重承揽质量，确保铁路市场承揽额超过 200 亿元、城轨市场承揽额超过 80 亿元；要深刻认识安全生产的严峻形势，时刻保持清醒头脑，提高政治站位、强化过程管控、严格落实责任，打好下半年“保安全，促发展”攻坚战；严控“两金”、投资、合规、信用等风险，为企业稳健高质量发展保驾护航。

在全体员工的努力下，铁建电气化局克服了时间紧、任务重、压力大等方方面面的困难，于 2018 年底取得了全年新签合同额 276.65 亿元，实现净利润 16.2 亿元的良好成绩，均超额完成了中国铁建下达的年度计划任务；完成营业收入 190.89 亿元；净货币资金存量创历史新高，达到了 167.42 亿元，比上一年增加了 23 亿元；职工人均年收入 10.63 万元，实现了与企业经济效益的同步增长。

开局既好，坦途必继之。郑斌凝神细思，自觉在任职董事长期间，铁建电气化局的经济形势虽曾因客观环境影响而略有起伏，但总体还算平稳，且依然保持了逐年上升的发展势头，绩效考核始终在中国铁建名列前茅。各板块业务发展虽然仍不均衡，但均实现了稳增长目标，且后劲十足，还有很大的发展空间。他不仅抓好了战略落地、企业改革、品牌建设，还协助做好了经营承揽、施工生产、科技创新、人才培养和引进，更将企业文化建设纳入了工作日程。

居安思危，思则有备，备则无患。郑斌认为，铁建电气化局虽然经过十多年的积累，已拥有了骄人的业绩、丰厚的财力、不可小觑的技术力量和人才资源，但市场竞争从来都是惨烈到不近人情的，旧的竞争对手尚在虎视眈眈，新的竞争对手又如雨后春笋般地冒出来，加上“互联网+”时代的到来，知识日新月异，稍有不慎即被人赶超或远远抛在身后。细细思量，真是令人战战兢兢，如履薄冰，如临深渊。

前景光明，路还需走稳走实。企业的发展壮大是内因和外因叠加的结果，并不因人意而走。铁建电气化局要想长保向上发展的势头，真正成长为具有全球竞争力的世界一流企业集团，基业长青，还需要不断上下求索，诚信务实，在科技创新上下苦功，拥有独门暗器，保持人无我有、人有我精、人精我绝的差异化发展特色。

郑斌始终坚信，凭着十几年的积累，即使他退休离岗了，铁建电气化局依然能在新领导的带领下，如期如愿地实现各阶段的发展目标，并逐渐积淀起深厚的企业文化底蕴，形成一以贯之的优良企业文化传统，最终跻身世界一流企业。

第八章 基业长青

为企业文化建设添砖加瓦

企业的发展，除了体现在直观的业绩数据上以外，还体现在员工人文情操的提升上。自铁建电气化局组建以来，郑斌一直对企业文化建设非常重视，做了很多努力，想要消除铁建电气化局广大干部职工内心长期存在的以来源企业选边站队的狭隘思想，使全体员工能最大限度地融入新集体，建立起新的共通的文化认同，将铁建电气化局当成自己的依靠甚至自己的家。其中在两件事上，他花费的精力相对较多。

一是编纂和出版《中国铁建电气化局集团有限公司志》。

郑斌就任董事长的2015年也是铁建电气化局成立的第十年，这十年里无论是铁建电气化局企业本身和还是她的员工都取得了令人自豪的成绩。十年是一个重要的里程碑，对郑斌来说意义非凡。他想好好地系统性总结一下铁建电气化局在这十年间的发展历程，既让现有员工知晓自己见证和参与创造的奇迹，又使陆续加入的新人了解铁建电气化局的初期历史和发展沿革。

郑斌对党委书记冯学彬谈了自己想编写企业十年发展简史的想法。冯学彬说：“这个想法非常好，企业发展到一个阶段和一个程度了，是有必要总结一下，好让大家知道自己都干了些什么，还有哪些不足。这叫总结过去，展望未来。只要董事长你发话，我全力配合。”

郑斌又找来了党委副书记、工会主席燕正安和党委工作部副部长、记者站站长赵守民，他俩也一致赞成编写企业十年简史的想法。

燕正安说：“这也是企业文化建设的一部分，是个很大的工程，恐怕得组织个专班才能完成，还得找个懂行的外部单位，比如出版社什么的给策划策划。”

郑斌说：“既然你们都赞成这个提议，守民，你就辛苦辛苦，找人策划一下，看怎么编写最合适，编写的具体工作就由你来负责。”

赵守民说：“好的，董事长，我会全力做好这件事的，等会儿回办公室我就着手准备编写的事情。”

经过内部多次交流和商讨后，郑斌将企业十年简史编写工程确定为《中国铁建电气化局集团有限公司志》(《公司志》）的编纂，并委托燕正安组建了编辑组，由燕正安、赵守民、孙秀芬、杜卓波、王文山、陈祥俊、黄俊艳组成。2015 年 7 月 16 日，《公司志》编纂工作启动大会在北京召开。在集团各子（分）公司、机关各部、处、室和编辑组工作人员的共同努力下，《公司志》于 2016 年 11 月定稿，12 月由中国铁道出版社正式出版。郑斌将此版《公司志》视为铁建电气化局企业文化建设的成果之一，希望通过它，铁建电气化局积极进取、永不懈怠的企业精神能够得到有效传承和发扬。

二是设置企业展览馆。

为直观动态地展示铁建电气化局的发展历程和发展成果，郑斌于 2017 年提出在铁建电气化局正在施工的新办公大楼的第三层专门设一处企业展览馆，作为企业的历史记录地、形象展示窗口、新员工培训基地，并参与和推动了展览馆展厅板块和内容的设计工作。

按他的计划，铁建电气化局机关如果能在 2019 年搬入新办公楼办公，展览馆应该在当年就可以正式启用开放，届时声、光、电的综合运用将为参观者呈现生动直观的视听盛宴，参观者一定会觉得是走进了一座贯穿企业过去、现在和未来的数字化博物馆。展望未来，郑斌深感自己决策正确，为铁建电气化局的企业文化和精神传承又做了一件大好事。

提起新办公楼，郑斌的思绪不禁回到了十年前。

购买京燕饭店安营扎寨

铁建电气化局在组建后的头几年，忙于布局产业链、赶超同行。这期间，还有一件事一直困扰着郑斌，使他无法安心，总想尽快予以解决。

中国人大概是世界上最喜欢置办产业的人，租别人的房子居住或办公都只是权宜之计，一旦条件成熟，他们宁愿举债也要购买属于自己的房产。在自己的房子里居住或办公会令他们感到无比的踏实和安全，不必担心房东隔三岔五地以各种理由涨房租，也不用担心房东哪天要收回租赁权，自己被迫流浪街头或无奈迁居。三口之家的搬家工作尚且令人不堪人仰马翻之苦，何况近百人的集团机关。

郑斌是个传统思想较重的人，在他看来，铁建电气化局机关借驻在泽洋大厦办公，好比寄人篱下。免费期满前几个月甚至一年，他就得安排人要么和泽洋大厦物业公司商谈租赁事宜，要么另找办公场所。铁建电气化局好歹是中央企业的子企业，怎么能一直在他人的屋宇下办公呢？无论如何得有自己的固定地盘。另外，铁建电气化局会一天天发展壮大，今后机关的办公人数肯定会持续上升，一层楼的空间是无法满足未来的办公需求的。

不解决铁建电气化局机关的固定办公场所问题，郑斌寝食难安。他多次向中国铁建副总裁周志亮汇报他的想法和担忧，请求周副总裁在空闲时间和石景山区区长交流交流。

在与人交流时，郑斌听说总部基地集团在北京市丰台区建好了一大片专用于企业办公的商务园区，集智能化、低密度、生态型于一体，环境挺不错，正在对企业销售。郑斌对这个信息很是心动，想过去一探究竟。他带着办公室主任安三力、市场经营部部长余柏华、财务部部长栗喜明等人去了园区，销售人员带着他们坐着内部观光车在里面转了一圈，边转边介绍园区建设情况和未来发展趋势。销售人员说："目前已经有很多公司签订了楼宇购买合同，买一栋、两栋、三栋楼的都有，最多的有一次性买下五栋楼的。你们也可以看到，很多栋楼现在正在装修。你们放心，入驻的企业不仅对购买的楼宇享有独立产权，园区的物业还会为企业提供全方位的服务。"

郑斌一行对商务园区的办公条件和环境很是满意，并看中了其中一座售价 7000 多万元的两栋连体办公楼。回到泽洋大厦后，他拿着园区的销售宣传册，先找董事长和党委书记谈了一下他的想法。购买办公场所不是一件小事，不仅内部要取得一致意见，走审批流程，还得事先取得中国铁建的口头同意，之后，再向其呈送正式的书面购楼申请，得到正式批准后，才能付诸实施。而且，在哪里买办公楼，就意味着铁建电气化局会在哪里扎根，事关企业长远发展，需要反复比选和论证才能决定。董事长的意见是，暂不急着决定购买哪个园区的楼宇，先一边再派人多转几个地方，比选比选，一边跟中国铁建汇报想购楼的打算。

周志亮给郑斌回话说："我已经和石景山区的区长见过面了，也向她反映了你们的担忧和想购买永久办公场地的想法。区长对这件事很重视，说希望你们能一直留在石景山区，以后有什么困难可以直接找她。另外，她向我透露说，只要你们愿意留在石景山区，区政府可以以招商引资的理由让你们在全区范围内任意挑选办公驻地，建议你们考虑一下。"

原来，由于北京将于 2008 年举办夏季奥运会，而石景山区的大型国企首钢集团的部分产业对环境污染大，所以，中央和北京市政府在对北京进行城市定位规划时将首钢集团也考虑了进去，建议其搬离北京。国家发展和改革委员会于 2005 年 2 月正式批复了首钢集团的搬迁方案。首钢集团从成立到 2006 年，将近 90 年了，员工几十万人，是石景山区最大的国有企业和最大的财政纳税户。巨型企业的搬迁，背后牵动的往往是地方政府的巨额利益。石景山区的大企业屈指可数，首钢集团的搬离必然对其经济发展造成巨大影响。区政府虽万分不舍，但是为了响应中央号召，也为了 2008 年北京奥运会能在干净清洁的环境中成功举办，不得不以大局为重，忍痛割爱，放弃首钢集团，同时放弃的还有首钢集团每年上缴的巨额财税。

铁建电气化局如果能长驻石景山区，无疑可以弥补首钢集团搬离造成的部分损失。这对区委和区政府来说是雪中送炭的大好事。区政府表达了希望铁建电气化局能长驻石景山区的愿望，并许诺只要铁建电气化局愿意留在石景山区，就可以在全区范围内挑选办公场地，直到满意为止。

石景山区的优惠条件对铁建电气化局有很大的吸引力，集团领导开会分析了一下现状，在五个方面基本达成一致意见。一是铁建电气化局注册在石景山区，且已经在泽洋大厦办公将近一年，很多工作人员业已在石景山区安家落户，未必愿意单位搬往他区；二是石景山区紧邻海淀区，方便铁建电气化局到位于海淀区复兴路南侧的中国铁建机关办事；三是之前石景山区已经给予了铁建电气化局诸多政策上的优惠，于情于理铁建电气化局应该表示感激；四是郑斌提到的总部基地虽然是企业办公的集中地，但还处于销售期，且地处偏远，对大部分工作人员来说，上班的交通成本过高；五是去北京市其他行政区未必能得到想要的优惠政策和待遇，且一切都得从头开始，费时费力。总之，最后的结论是去别的任何区，都不如待在已经熟悉的石景山区。

既然定下来不走了，那就开始找落脚地方吧。找来找去，铁建电气化局了解到石景山路北边有个京燕饭店，是石景山区国有资产管理公司的下属企业。这个饭店因长期经营不善，亏损严重，连发放职工的工资都有困难。局领导一致认为京燕饭店虽然年久失修，有点破败，但坐落在长安街西延线北边，上风上水，位置好、交通方便，很适合作为办公驻地。如果能将饭店买下来，重新加固装修，用来办公，可比买地盖新楼省钱省时省事多了。

石景山区政府得知铁建电气化局的想法后，没有反对，但双方在价格上还是出现了不大不小的分歧。几经交涉，区政府最终同意以 1.03 亿元的优惠价格将京燕饭店及其人员整体打包，转让给铁建电气化局。

2006 年 10 月 10 日，石景山区政府与铁建电气化局在京燕饭店举行了饭店的整体产权转让交接仪式。孙德锐代表石景山区政府、郑斌代表铁建电气化局，双双在《北京市京燕饭店整体产权转让备忘录》上签上了自己的大名。

2006 年 10 月 10 日，郑斌（前排左一）在京燕饭店整体产权转让交接仪式上的照片，前排右一为孙德锐

铁建电气化局将京燕饭店变更成了旗下的全资子公司，饭店的装修改造工作随之提上日程。2007年3月4日，郑斌主持召开总经理办公会议，决定成立京燕饭店装修改建工作办公室，由总会计师张国俊全面负责饭店的改造、加固、装修等工作。

经过大半年的努力，铁建电气化局最终按准四星级装修标准，将破败的京燕饭店改装一新，使其摇身变成了一座23层高的三星级现代化饭店，闪闪发亮地耸立在了长安街西延线北侧。

由于在改建京燕饭店的过程中，铁建电气化局秉承节能环保的理念，以“高、新、绿、智、节”为最低标准，焕发新颜的京燕饭店被石景山区旅游局、石景山区旅游协会评为了“2007年度旅游建设先进单位”。

2008年初，铁建电气化局整体从泽洋大厦搬进了京燕饭店。为保证母子公司的经济往来符合财务规定，铁建电气化局作为母公司，与京燕饭店签订了办公用房租赁协议，由京燕饭店将饭店的7—9层出租给集团公司作为机关办公场所。

2008年5月28日，铁建电气化局在北京举行了新址落成暨京燕饭店开业庆典。石景山区政府、北京市旅游系统、北京市军区、中国铁建及铁建电气化局各子公司的领导和嘉宾出席了庆典活动。铁建电气化局自此开始在京燕饭店安营扎寨，后来随着业务的扩大、新部门的增设和办公人员的增加，又陆续租用了饭店的第5层和第6层以及第3层、第10层、第11层的部分房间作为办公用房。

虽然仍是租客身份，房东好歹是自己的全资子公司，郑斌长长地吁了一口气。后方基地解决了，他可以一心一意地扑在经营管理和施工生产上了。

商务开发助力企业大发展

京燕饭店虽说是自负盈亏的全资子公司，但毕竟是对外营业的饭店，服务性质明显。铁建电气化局身为母公司，如果长期窝在饭店里办公，终究不方便，既没有自己的显眼招牌，又与到饭店投宿或宴请的各色人等混杂在一栋楼里，不仅企业脸上无光，还存在安全隐患。

一天晚上下班后，郑斌因有公务接待活动，不着急回家，就下楼围着京燕饭店转了一圈。饭店主楼东侧有一个礼堂，早已弃置不用，现在被饭店当作了杂物间；紧挨着礼堂的是个小型电影院，基本上处于半停业状态，还在正常营业的只有电影院旁边一个面积不大的小卖部。看着这些占有相当地盘但实际空置的建筑物，郑斌心里一动，如果将这些建筑物拆除，改建成写字楼，岂不是可以完美地解决铁建电气化局机关的办公楼问题！他又反复用眼丈量了一下，确信在这块地方盖栋办公楼绝对绰绰有余。嗯，就朝着这个方向努力！

郑斌将京燕饭店的总经理叫到了办公室，问他饭店东边到东南边的建筑物一共占地多少，饭店准备怎么盘活礼堂和电影院。总经理说：“郑总，占地多少我一时记不清了，等会儿我回办公室查一下资料后再向您汇报；至于怎么盘活礼堂和电影院，现在还没有想到好的对策。礼堂年久失修，要重新启用的话，就得按现代化标准重新装修。电影院也得重新装修，但现在电视机、手机普及，到电影院看电影的人越来越少，所以，即使电影院装修好后重新营业，也未必能盈利。您也知道，饭店现在还需要一段时间才能产生出经济效益，实在拿不出钱来装修礼堂和电影院。所以，这个盘活的事，我们还需要时间筹划。”

郑斌说：“这样吧，你回去后先弄清楚礼堂、电影院、小卖部占地范围内的面积一共有多少，然后再打听一下，如果拆除这些建筑物，重新盖新楼需要办理哪些手续。”

随后，郑斌来到了位于 8 楼的董事长办公室。

简单寒暄后，两人分宾主坐在了两张单人沙发上，先吐了几个烟圈。

“董事长，有个事我琢磨了好久，想跟你聊聊，听听你的意见。”

“什么事？你说，我洗耳恭听。”

“我是这样想的，咱们好歹是个企业集团，总窝在京燕饭店里办公不是个事儿，影响形象不说，也不利于饭店主业的经营，还有安全隐患。咱得想办法盖一栋属于自己的办公楼。我在饭店周边转了转，发现礼堂、电影院和小卖部的占地面积很大，如果可行的话，能不能将它们拆了，盖一栋新楼，作为集团机关的办公大厦。你看怎么样？”

“说实话，你的这个想法，我已经盘算好久了。我还想过要不要再买一栋楼，专门用于集团办公呢！既然礼堂和电影院已经没有实际的使用价值了，那空占着一块地儿也是浪费。我觉得你的想法很好，咱们也当一回业主，将这块地开发出来，除了盖办公楼，说不定还可以做点儿别的。”

“既然咱俩意见一致，那就定个时间，开个专题会研讨一下，我让饭店提前准备好相关汇报材料。”

专题会上，参会的集团副总经理们和各部门负责人一致赞同拆除已经失去存在意义的礼堂、电影院和小卖部，聘请专业的设计公司设计规划空出的这块地。

设计公司给出的方案为：根据测绘，京燕饭店东侧的可开发地块建设用地一共接近 1.9 万平方米，经综合考虑周边环境、采光、所处地理位置限制等条件，建议建设 A、B、C 三座写字楼，容积率为 4.15。按总建筑面积约 16.5 万平方米规划，地面可建设面积为 7.78 万平方米，地下接近 9 万平方米。A 座写字楼设计建造地上 24 层，用于对外出租；B 座地上共 9 层，为铁建电气化局机关办公所场；C 座地上共 4 层，位于 A、B 两栋之间，可在第 3 层设计一个能容纳 200 多人的报告厅，用于举办大型会议或职工文艺活动。整个地块综合楼建筑面积共计约4.08万平方米，总投资将近5亿元。

为了抓紧推进开发建设工作，2009年4月8日，铁建电气化局成立了京燕饭店商务开发建设筹备办公室（筹建办），副总经理姜晋南领命主抓开发建设工作。

开发建设工作道阻且长。项目立项、可行性研究及其申报审批、国有土地使用证和建设用地规划许可证的申领、总平面规划设计与报批、各种方案图和施工图的设计与报批、建设工程规划许可证的申领、开工和施工许可证的申领、树木移植申请等一系列手续的办理费时费力，让筹建办的工作人员绞尽了脑汁、跑断了腿。

郑斌多次催问姜晋南商务开发的进展情况，姜晋南每次都是一脸愁容地表态，说不管困难有多大，他一定会按政府要求完成全部手续，争取能早日开工建设。在姜晋南的组织带领下，筹建办的张喜盈和京燕饭店的隋立华、高砚明等人兵分几路开展工作。历时8年的艰苦努力，铁建电气化局终于在2016年办完了商务地块开工建设所需的相关手续，随后通过公开招标比选，将工程建设任务以总承包方式授予了中铁建设集团有限公司。

2018年12月，铁建电气化局终于完成了开发建设工作。三座在阳光下泛着金光的簇新现代化写字楼紧贴着京燕饭店东侧，屹立在了长安街西延线北侧。大楼虽然已经建好且已具备办公和会议功能，但尚未进行竣工验收、消防验收等后续工作，铁建电气化局机关搬离京燕饭店，进入独属于自己的办公大楼还需要一段时间。

郑斌已年届花甲，即将解甲归田。他的免职退休通知可能很快就要下达，他无缘在新办公大楼里处理公事了。遗憾的同时，郑斌又为自己终于在退休前完成了京燕商务区的开发建设工作而由衷地感到欣慰，也为不久后就能搬入新楼办公的机关员工感到高兴，更为铁建电气化局终于拥有了自己的办公大楼感到自豪。他想：机关员工在新的现代化办公场所工作，一定会更加神采奕奕，工作起来会更加高效、愉快；铁建电气化局届时也将以新的企业形象走上新的发展征程。他在心里默默盘算着：集团的净货币资金存量已达 160 多亿元，每年仅资金创效一项就可获利差不多 5 亿元以上；A 座商务写字楼交付使用后，如果经营得法，可以引进一些国企入驻，这样每年的租金也会是一笔可观的收入。如果能做到以楼养楼，那十年前做的这个开发建设决定就算做对了，自己也算为铁建电气化局保持基业长青做出了应有的努力和贡献。

第九章　羽化成蝶

企业综合能力竿头直上

“十年磨一剑，一朝试锋芒。”在郑斌供职铁建电气化局的近十四年间，他和同事们用心血和智慧换来了令人欣慰和艳羡的硕果，铁建电气化局因此拥有了一部从无到有、从小到大、从弱到强、从不起眼到光芒闪耀的曲折发展进步史，在行业内实现了由跟随者到佼佼者的华丽转身。

2005 年至 2018 年底，无数员工牺牲了和家人团聚的日子，在各自的岗位上挥汗奋战，为企业的发展奉献了心血和力量。是他们的付出和努力成就了铁建电气化局的辉煌，使企业在无数人的质疑和不信任中，硬是以组建初期的微薄家底起步，稳步向前跨越，综合实力得以改天换地，不仅打消了人们的质疑，还赢得了行业的关注，取得了一个又一个足以光耀中国铁路建设行业的佳绩。

第一，战略布局日趋完善。经过十几年的努力，铁建电气化局已成长为名副其实的企业集团，下辖 7 个工程子公司和 4 个工业企业以及甲级资质设计研究院、城轨分公司、运营维管公司、酒店各 1 个，共 15 个子（分）公司；还有华东、华南、华北、中南、西南、东北、西北、京津冀和海外 9 个区域经营指挥部。

第二，综合实力全面提升。经过十几年的努力，铁建电气化局已经从专业承包公司晋级为了集科研开发、设计咨询、工程施工、运营维管、产品制造和商务开发于一体的“四电”系统集成商和工程总承包商，拥有了 70 项建筑业企业施工资质，集团本级“四电”专业资质更是达到了最高等级；在铁路电气化、通信、信号、电力、城市轨道交通、公路交通、机电设备安装、水利水电、地方电信、送变电、建筑智能化、新能源环保等工程建设中逐步由弱变强，最终做到了在国内铁路“四电”系统集成领域独领风骚；具备了承担时速 350 千米及以上电气化铁路的科研、设计、施工、专业器材生产、物资供应、系统集成和运营维护管理的能力；年综合施工能力在 500 亿元以上，施工队伍遍布中国，并奋战在了亚非欧的部分国家和地区；员工人均年收入逐年递增，从 2005 年的 1.82 万元增长到了 2018 年的 10.63 万元，职工的获得感、幸福感和安全感都得到了很大的提升。

第三，科技创新硕果满枝。十几年来，铁建电气化局始终倡导和支持科技创新，先后获得中国铁建及以上科学技术奖 100 多项，发明、实用新型专利 400 多项，省部级以上工法 180 多项，超过 60 项重大科研成果达到国际、国内领先水平。

第四，人才队伍建设逐年加强，数量和质量同步上升。截至 2018 年底，铁建电气化局在册职工总人数为 10840 人，比 2005 年的 3372 人增加了 7468 人；50 多人被评聘为教授级高级工程师，700 多人拥有高级职称，300 多人取得了一级注册建造师证书，郑斌、寇宗乾等 4 人成为享受国务院政府特殊津贴专家。

第五，施工生产装备迈入智能化时代。十几年来，随着中标额的直线上升，铁建电气化局开工的项目逐年增加。为满足施工生产需要，铁建电气化局购置了大量专业设备。随着智能建造技术的推广，至 2018 年底，在铁建电气化局 7000 多台（套）“四电”工程成套专项设备中，建筑智能化、现代化、自动化设施和设备的数量占到了相当比例。

第六，工程业绩大奏凯旋之歌。十几年来，铁建电气化局独自承建或参与承建了近70条高速铁路和快速铁路的“四电”系统集成工程，包括京石武高铁（开通后，连接北京和广州的高速铁路达到了全长2200千米，成为世界上运营里程最长的高速铁路。京石武高铁实现了高速铁路设备全部国产化，石武段“四电”工程独立获国家优质工程奖）、京沈高铁、沈丹高铁、长吉城际铁路、吉图珲高铁、哈佳高铁、滨绥铁路牡绥段、盘营高铁、通新高铁、兰新高铁（新疆段“四电”工程独立获詹天佑奖，奠定了大风区第一品牌）、银吴客专、怀邵衡铁路、九景衢铁路、中南通道、武咸城际、汉宜铁路、汉孝城际、孝十铁路、郑阜高铁、郑西高铁、大西高铁、西宝高铁、西成高铁（铁建电气化局因西成高铁在全路首次实现了建设、维修标准一体化，创造了93%隧道长大坡度高铁第一品牌）、成灌快速铁路、成贵客专、成渝高铁、渝万高铁、遂渝铁路增建二线、贵广高铁、佛肇城际、厦深高铁、福厦高铁、宁杭高铁（其开通运营使中国长三角地区全部实现了高速铁路相连接，上海、杭州、南京间实现了公交化出行）、商合杭铁路、金温铁路、广西沿海城际铁路、云桂高铁、沪昆高铁、广大铁路、胶济客专、济青快速通道、青荣城际、京雄智能高铁等一大批国家干线铁路。截至2018年底，铁建电气化局已完工和在建的高铁“四电”系统集成工程的总长度达到了12182正线千米。

除高速铁路外，铁建电气化局还承建了世界第一条高原铁路青藏铁路以及滨洲铁路（铁建电气化局在此铁路上首次将高铁系统集成创新运用到既有线“四电”工程，创造了既有线“四电”系统集成第一品牌）、兰渝铁路（铁建电气化局在此铁路上首次将高铁系统集成创新运用到普速铁路，实现了经济效益和社会效益的双丰收）、蒙华铁路（2018年8月中标，合同额高达65亿元）等近290条普速铁路的“四电”系统集成工程和改造工程。截至2018年底，这些工程的总长度达到了32578正线千米。

根据铁建电气化局的统计，截至2018年底，“四电”系统由铁建电气化局集成施工并开通运营的高速铁路已经占到了中国高铁运营总里程的近 50%、世界高铁运营总里程的近 30%，“四电”系统由铁建电气化局集成施工并开通运营的城市轨道交通项目占到了 2005 年以来国内城轨市场的 20% 以上。基于 BIM 架构的港珠澳大桥交通工程及智慧城市、京雄智能高铁、新能源项目的建设进一步扩大了铁建电气化局的企业品牌影响力。可以说，郑斌已经实现了当初组建铁建电气化局时立下的让铁建电气化局与中铁电气化局在中国铁路“四电”工程市场双雄并立甚至超过中铁电气化局的壮志。一大批工程获鲁班奖、国家优质工程奖和全国市政金杯示范工程奖等奖项。

海外业务虽未能做到与国内业务齐头并进，但也取得了不错的成绩，开辟出了亚洲、非洲、欧洲和大洋洲的 10 多个国家的“四电”市场；沙特麦加轻轨项目、土耳其安伊高速铁路项目、尼日利亚阿卡铁路和阿布贾城铁项目、匈塞铁路项目等都是参与建设的具有代表性的工程。

2007 年 5 月 21 日，潘功书（前排左一）在武襄线向郑斌汇报工程材料情况时的照片

2008 年 9 月 2 日，郑斌（左二）陪同武汉铁路局领导在武襄线检查工作时的照片，左一为田恒开，右起包楚雄、武勇

2016 年 3 月，铁建电气化局九景衢项目部揭牌时的合影，左起吴晓君、毕江海、陈宝军、郑斌、郭志光、李长波、谢文艺、马金生

2018 年 6 月，郑斌到京沈客专检查工作时的照片

郑斌在襄胡线施工现场的工作照，左起刘永进、安三力、李爱忠

郑斌（中）与朱惠刚（右）在北京西站客场计算机联锁开通施工现场的合影

郑斌与刘超英（左一）和施卫忠（中）在项目现场的工作合影

科学规划促进业务板块共同成长

2005年至2018年底，铁建电气化局紧跟国家政策和国家铁路发展规划，根据企业实际发展情况，先后制定了“十一五”、“十二五”和“十三五”发展战略规划。

“十一五”规划确定了铁建电气化局“五位一体”的综合发展方向，即设计咨询、科研开发、工程施工、产品制造、运营维护。

“十二五”规划确立了“四电强企”总战略、“1+5”发展模式（“四电”主业＋产品制造/设计咨询/运营维管/京燕商务区开发/资本运营）和“5311”业务结构调整目标（在营业收入总额中，铁路市场占比50%，路外城轨交通市场占比30%，海外市场占比10%，运营维管、产品制造和多元经营业务占比10%）。

“十三五”规划制定了“四电为本、适度多元、内外并举、转型升级”，把铁建电气化局发展成为经济实力行业领先、技术实力行业领先、竞争实力行业领先，具有高价值创造力的大型专业化企业集团的发展战略目标。

为实现各期发展战略和发展目标，铁建电气化局不断强基固本，有效整合资源，在保证铁路市场的同时，努力经营非工程承包业务板块，加快企业转型升级步伐，奋力向前赶超，摘取了一个又一个胜利果实。

第一，市场经营战功显赫。十几年中，铁建电气化局的年新签合同额从2005年下半年的不到14亿元蛙跳式跃升到了300多亿元，最高时达到了345亿元。截至2018年底，铁建电气化局年新签合同额累计2457.96亿元，其中有1640.88亿元完成于2013—2018年。“十一五”期间，年新签合同额累计593.98亿元，“十二五”期间累计1067.23亿元，后者是前者的1.8倍。

第二，营业收入喜获丰收。2005年至2018年底，铁建电气化局累计实现营业收入1829.41亿元，其中“十一五”期间实现营业收入344.28亿元，“十二五”期间实现营业收入840.30亿元，后者是前者的2.4倍。营业收入在2017年达到了十四年中的最高值227.79亿元。

第三，创利能力显著提高。自组建以来，铁建电气化局的施工毛利率始终保持在11%以上；净利润从2005年的0.0156亿元直冲到了2018年的16.2亿元，在中国铁建工程板块中独占鳌头。2005年至2018年底，铁建电气化局累计实现净利润83.7亿元，其中“十一五”期间实现7.04亿元，“十二五”期间实现32.77亿元，后者是前者的4.7倍。

第四，主要经济指标状况大大改善。①资产总额从2005年的8.53亿元增加到了2018年底的265.96亿元，后者是前者的31.18倍；所有者权益在2018年底达到了81.67亿元，为2005年的102倍。②净货币资金存量从2005年的2.04亿元增加到了2018年的167.42亿元，后者是前者的82倍，不仅在中国铁建工程板块中排名第一，而且连续7年保持了近26%的高位年均增长率。③资产负债率在“十二五”期末为79%，比“十一五”期末下降了9.3个百分点。2018年资产负债率为69.29%，在中国铁建工程板块中最低、最好。④应收账款和存货“两金”占用率2017年为32.01%，不到中国铁建“两金”占用率平均数69%的一半，在中国铁建排名最好。“两金”占用率和资产负债率均在2017年创下了历史最好水平。⑤经营性现金净流量年年为正值，年年都覆盖利润总额。2013年起，铁建电气化局每年的国有资产保值增值率均在120%以上，是实实在在的无有息负债、无坏账损失、无亏损单位企业。

此外，由于铁建电气化局在开发铁路市场这个传统主业的同时，还积极主动向城市轨道、公路机电、新能源、人工智能、物联网、大数据、市政综合管廊、资本运营以及海外市场拓展和延伸，其板块结构日趋合理化。郑斌统计了一下截至2018年底各板块的占比情况，大约为铁路工程占比59.4%，城市轨道工程占比19.25%，海外及其他占比12.75%，工业制造等占比 8.6%。虽然铁路业务比例依然稳居第一，但不再一业独大，铁建电气化局的业务结构得到了很好的优化。

在工程施工领域，铁建电气化局全面掌握了时速 350 千米高速铁路接触网计算及安装、接触网附加导线驰度精度调整、既有高铁间系统互联互通等关键技术和核心技术，成为中国国内唯一一家能够独立完成时速 350 千米高速铁路“四电”系统集成施工的总承包商和集成商。在参建青岛地铁 11 号线时，铁建电气化局采用了“EPC+ 联调联试 + 动车实验”的全产业链建设模式，这在国内地铁上属首次。港珠澳大桥交通工程以及云南三清、福宜和墨临等高速公路系统集成项目的建设，使铁建电气化局实现了高铁系统集成向高速公路系统集成的跨界创新。

参建港珠澳大桥交通工程为铁建电气化局创造了高速公路交通工程第一品牌，项目经理蔡俊福荣获全国五一劳动奖章，项目部获全国工人先锋号，铁建电气化局获中国铁路总公司火车头奖。

铁建电气化局在港珠澳大桥交通工程中采用的系统集成技术 BIM（建筑信息模型）、中低速磁悬浮工程供电轨制造与安装调试技术以及接触网专业智能机器人技术均达到了国内乃至国际领先水平。

铁建电气化局紧跟时代步伐，向智能建造迈进，2018 年 9 月拿到了中国第二条智能化高铁——京雄城际铁路“四电”系统集成及房屋、防灾安全监控等施工总承包工程的订单，并将 BIM 技术再次应用在了该项目上。此外，铁建电气化局还参与建成了国内第一条电气化牵引的悬挂式空轨——开封自贸区空轨；成功通过成都机场和太原市综合管廊项目迈入了市政管廊建设领域，并在 PPP 项目承揽上实现了零的突破。

在工业制造领域，铁建电气化局的绝大部分铁路“四电”工业产品已取得铁路产品认证中心（CRCC）认证和欧盟 CE 认证，并且具备了识别、定位、跟踪、监控和管理的条件，为实现物联网智能维护创造了条件。通过对德国力倍金具高速铁路接触网零部件制造技术的引进、消化、吸收、再创新，填补了国内空白，产品技术和质量均处于国内乃至国际领先水平，在普速铁路和高速铁路上都积累了良好业绩。“高速铁路超细晶强化型铜镁合金接触线”获中国铁道学会十大创新技术奖，达到了国际先进水平。“防腐钢铝复合导电轨”获中国施工企业管理协会科学技术奖科技创新成果一等奖；还研制出了新型吊弦、新型支柱、中低速磁悬浮C型钢铝复合导电轨等新产品。自主研发的“高铁智能化接触网腕臂预配中心”获得2018年度全国建筑施工设备技术创新成果一等奖；工厂化吊弦智能产配系统已经立项，做好了参建更多智能高铁的准备。总的来说，工业产品市场占有率不断提升，日益向高端化、系列化、多元化、国际化迈进。

海外市场开拓一直是铁建电气化局的弱项，业务发展较慢，但是基础工作扎实，相信随着“一带一路”建设的推进，不久即会有大的收获。已经参建完工的近二十个项目曾多次受到项目所在国和总承包商的好评，一定程度上为铁建电气化局持续进军海外市场起到了正面宣传作用。

高质量发展成绩显著

2005年至2018年底，铁建电气化局多措并举，向高质量发展大步迈进，取得了良好成效，主要表现在以下方面。

第一，工程公司同中求异，积攒了独特的专业化发展优势。针对工程公司业务同质化较为严重的实际，郑斌在就任董事长后，带领董事会仔细分析了各工程子公司的优劣势，采取了资质引导、任务分配、政策扶持等措施，着力培育和发展新市场、新业务，最终使一公司在公路机电系统集成方面，二公司在管廊智能化方面，三公司在海外市场方面，四公司在城市轨道交通和磁悬浮方面，五公司在运营维管方面，南方公司在大数据、互联网、信息化和产业化方面，北方公司在新能源、高等级输变电和房建方面形成了较为明显的竞争优势。

第二，市场经营和开发模式得到了不断创新。自 2005 年 7 月组建以来，铁建电气化局一直将市场经营工作的重点放在铁路“四电”市场，同时不断向路外领域和海外市场拓展，从城市轨道交通、公路机电、国家电网等工程延伸到了以综合管廊、智慧城市等为代表的新兴市场，并在海外普速铁路、高速铁路、轻轨铁路、城市监控系统等诸多领域初有建树。在此过程中，区域经营指挥部发挥了极其重要的作用。

为在全集团形成多层次、多渠道、全员、全方位承揽施工任务的格局，自 2006 年起，铁建电气化局就在区域经营上进行了诸多探索和尝试，最终根据不断变化的市场经营形势及时调整了经营策略和思路。铁建电气化局从企业的现状和实际出发，在认真分析了企业外部环境、内部潜力和资源，并充分征求了下属工程子公司意见的基础上，于 2016 年 9 月将区域经营开发机构稳定为华东、华南、华北、中南、西南、东北、西北、京津冀 8 个区域指挥部。为大力拓展海外市场，早日实现国内国外两条腿走路，后又增设了海外区域经营指挥部。9 个区域经营指挥部均为铁建电气化局的派出机构，在各自的主责辖区内全权代表铁建电气化局进行市场经营和维护，并实现滚动发展。铁建电气化局自此搭建起了集团和子公司两级经营互动平台，积极探索资本经营新模式，基本形成了集团公司协调指导经营、指挥部主体经营、工程公司配合经营、工程项目滚动经营的新经营模式和经营格局。

第三，公司治理得到了不断规范。十几年间，铁建电气化局不断构建科学化的公司治理体系，努力打造现代化的公司治理能力。按照《公司法》和中国铁建相关要求，铁建电气化局制定了《董事会议事规则》《监事会议事规则》《党委议事规则》《总经理工作细则》《“三重一大”决策制度实施细则》等管理制度，规范了决策程序，完善了治理体系，形成了良好的决策机制、协调机制和制衡机制。

第四，成本管理能力得到了持续提升。铁建电气化局始终坚持“稳增长、调结构、提效益、降债务”，将“聚焦管理、提升效益”当作主要任务，采取了一系列专项措施，如狠抓责任成本方案预控、成本预算和“二次经营”、变更索赔、补差查漏等工作，强化成本预算节超考核和变更索赔效益考核等手段的应用，加强责任成本管理。“十二五”期间，铁建电气化局共实现110多亿元的变更索赔额，历年变更索赔率均位居中国铁建前列；主编的《铁路“四电”工程项目责任成本管理工作流程》获中国铁建企业管理现代化创新成果一等奖。

第五，资金清欠清收工作成效良好。铁建电气化局一直狠抓应收工程款的确权清收，通过强化目标、分解责任、严格考核、兑现奖惩等措施，并与“二次经营”工作相结合，压减了应收账款和存货“两金”占用，实现了资金周转创效：“两金”占用在中国铁建工程板块曾保持最低水平，清欠清收年底预算完成率也曾多次排在中国铁建前列。

第六，集中采购实现了降本增效。十几年中，铁建电气化局不断探索如何节约物资采购成本，以创造更多的效益。通过深入开展物资集采，提高集中采购比例，降低采购成本，铁建电气化局最终实现了规模采购创效。仅2018年，铁建电气化局就集中采购69.11亿元，节约了4.83亿元的采购成本。

第七，财务管控水平得到了逐步提升。铁建电气化局一直奉行“现金为王”的理念，对资金集中管理非常重视；将信息平台和“资金池”的作用予以充分发挥，又采取预算管控、统筹收支、承兑支付、税务筹划等手段统筹资金运行与业务活动，加强了财务管控，实现了账务节支创效，其资金集中度始终保持在77%以上，超过了中国铁建下达的任务指标；资金中心的资金上存绝对值连续数年处于中国铁建排行榜的前三位。

第八，风险内控逐步做到了既严密又规范。铁建电气化局一直将防控风险作为第一要务，全面开展了风险内控体系建设。集团本级和子公司两级全面梳理修订了现行规章制度，优化了业务流程，加强了管理控制，制定了权力清单，编制了《风险内控手册》，推动了管理制度化、制度流程化、流程标准化。主动适应“营改增”给企业管理体制、运行机制带来的新挑战，按照业务流、资金流、发票流“三流合一”相关要求，制定了过渡工作方案和管理办法，实现了企业从缴纳营业税到缴纳增值税的平稳过渡。

第九，在依法治企上逐渐走向规范。在依法治企上，铁建电气化局逐步健全了企业总法律顾问制度和“五项”法律审核工作机制，完善了法律风险防范体系。加强了内部审计和纪检的监督力度，强化了执纪问责，保障了企业运营安全。

第十，信息化办公系统得以建立并逐步完善。为提高工作效率，进一步提升基础管理水平，铁建电气化局构建了业务财务一体化综合信息共享平台，将工程、经济、物资、财务等业务与互联网有机融合，实现了不同业务间数据共享共通，更加夯实了企业发展基石。

一系列行之有效的措施带来了铁建电气化局从始至今“八无”“八有”的良好发展态势。“八无”即项目承揽无中介、工程施工无转包、项目管理无亏损、安全生产无事故、工程质量无隐患、企业无银行贷款、合同无法律纠纷、员工工资无拖欠。“八有”即有经济实力、有技术实力、有竞争实力、有创新能力、有创效能力、有创誉能力、有品牌影响力、有风险管控能力。铁建电气化局的发展成绩得到了上级组织的认可，其不仅被评为中国铁建绩效考核优秀单位，而且主要负责人绩效考核连续多年跻身中国铁建工程板块前三名。集团曾先后获得“中央企业先进集体”、“全国优秀施工企业”、“全国模范职工之家”和中国铁建“四好班子”荣誉称号，并曾连续 8 年被中国铁建评为“安全生产先进单位”。集团下属的二公司、三公司、南方公司和北方公司同时跻身中国铁建 2017 年度工程公司“经济效益 20 强”榜单。

后　记

老骥伏枥，志在超高速铁路

大江东去，浪淘尽，千古风流人物。手拿退休证，抚今追昔，郑斌脑海里反复翻腾着过去煅石成金的部队大熔炉和建树一方的企业大舞台。时光如白驹过隙，四十年的军旅和企业生涯弹指一挥间！当年龙腾虎跃的军装少年，如今已是苍颜皓首，年届花甲。不过，郑斌丝毫不以为意，胸中依然升腾着“老夫聊发少年狂”的豪迈之气。他曾把最炽热的青春年华奉献给了中国的铁路建设事业；他所在的部队曾是一支“逢山凿路、遇水架桥”的英雄部队；他和战友们都曾是百炼成钢的合格军人！身退心不退，他要思索如何在退休后另辟战场，继续为心心念念的中国铁路建设事业发挥余热。

赋闲在家，最不愁的就是空闲时间。郑斌是个忙惯了的人，一下子没了工作，成了闲人，还真是有点不适应。年轻时的音乐、摄影等爱好早已让位给了工作。在他看来，音乐、摄影什么的是不能当饭吃的，将大把的时间用在这些事情上面，是玩物丧志。从前他不屑于深究这些不是正务的事情，现在刚退休，还有的是精力，他更不想将时间浪费在这上面，他觉得应该还有更重要、更值得做的事情等着他。

果不其然，陆陆续续有好几家熟悉的公司向他发出了邀请。一个人的精力有限，他不是万能的，更不是铁打的，就算想发挥余热，也做不回以前的“拼命三郎”了。在妻子许桂兰的干预下，郑斌选择了到几家科技型公司做管理顾问，希望能用自己几十年积累的企业管理经验帮助他们做大做强。

心有所向，愿有所成。郑斌的名声早已在业界传遍，退休前，就有多家企业和行业协会向他抛出橄榄枝，邀请他加入。考虑到竞业限制义务，又想继续为中国铁路交通事业发展添砖加瓦，他选择了加入中国通信学会物联网委员会和委员会下属的智慧交通专业技术委员会，希望能带着专业技术组围绕物联网等信息通信技术与交通运输技术的融合应用开展研究，推动智能交通技术发展，并促进物联网技术科学研究、产品制造、工程建设、运营管理等专业技术活动在铁路、公路、水运、民航、管道、邮政等交通运输行业中的发展。

在郑斌心里，铁路建设还是他关注的头等大事。退休前，有一家专门从事超高速管道交通研究的公司曾多次与他交流和沟通，每次都相谈甚欢。公司老总见郑斌对超高速管道交通兴趣浓厚，曾半开玩笑、半认真地说：“等你退休了，我立马给你发聘书，请你担任我们公司的董事长，咱俩一起干一番利国利民的大事业！”郑斌没有立即表态，只是连声应和着“到时再说，到时再说”。

没想到这家公司竟然信守了承诺，一得到郑斌正式退休的消息，就打来了电话，力邀他加盟，共同推进超高速管道交通的发展。多次沟通后，郑斌最终盛情难却，他说：“我一不谈报酬，二不要职务，就把推进超高速管通交通建设当成自己的一项业余爱好。一想到将来会有时速 2000 千米的列车在中国大地上风驰电掣，我就浑身来劲。”

超高速管道交通也可称为“超级高铁”，以“真空钢管运输”为理论核心，采用“磁悬浮 + 低真空”模式运行，建造成功后将具有超高速、高安全、低能耗、噪声小、污染小等优点。“超级高铁”的理念最初由美国电动汽车公司特斯拉的首席执行官伊隆·马斯克提出。

郑斌了解到，超高速管道交通的主要建造方法是将磁悬浮列车放置到真空管道内，也就是说，建设完成的超级高铁系统是一个架设在高架轨道上的封闭管道，超级高铁悬浮在轨道之上。这样的设计因大大减小了列车行进时的空气阻力，从而可使列车运行时速超过2000千米。目前，国外仅有美国和俄罗斯在研发超级高铁，且都离成功尚远。国内的研发团队主要有西南交通大学和中国航天科工公司，都还处于研发阶段。

西南交通大学超导与新能源研究开发中心首席教授赵勇认为，尽管目前在超级高铁系统所需要的真空管道技术和磁悬浮技术上已经取得了一些比较成熟的研究经验，但要攻克的难点还有很多，主要体现在三个方面。一是真空管道的低成本建设，即：如何以低成本实现和维持一个大体积的低真空空间；未来如何建造站台才能够既方便乘客上下车，又能够维持管道的真空状态。二是在动力系统上，超级高铁需要采用直线牵引技术，但目前这一技术的功效尚不能满足其动力需要。三是目前的磁悬浮技术对于超级高铁而言还不够稳定。

据悉，中国航天科工公司已于2017年8月底启动时速1000千米“高速飞行列车”的研发项目，后续还将研制最大运行时速2000千米和4000千米的超级列车。

显然，建成超高速管道交通或超级高铁还“路漫漫其修远兮”。郑斌估计，按照目前的研发推进速度，要实现超级高铁载人运行至少还得十年甚至更长的时间。不过，出于对高铁建设事业的热爱，他还是很愿意加入先驱者的行列，与其他志同道合者上下求索，一起推进超高速管道交通技术的研发和试验线的建设。

知情人都明白，以郑斌的行事风格，就算他只是把超高速管道交通建设当成业余爱好，他也会倾尽所能参与和推进超高速管道交通技术的研发。在他们看来，退休对郑斌来说，不是职业的终点，而是另一个起点；对铁路交通事业的热爱让郑斌根本无法心安理得地过退休生活，建设超高速管道交通其实可以算是他的又一个梦想。他们坚信，郑斌会追着这个梦想继续向前，让夕阳岁月过得充实、有意义。

生命不息，奋斗不止。郑斌在离岗退休后不久，又投身到了超高速管道交通的建设事业中。他相信，所有的成就都来自远大的志向和不懈的奋斗，假以时日，人们一定能坐上比飞机速度更快的超高速、低成本、高安全、低能耗的真空飞行巴士出行。他愿意为了这个超高速铁路梦在夕阳岁月继续奋斗，并期待着这一新的更大的梦想能由中国最先实现。